Eckart D. Stratenschulte

Europa: Ein[Über]blick

3

bpb: Bundeszentrale für politische Bildung

Eckart D. Stratenschulte
Prof. Dr. Eckart D. Stratenschulte, Jahrgang 1952, ist seit 1993 Leiter der Europäischen Akademie Berlin. Nach einem sozialwissenschaftlichen Studium in Marburg übernahm er 1978 in Berlin eine Stelle als Dozent und (ab 1981) als Leiter des Instituts für intereuropäische Studien. Von 1989 bis 1993 war er Referatsleiter in der Senatskanzlei des Regierenden Bürgermeisters von Berlin. Seit 1999 lehrt er zusätzlich am Fachbereich Politik- und Sozialwissenschaften der Freien Universität Berlin.

Eckart D. Stratenschulte hat mehrere Bücher und zahlreiche Artikel in Zeitungen und Zeitschriften zu zeitgeschichtlichen und europäischen Themen veröffentlicht.

Titel und Rückseite: Illustration von Martin Haußmann, Köln, www.haussmann-illu.de

Bonn 2007

Adenauerallee 86, 53113 Bonn
www.bpb.de

Redaktion und Bildredaktion: Hildegard Bremer, Katharina Reinhold – bpb; Lektorat: Barbara Lauer, Bonn
Grafische Konzeption und Layout: space5®design köln; bube concept gmbh, Pulheim
Illustrationen: Martin Haußmann, Köln, www.haussmann-illu.de
Druck: Bonifatius Druck, Paderborn
ISBN: 978-3-89331-779-0

Europa…

… war schon immer attraktiv.

Der Kontinent hat seinen Namen der Sage nach von einer phönizischen Königstochter, die dem Zeus, dem griechischen Gott der Götter, so gut gefiel, dass er sie raubte. Dazu verwandelte er sich in einen Stier und näherte sich ihr. Als Europa Vertrauen zu ihm gefasst und sich auf ihn gesetzt hatte, entführte er sie übers Meer nach Kreta, wo sie dem Zeus viele Kinder gebar. Ihre Brüder zogen aus, sie zu suchen, fanden sie aber nicht. Über die Lehren kann man streiten: Wir wissen nicht, wo Europa ist, oder: Europa hat viele legitime Kinder. Vielleicht einfach auch: Vorsicht vor Rindviechern.

Die Bürokraten

Sie werden viel gescholten, aber doch dringend gebraucht: die Bürokraten, die in Europa oft „Eurokraten“ genannt werden. Tatsächlich handelt es sich in der Regel um hochqualifizierte Verwaltungsfachleute, die aus allen Mitgliedstaaten sorgfältig ausgewählt werden und in mehreren Sprachen ihren Job machen müssen. Dass gelegentlich trotzdem Unsinn rauskommt, haben wir alle schon einmal gemerkt. Insgesamt sind für die Europäische Union (Kommission, Rat, Parlament, Gerichtshof, Ausschüsse, Zentralbank) knapp 30 000 Beschäftigte tätig. Im Frankfurter Flughafen arbeiten mehr als doppelt so viele Menschen, nämlich rund 69 000.

Die Bürger(s)

Das Wohlergehen der Bürgerinnen und Bürger ist das Ziel der Europäischen Union, die ihren Sinn nur dann behält, wenn es den Menschen mit EU besser geht als ohne. Das ist auch der Fall, schon deshalb, weil die meisten Herausforderungen, vor denen wir stehen, von einem Staat allein nicht mehr bewältigt werden können. Die EU zählt knapp eine halbe Milliarde Bürger (ca. 489 Mio.), die in den 27 Mitgliedstaaten wohnen. Das sind mehr Menschen, als die USA und Russland zusammen als Einwohner haben – obwohl die Fläche der EU nicht mal halb so groß ist wie die der USA.

Die Beitrittskandidaten

27 Staaten zählt die EU, aber weitere stehen vor der Tür und warten auf Einlass. Drei von ihnen haben den Status als Kandidaten, nämlich Kroatien und die Türkei, mit denen schon verhandelt wird, und die Republik Makedonien, die noch auf den Beginn der Gespräche wartet. Auch die anderen Länder des westlichen Balkan, nämlich Albanien, Bosnien-Herzegowina, Montenegro und Serbien, haben eine Eintrittskarte, allerdings ohne Datum. Die Ukraine, die Republik Moldau und Georgien haben einseitig ihr Interesse an einer Mitgliedschaft in der EU bekundet. Es wird also auch in den nächsten Jahren noch gelegentlich an unserer Tür klopfen.

Inhalt

KAPITEL 1

Illustration: Martin Haußmann

Die Europäische Union bestimmt unser Leben – viel stärker als wir denken.

Europa im Alltag

Die Bürgers sind eine ganz normale Familie: Vater, Mutter, Tochter, Sohn. Herr Bürger arbeitet als Vorarbeiter in einer Maschinenbaufabrik, seine Frau ist Ärztin im städtischen Krankenhaus. Tochter Sandra studiert Volkswirtschaft und Sohn Stefan besucht noch die Schule.

Die Familie ist durchaus politisch interessiert. Alle, außer Stefan, der noch nicht volljährig ist, gehen zur Wahl, man schaut die eine oder andere politische Talkshow im Fernsehen und redet auch gelegentlich über politische Fragen. Allerdings bezieht sich dieses Interesse auf die deutsche Politik. Was in Europa geschieht, haben die Bürgers nicht im Blick. Das, sagen sie, ist ihnen eigentlich auch egal. Mit Europa haben sie nichts zu tun, das ist weit weg.

Und hier irrt die Familie! Tatsächlich wird das alltägliche Leben der Familie Bürger stark von Europa, genauer gesagt, von der Europäischen Union bestimmt.

Das geht schon beim Frühstück los. Sandra und Stefan essen gerne Cornflakes, möchten aber keine Flocken aus genmanipuliertem Mais. Die Debatte über genveränderte Nahrungsmittel hat in den letzten Jahren breiten Raum eingenommen. Sie sind auch bei uns nicht in jedem Fall verboten. Aber eines ist klar geregelt, und zwar durch die Europäische Union: Wenn Nahrungsmittel genverändert sind, muss das auch deklariert werden. Da können Sandra und Stefan sicher sein: Wenn nicht auf der Packung steht, dass ein Produkt genmanipuliert ist, ist dies auch nicht der Fall, wenn alles mit rechten Dingen zugeht.

Für den Weg zur Arbeit nimmt Herr Bürger das Auto. Und vor dem Ausparken schaut er aufmerksam in den Rückspiegel. Was er nicht weiß: Wie viel er im Spiegel sieht, ist ebenfalls europäisch geregelt. Es gibt nämlich eine Rückspiegelrichtlinie der Europäischen Union, die 2004 zum letzten Mal geändert wurde, um den „toten Winkel" im Sichtfeld weiter zu verkleinern und für Lastwagen ein größeres Sichtfeld vorzuschreiben. Angesichts der Vielzahl von Unfällen, bei denen Lastwagenfahrer einen Radfahrer oder Fußgänger übersehen, ist dies eine bedeutende Regelung. Da die Pkw und Lkw nicht nur im eigenen Land genutzt werden, ist es von Vorteil, dass solche Fragen europäisch gelöst werden. Für Herrn Bürger ist dies auch insofern interessant, weil er sein Auto in Dänemark gekauft hat. Zwar fährt er ein deutsches Fabrikat, aber das war in Kopenhagen rund 2 000 Euro billiger. Der EU-Binnenmarkt macht es möglich, dass man auch als Privatperson grenzüberschreitend einkaufen kann. Und ein Produkt, das in einem Land legal in den Verkehr gebracht worden ist, ist auch in allen anderen EU-Ländern zugelassen. Deshalb ist es wichtig, sich auf gemeinsame Standards zu einigen, und sei es bei den Rückspiegeln von Kraftfahrzeugen. Für Herrn Bürger bedeutet es die Sicherheit, dass sein in Dänemark erworbenes Auto nicht beim deutschen TÜV moniert werden kann.

Nun kauft man ein Auto ja nicht jeden Tag, andere Dinge wie Lebensmittel und Kleidung schon eher. Bezahlt wird in Euro, der gemeinsamen europäischen Währung. Darüber, dass diese Währung stabil ist, es also nicht zu einer Inflation kommt, die das Familieneinkommen drastisch schmälert, wacht die Europäische Zentralbank. Die sitzt zwar in Frankfurt am Main, aber ihr Chef ist ein Franzose und alle dreizehn Länder, die den Euro als Zahlungsmittel haben, sind im Zentralbankrat vertreten. Auch hier spielt Europa also jeden Tag in das Leben der deutschen Familie Bürger hinein.

Vater Bürger verdient in seinem Job gutes Geld, aber die Arbeit ist kein Zuckerschlecken. Die internationale Konkurrenz in der Maschinenbaubranche ist groß, und seine deutsche Firma kann ihre Produkte im In- und Ausland nur verkaufen, wenn diese billiger oder besser sind als die der Konkurrenz. Eine Möglichkeit, sich die europäischen Mitbewerber durch Zölle vom Hals zu halten, besteht für Deutschland nicht. Im Binnenmarkt der Europäischen Union ist unter anderem die Freizügigkeit von Waren gegeben. Andererseits ist das für Herrn Bürgers Firma auch wieder gut, da sie fast die Hälfte ihrer Produkte ins europäische Ausland verkauft – und auch die anderen Länder keine Möglichkeit haben, Zollbarrieren zu errichten.

Bernhard Classen / Vario Images

Auszeichnung im Supermarkt: Mais ohne Gentechnik

Kennzeichnungspflichtig sind:

1. Alle Lebensmittel, Zutaten oder Zusatzstoffe, die aus gentechnisch veränderten Organismen hergestellt sind – egal, ob man noch gentechnisch veränderte Bestandteile darin nachweisen kann oder nicht

   Beispiele:
   - Öl aus Gen-Sojabohnen oder -Raps
   - Stärke aus Gen-Mais
   - Traubenzucker und Glukosesirup aus gentechnisch veränderter Maisstärke
   - Zusatzstoffe wie Lecithin und Aromen aus Gen-Sojabohnen

2. Alle Lebensmittel, die selbst ein gentechnisch veränderter Organismus sind

   Beispiele:
   - Mais, Kartoffeln, Tomaten
   - Fisch (lebend)

3. Alle Lebensmittel, die gentechnisch veränderte Organismen enthalten

   Beispiele:
   - Joghurt mit gentechnisch veränderten Bakterien
   - Weizenbier mit gentechnisch veränderter Hefe

Auf losen Waren, Märkten oder im Restaurant müssen das Etikett, Schilder oder die Speisekarte auf Gen-Food hinweisen.

Nicht kennzeichnungspflichtig sind:

- Fleisch, Milch und Eier von Tieren, die mit gentechnisch veränderten Futtermitteln gefüttert wurden
- mit gentechnisch veränderten Hilfsstoffen (Enzymen) hergestellte Lebensmittel, wobei die Hilfsstoffe nicht im Lebensmittel verbleiben; z. B. bei der Käseherstellung
- unbeabsichtigte Verunreinigungen mit gentechnisch veränderten Bestandteilen bis 0,9%

Quelle: Globus Infografik 9200/Deutscher Bauernverband, Situationsbericht 2005

Neben der Konkurrenz der Produkte gibt es aber auch einen Wettbewerb der Standorte. Für Unternehmen kann es durchaus interessant sein, ihre Produktion in ein anderes Land zu verlagern, in dem die Herstellungskosten – und das heißt vor allem die Löhne – niedriger sind. Dabei sind die Länder der EU natürlich insofern attraktiv, als hier die gleiche Rechtssicherheit für Unternehmen gilt und es keine Probleme beim Export der produzierten Güter gibt. So manches deutsche Unternehmen hat in den letzten Jahren seine Fabriken nach Portugal oder Polen verlagert, um Personalkosten zu sparen. Für Herrn Bürger würde das erst einmal Arbeitslosigkeit bedeuten.

Auch Frau Bürger ist an ihrem Arbeitsplatz von europäischen Regelungen betroffen. Lange Zeit gab es in Deutschland die Praxis, den Klinikärzten den Bereitschaftsdienst nicht als Arbeitszeit anzurechnen – mit der etwas zynischen Begründung, sie könnten im Arztzimmer ja ein Nickerchen halten, wenn nichts los wäre. In einem Urteil auf die Klage eines Arztes aus Kiel hin hat der Europäische Gerichtshof 2003 diese Regelung aufgehoben und festgestellt: Bereitschaftsdienst ist Arbeitszeit. Im darauffolgenden Jahr hat die Bundesrepublik Deutschland das Urteil in geltendes Recht umgesetzt. Dadurch sollen die langen Krankenhausdienste wegfallen, in denen Ärztinnen und Ärzte, die seit 24 Stunden im Dienst sind, Patienten behandeln. Für Ärzte und Patienten ist das gut. Die Krankenhausverwaltungen haben damit allerdings große Probleme. Zurzeit erarbeitet die Europäische Union eine Neufassung der Arbeitszeitrichtlinie, die versuchen soll, einen Kompromiss zu finden. Was in Brüssel beschlossen wird, hat für Frau Bürger unmittelbar Bedeutung. Das gilt in gleicher Weise übrigens für den Hausmeister der Schule ihres Sohnes.

Sandra Bürger studiert derweil im dritten Semester Volkswirtschaft. Vor einigen Jahren hätte sie den Studienabschluss „Diplom“ angestrebt. Jetzt macht sie jedoch einen „Bachelor“, mit dem sie das Studium bereits nach drei Jahren abschließen kann. Das geht schneller und wird international anerkannt. Wenn sie dann noch Lust hat, absolviert sie die nächste Stufe und erwirbt einen Mastertitel. Die Umstellung der universitären Ausbildung auf Bachelor und Master ist das Ergebnis einer EU-weiten Festlegung, des sogenannten Bologna-Prozesses. Mit diesem Prozess, der nach der italienischen Stadt benannt ist, weil er dort beschlossen wurde, will die Europäische Union bis zum Jahr 2010 einen einheitlichen Hochschulraum schaffen. Das bedeutet, dass die Hochschulsysteme der europäischen Länder angeglichen werden sollen, um durch bessere Vergleichsmöglichkeiten die Mobilität von Hochschulabsolventen zu fördern. Wissen kennt eben keine Grenzen.

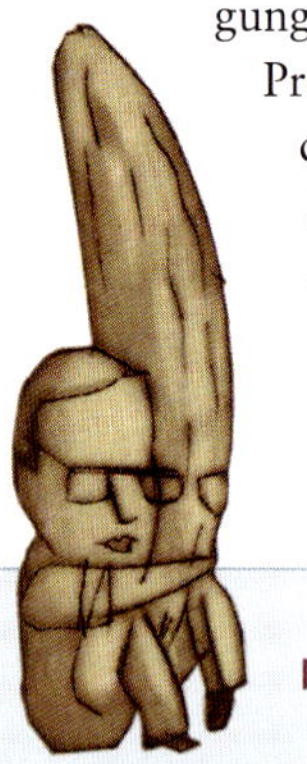

Das wird Sandra auch helfen, ihren Traum zu verwirklichen, nach dem Studium zum Arbeiten für ein paar Jahre ins Ausland zu gehen. Als EU-Bürgerin genießt sie Freizügigkeit. Sie kann überall in der EU leben und arbeiten. Ein anerkannter und vergleichbarer Studienabschluss hilft ihr natürlich, im Ausland einen Job zu finden.

Auch ihr jüngerer Bruder Stefan hat Kontakt mit der EU, ohne es wirklich zu wissen. Seine Schule unterhält eine Partnerschaft mit je einer Schule in Frankreich und in Polen. Die drei Schulen arbeiten gemeinsam an der Frage, wie man den Mathematikunterricht interessant und lebensnah gestalten kann. Schüler und Lehrer besuchen sich und tauschen ihre Erfahrungen und Überlegungen aus. Finanziell möglich wird das Ganze durch die Förderung aus dem Comenius-Programm der Europäischen Union, die so erreichen will, dass es zu Begegnungen und Know-how-Transfer im schulischen Bereich kommt.

I. ROAMING-GEBÜHREN

Schluss mit Frust
Millionen Touristen und Geschäftsreisende in der EU sollen künftig deutlich weniger für ihre Handy-Telefonate im Ausland zahlen.

Urlauber ärgern sich schon seit Jahren über völlig überteuerte Gebühren für das Telefonieren mit dem Handy im Ausland.

Jetzt ist auch der EU-Kommission nach immer neuen Vertröstungen der Industrie der Geduldsfaden gerissen: Sie gibt den Mobilfunkbetreibern eine Frist von sechs Monaten, ihre Gebühren zu senken, und droht andernfalls mit rigiden Preiskontrollen.

Immerhin sind nach Berechnungen der Behörde rund 147 Millionen Europäer pro Jahr betroffen – 37 Millionen Touristen und 110 Millionen Geschäftskunden. Die Gesamtersparnis für die Kunden schätzt die Kommission auf bis zu fünf Milliarden Euro.

Brüssel kann sich nur teilweise durchsetzen
EU-Kommissionspräsident José Manuel Barroso warf den Unternehmen am Mittwoch übertriebene Profite und das systematische Ignorieren von Appellen zum Maßhalten bei ihren Gebühren vor.

Die EU-Kommission mache sich zur Vorkämpferin für die Verbraucher – und das in einer Zeit, in der viele Bürger von der EU desillusioniert seien und die Behörde nur noch als Anwältin der Wirtschaft sähen, sagte er.

Der EU-Gesetzentwurf sieht einen Roaming-Aufschlag vor, der maximal 30 Prozent über dem Preis liegt, den sich die Unternehmen untereinander berechnen. Derzeit sind die Gebühren, die die Verbraucher in Europa zahlen müssen, teilweise zehnmal so hoch.

Die für Telekommunikation zuständige EU-Kommissarin Viviane Reding warf den Unternehmen vor, die Roaming-Gebühren über Jahre hinweg auf einem mit nichts zu rechtfertigenden hohen Stand gehalten zu haben.

Die geforderte Senkung komme Urlaubern und Geschäftsreisenden zugute und stärke die Wettbewerbsfähigkeit der europäischen Industrie. Rund 80 Prozent der Gebühren werden laut EU von Geschäftsreisenden bezahlt. Diese Kosten stellten einen beträchtlichen Kostenfaktor für Unternehmen im europäischen Binnenmarkt dar.

Der 30-Prozent-Aufschlag, den die EU gestatten will, entspricht nach Redings Worten in etwa der Gewinnmarge, die Mobilfunkbetreiber normalerweise bei Inlandsgesprächen machen.

Ursprünglich war die Luxemburgerin dafür eingetreten, dass Auslandsgespräche genauso teuer wie Inlandstelefonate sein sollten, da die EU ein Binnenmarkt sei. Sie konnte sich mit diesem Konzept, gegen das die Mobilfunkindustrie Sturm lief, aber nicht innerhalb der Kommission durchsetzen.

Quelle: www.sueddeutsche.de

II. FLUGPREISE SOLLEN EHRLICHER WERDEN

Die Europäische Kommission will Europas Flugreisende vor Lockangeboten schützen und die Fluggesellschaften und Reisebüros zu mehr Transparenz zwingen.

Am Dienstag hat EU-Verkehrskommissar Jacques Barrot in Brüssel eine EU-Verordnung vorgeschlagen, die Fluggesellschaften und Reisebüros in Zukunft zu mehr Ehrlichkeit und Transparenz bei der Preisgestaltung zwingen soll. „Was in der Werbung mit dicken Zahlen als Flugpreis angegeben wird, das muss auch der Preis sein, der real bezahlt werden muss“, erklärte Barrot.

Tatsächlich ist das gegenwärtig keineswegs immer so. Vielfach wird mit einem Billigangebot geworben, das weder Steuern und Flugplatzgebühren noch Aufschläge für Treibstoff oder Bearbeitungsgebühren für die Buchung enthält. Der tatsächlich zu zahlende Flugpreis kann deshalb das Vielfache des Preises betragen, der in der Werbung ausgelobt wurde.

Auch wer im Internet einen Billigflug buchen will, erlebt oft unangenehme Überraschungen: Schritt für Schritt und Klick für Klick kommen auf den ursprünglich angegebenen Preis die bisher ausgeklammerten Gebühren und Aufschläge hinzu.

Damit solle künftig Schluss sein, fordert die EU-Kommission. Ob auf der Werbung oder bei der Internet-Buchung: Für den Kunden muss von Anfang an klar sein, wie viel der

Wenn Stefan im Ausland Urlaub macht, ärgert er sich darüber, dass es sehr teuer ist, mit dem Handy nach Deutschland zu telefonieren. Da trifft es sich gut, dass die Europäische Kommission gerade gegenüber den Mobilfunk-Betreibern eine Initiative gestartet hat, die sogenannten Roaming-Gebühren drastisch zu senken. Vielleicht schon im nächsten Jahr wird es für Stefan deutlich billiger sein als heute, mit dem Funktelefon aus dem europäischen Ausland nach Hause zu telefonieren.

Dass er seit Kurzem ein neues Handy hat, verdankt Stefan übrigens auch der EU. Die hat nämlich die Garantiezeiten für Konsumgüter einheitlich auf zwei Jahre festgelegt. So konnte Stefan sein Funktelefon, als es ein Jahr nach dem Kauf kaputtging, kostenlos reparieren lassen bzw. umtauschen. Bei den vorher in Deutschland geltenden Garantiezeiten von sechs Monaten hätte er Pech gehabt und tief in die Tasche greifen müssen.

Stefans Schwester Sandra macht ebenfalls gerne Urlaub im Ausland. Da sie als Studentin wenig Geld hat, achtet sie sehr darauf, dass sie kostengünstig reist. Aber ist jede Fluggesellschaft, die einen guten Ticket-Preis bietet, auch vertrauenswürdig? Sandra kann das nicht beurteilen. Eine Maßnahme der EU hilft ihr jedoch, sicher zu reisen. Die Europäische Union hat nämlich eine „schwarze Liste“ von Fluggesellschaften erstellt, deren Flugzeuge schwere Sicherheitsmängel aufweisen. Diese Airlines dürfen in der EU nicht mehr landen und nicht einmal den europäischen Luftraum benutzen.

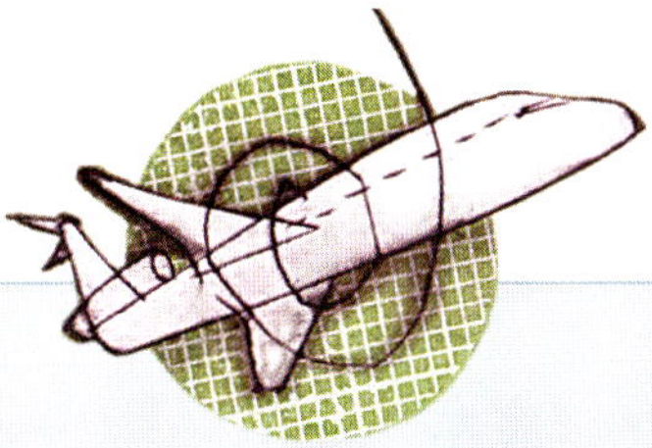

Flug tatsächlich am Ende kostet. Das gelte nicht nur für die sogenannten Billigfluglinien, die in den vergangenen Jahren als Preisbrecher einen steilen wirtschaftlichen Aufstieg erlebten, sondern auch für die traditionellen Fluglinien, die sich ebenfalls am Verwirrspiel mit den Preisen beteiligten.

Dass für den gleichen Flug oft unterschiedliche Preise verlangt werden, je nachdem in welchem Land das Ticket gebucht wird, trägt zum Ärgernis der wolkigen Preisgestaltung bei. In ihrem Gesetzesvorschlag will die EU-Kommission deshalb „jegliche Diskriminierung“ verbieten: „Das Ticket für einen bestimmten Flug sollte überall gleich viel kosten, unabhängig davon, in welchem Land das Ticket ausgestellt wurde“, forderte EU-Verkehrskommissar Jacques Barrot. Mit einer einheitlichen und einfachen Verordnung soll Klarheit geschaffen werden.

Ob es um die Zulassung der Fluggesellschaften oder die Zuteilung von Strecken geht – auf dem EU-Binnenmarkt sollen, so verlangt es die EU-Kommission, überall gleiche Regeln gelten. Damit die jetzt vorgeschlagenen einheitlichen Regeln für Preisgestaltung und Flugbetrieb tatsächlich auf dem ganzen EU-Binnenmarkt wirksam werden können, müssen jetzt aber noch die 25 Regierungen im EU-Ministerrat und das Europäische Parlament zustimmen. In Brüssel rechnet man damit, dass die EU-Verordnung frühestens Ende 2007 in Kraft treten könne.

Die großen Fraktionen des Europäischen Parlaments sprachen sich am Dienstag für den Vorstoß der EU-Kommission aus. „Wir begrüßen uneingeschränkt den Vorschlag der EU-Kommission“, erklärte Markus Ferber, der Vorsitzende der CSU-Europaabgeordneten. Auch die SPD-Europaabgeordneten unterstützen die Initiative: „Bisher haben die Kunden bei Lockangeboten der Fluggesellschaften das Nachsehen. Mit der Augenwischerei ist hoffentlich bald Schluss“, sagte der verkehrspolitische Sprecher der SPD, Udo Bullmann.

Mit dem neuen Vorschlag setzt die EU-Kommission die vor 15 Jahren eingeleitete Liberalisierung der Luftfahrt in der EU fort. Die Monopole der in fast allen Ländern staatlichen Fluggesellschaften wurden seit 1990 Schritt für Schritt aufgehoben.

Quelle: Hannoversche Allgemeine Zeitung vom 18.07.2006

Volkmar Schulz / Keystone

Zudem ist nicht alles, was billig erscheint, auch preisgünstig. Eine Initiative der Europäischen Kommission soll verhindern, dass Kunden von Fluggesellschaften über „Schnäppchenpreise" angelockt werden, die weniger als die halbe Wahrheit sind, weil auf den günstigen Preis alle möglichen Zuschläge erhoben werden. In Zukunft sollen die Airlines nur noch mit dem Preis werben dürfen, den die Kunden wirklich zahlen müssen.

Auch finanziell ist Sandra geschützt, wenn sie günstige Angebote wahrnimmt. Die EU-Reiserichtlinie verpflichtet nämlich alle Reiseveranstalter, ihre Leistungen zu versichern. Wenn ein Reiseunternehmen pleitegeht und man schon eine Anzahlung geleistet hat (oder gar schon im Urlaub ist, aber natürlich auch wieder zurückgeflogen werden muss), entsteht dem Kunden daraus kein materieller Schaden.

Viele weitere Beispiele ließen sich nennen, die zeigen, wie die Europäische Union in unser Alltagsleben eingreift – auch wenn wir uns dessen oftmals gar nicht bewusst sind. Man muss nicht alles gut finden, was „in Brüssel" entschieden wird. Über vieles wird in Deutschland und in den anderen Ländern der Europäischen Union sowie zwischen dem Europäischen Parlament, dem Rat der Europäischen Union und der Europäischen Kommission heftig gestritten und gerungen. Das kann und soll in einem demokratischen Gemeinwesen auch gar nicht anders sein. Allerdings zeigen die oben aufgeführten Beispiele auch, dass es sich lohnt, sich mit der Europäischen Union näher zu beschäftigen.

Die Europäische Union ist kein Fremdkörper und kein weit entferntes anderes Land, mit dem man sich nicht unbedingt auseinandersetzen muss, sondern sie ist ein Teil unseres Lebens, weil wir ein Teil der Europäischen Union sind. Das betrifft die Bundesrepublik Deutschland, die einer der Mitgliedstaaten der EU ist, genauso wie uns, die Bürger, die wir nicht nur deutsche Staatsbürger, sondern damit auch gleichzeitig Bürger der Europäischen Union sind.

Als solche haben wir übrigens auch Rechte, die wir wahrnehmen können und auch sollten. Vor allem haben wir das Recht, darüber mitzuentscheiden, wie diese Europäische Union sich weiterentwickelt. Jeder, der für den Deutschen Bundestag wahlberechtigt ist, kann auch das Europäische Parlament wählen. Auch die nichtdeutschen EU-Bürger, die bei uns leben, sind übrigens bei uns zum Europäischen Parlament wahlberechtigt.

In den nachfolgenden Kapiteln soll die Europäische Union näher vorgestellt werden. Wie und warum ist die EU überhaupt entstanden? Wer sind ihre Mitglieder? Wie funktioniert die Europäische Union? In welchen Politikfeldern ist sie tätig? Wie groß ist Europa? Wie sieht die EU die Welt, und was erwartet die Welt von ihr? Wie soll Europa sich weiterentwickeln? Diese Fragen sollen angesprochen und beantwortet werden.

Nun gibt es außer der Europäischen Union auch noch andere politische Organisationen in Europa. Hier ist vor allem der Europarat zu nennen. Historisch spielt auch die OEEC eine Rolle, die sich mittlerweile zur OECD[»] gewandelt hat. In den nächsten Kapiteln werden auch diese Institutionen erwähnt und erklärt werden.

Die Arbeit am Manuskript wurde im Juli 2006 abgeschlossen. Spätere Entwicklungen konnten daher in der Regel nicht berücksichtigt werden. Für viele inhaltliche Anregungen dankt der Autor Lisa Moldenhauer sowie weiteren kritischen Lesern für Kommentare und Korrekturen, namentlich Sabine Pochhammer, Dr. Mechthild Baumann und Miriam Stratenschulte.

[»] Organisation for Economic European Cooperation (Organisation für wirtschaftliche Kooperation in Europa), seit 1961 OECD, Organisation for European Cooperation and Development (Organisation für Europäische Zusammenarbeit und Entwicklung)

III. SCHUTZ VOR UV-STRAHLUNG

EU-Kommission will „Sunblocker" verbieten

Brüssel (rpo) – Das schöne Wetter bringt auch eine Reihe Probleme mit sich. Eines davon: Wie schütze ich meine Haut wirksam gegen die Sonne? Damit die Wahl der Sonnencreme künftig leichter fällt, will die EU-Kommission Angaben über den Schutzfaktor europaweit vereinheitlichen. Dabei sollen auch verwirrende Begriffe wie „Sunblocker" verboten werden.

Der Begriff „Sunblocker" sei irreführend, weil es den hundertprozentigen Schutz vor Sonnenstrahlen nicht gebe, begründete die Brüsseler Behörde ihren Vorstoß am Donnerstag.

Besonders bemängelt die EU-Kommission, dass sich der gängige „Lichtschutzfaktor" hauptsächlich auf die UVB-Strahlung bezieht, die den Sonnenbrand verursacht. Über den Schutz gegen die Hautkrebs verursachende UVA-Strahlung indes gebe der Faktor keine Informationen.

Zudem gebe es bislang keine einheitlichen Testverfahren, um die Stärke des UVA-Schutzes bei unterschiedlichen Produkten zu vergleichen. Von 2007 an sollen die Angaben deshalb genormt und einfach verständlich sein.

Dies sei allerdings nur eine Empfehlung an die Industrie, sagte Kommissionssprecher Gregor Kreuzhuber. Die Branche sehe aber, „dass wir einen Punkt haben und dass wir etwas ändern müssen". Laut EU-Kommission wurden 2004 in Europa Sonnenschutzmittel im Wert von 1,3 Milliarden Euro verkauft. Der Markt wachse stetig. Den Markt beherrschen europäische Unternehmen, nur zwölf Prozent der Produkte werden in die EU importiert.

Grundsätzlich betonte die EU-Kommission, dass Sonnencreme nur eines von mehreren Instrumenten sei, sich vor der Sonne zu schützen. Sonnen in der Mittagshitze sollte vermieden, schützende Kleidung, Hüte und Sonnenbrillen getragen und Säuglinge und Kleinkinder sollten erst gar nicht der direkten Sonne ausgesetzt werden.

Quelle: Rheinische Post vom 04.05.2006

Archiv space5

Photostock / Vario Images

Archiv space5

IV. UND TÄGLICH LÜGT DER JOGHURT-BECHER

Wissenschaftler haben ermittelt, wohl im Selbstversuch, dass der Mensch täglich 200-mal lügt. Im Durchschnitt. Es gibt Unterschiede. An der oberen Kante finden sich ehrenamtliche BND-Mitarbeiter, die sogar ihre Journalisten-Kollegen bespitzeln oder vielleicht auch ihre Ehepartner. Am unteren Ende rangieren jene Paare, die sich kaum noch 200 Worte pro Woche zu sagen haben. Noch häufiger als Menschen aber lügen Lebensmittelverpackungen. Ein Produkt heißt beispielsweise „Mars“. Doch was von dem versprochenen planetarischen Erlebnis bleibt, sind Saturnringe auf den Hüften. Zum Glück hat das Europaparlament jetzt eine Verordnung gegen irreführende Werbung auf Verpackungen beschlossen: „Gesundheits- und nährbezogene Angaben“ sind danach nur zulässig, wenn die versprochene Wirkung auch wissenschaftlich nachgewiesen ist. Außerdem dürfen nicht nur positive Eigenschaften des Erzeugnisses in den Vordergrund gestellt werden. Das heißt, wenn auf einer Flasche Kirschlikör steht: „Mit wertvollem Alkohol und viel Vitamin C“, gehören dazu auch Warnhinweise wie „Verklebt den Magen!“ oder „Jetzt mit Johannes-B.-Kerner-Sammelbild“. Slogans wie „Haribo macht Kinder froh“ und „Mohn macht doof“ bleiben erlaubt. Zwar bäumt sich die Lebensmittelindustrie gegen die Verordnung auf, doch zeigen gerade die Gummibärenhersteller, wie man politisch korrekt wirbt. Seit einigen Jahren steht auf ihren Tüten: „Ohne Fett“. Ja was ist denn daran so schwierig, Erdbeertorte mit dem Slogan „Garantiert ohne Katzenfleisch!“ zu bewerben? Warum kann man nicht Schlankheitsmittel mit der Aufschrift „Das ist eine Tüte mit Pulver drin“ verkaufen? Wo ist das Problem? Leider betrifft die Neuregelung vorerst nur Lebensmittel. Andere, von der Wirklichkeit längst widerlegte Produktbezeichnungen wie „Arbeitsmarktförderung“ und „Rentenversicherung“ dürfen weiter verwendet werden. Noch.

Quelle: Welt am Sonntag vom 21.05.2006

V. EU VERBIETET 22 HAARFÄRBEMITTEL

Brüssel (AP) – Die EU-Kommission hat 22 Haarfärbemittel verboten, zu denen die Industrie trotz Aufforderung keine Angaben über das Gesundheitsrisiko vorgelegt hat. „Stoffe, deren Sicherheit nicht nachgewiesen werden kann, werden vom Markt verschwinden“, erklärte der Vizepräsident der EU-Kommission, Günter Verheugen, am Donnerstag in Brüssel. Das Verbot geht auf eine Studie zurück, derzufolge die Verwendung von Haarfärbemitteln über einen längeren Zeitraum hinweg mit einem erhöhten Blasenkrebsrisiko verbunden sein könnte, wie die Kommission mitteilte. In einer öffentlichen Anhörung hatten die Brüsseler Kommissare die Hersteller gebeten, Sicherheitsdossiers für ihre Stoffe vorzulegen. Diese sollten beweisen, dass ein bestimmter Stoff kein Gesundheitsrisiko für den Verbraucher berge. Das Verbot tritt zum 1. Dezember in Kraft.

Quelle: Süddeutsche Zeitung vom 21.07.2006

KAPITEL 2

Kooperation statt Konfrontation – das Erfolgsrezept im Nachkriegseuropa.

Die Europäische Union – Wie kam es dazu?

Die Europäische Union bestimmt viele Bereiche unseres Alltags. Aber wer ist das eigentlich, diese EU? Welche Länder haben sich zur Europäischen Union zusammengeschlossen – und warum?

In diesem Kapitel soll die Entstehungsgeschichte der EU knapp nachgezeichnet werden. Seit dem 1. Januar 2007 besteht die Europäische Union durch den Beitritt von Bulgarien und Rumänien aus 27 Staaten. Es gehören sowohl nord- und südeuropäische Länder zur EU als auch west- und osteuropäische. Begonnen hat der europäische Einigungsprozess jedoch in Westeuropa, und das hat viel mit Deutschland zu tun.

picture-alliance/dpa

picture-alliance/akg-images/Paul Almasy

picture-alliance/akg-images

^ Viele Städte in ganz Europa lagen nach dem Zweiten Weltkrieg in Trümmern, hier Coventry (Großbritannien), Lisieux (Frankreich) und Hamburg. In fünfeinhalb Jahren Krieg verloren über 50 Millionen Menschen ihr Leben.

Deutschland und Frankreich – Kriegsgegner mit gemeinsamer Zukunft

Nachdem 1933 in Deutschland Adolf Hitler und seine Nationalsozialistische Deutsche Arbeiterpartei (NSDAP) die Macht übernommen hatten, steuerten sie das Land systematisch in einen Eroberungskrieg, der – nach der Annexion Österreichs und eines Teils der Tschechoslowakei 1938 und im Frühjahr 1939 – am 1. September 1939 mit dem Überfall auf Polen begann. Fünfeinhalb Jahre tobte dieser Krieg, der ca. 50 Millionen Menschen das Leben kostete. Er endete mit der Niederlage Deutschlands, und Europa war weitgehend zerstört. Parallel dazu hatte sich der größte Völkermord der Geschichte, die Verfolgung und Vernichtung der Juden und anderer Minderheiten, ereignet. In Konzentrationslagern, die das Deutsche Reich im In- und Ausland betrieb, wurden diese Menschen fabrikmäßig ermordet. Das in Polen in der Nähe von Krakau gelegene Konzentrationslager Auschwitz war das größte Vernichtungslager, aber bei Weitem nicht das einzige. Es wurde zum Symbol für diese Verbrechen gegen die Menschlichkeit.

Die Anti-Hitler-Koalition, die Deutschland 1945 niedergerungen hatte, war politisch selbst zerstritten und hatte sehr unterschiedliche Vorstellungen über die Zukunft Europas. Die Sowjetunion wollte ein sozialistisches, von ihr abhängiges Europa, und in dem Teil des Kontinents, in dem ihre Truppen standen, setzte sie dies auch durch. Die Westmächte USA, Großbritannien und Frankreich befürworteten hingegen ein nach westlichen Vorstellungen demokratisches Europa.

Eine zentrale Frage für die Gestaltung der Nachkriegsordnung war der Umgang mit Deutschland, das zwar besiegt und besetzt, aber immer noch vorhanden und potenziell auch stark war. Vor allem in Frankreich gab es große Befürchtungen. Eine ähnliche Situation hatte man ja schon nach dem Ersten Weltkrieg erlebt. 1918 war Deutschland ebenfalls geschlagen und zum Teil besetzt gewesen, und 1919 war es gezwungen worden, mit dem Versailler Vertrag die Schuld am Krieg anzuerkennen und Reparationen zu bezahlen – und nur gut 20 Jahre später wurde Paris von deutschen Truppen besetzt.

So ist es verständlich, dass die erste Reaktion in Westeuropa darin bestand, sich gegen eine erneute deutsche Bedrohung durch ein Bündnis abzusichern. Am 20. März 1948 wurde von Großbritannien, Frankreich, Belgien, den Niederlanden und Luxemburg der Brüsseler Pakt gegründet. Dieser richtete sich ausdrücklich gegen eine neue deutsche Aggression, wenngleich sicherlich das Gefühl der Bedrohung durch die Sowjetunion ebenfalls ein Motiv des Zusammenschlusses war.

Damit schien das alte Reiz-Reaktions-Schema wieder zu entstehen: Eine Seite rüstet sich gegen eine mögliche Bedrohung durch die andere, die sich dadurch unter Umständen bedroht fühlt und ebenfalls rüstet, was die eine Seite wiederum als Bedrohung wahrnimmt, auf die sie mit weiterer Rüstung reagiert, und so weiter. Dem standen allerdings Überlegungen gegenüber, das Nachkriegseuropa nicht durch erneute Konfrontation, sondern durch neue Formen der Kooperation zu gestalten.

Winston Churchill, während des Zweiten Weltkriegs britischer Premierminister und seit 1945 Oppositionsführer im Unterhaus, forderte bereits 1946 in einer viel beachteten Rede in Zürich die Vereinigten Staaten von Europa. Er maß dabei Deutschland und Frankreich eine führende Rolle zu.

DIE MITGLIEDSTAATEN DER EUROPÄISCHEN UNION

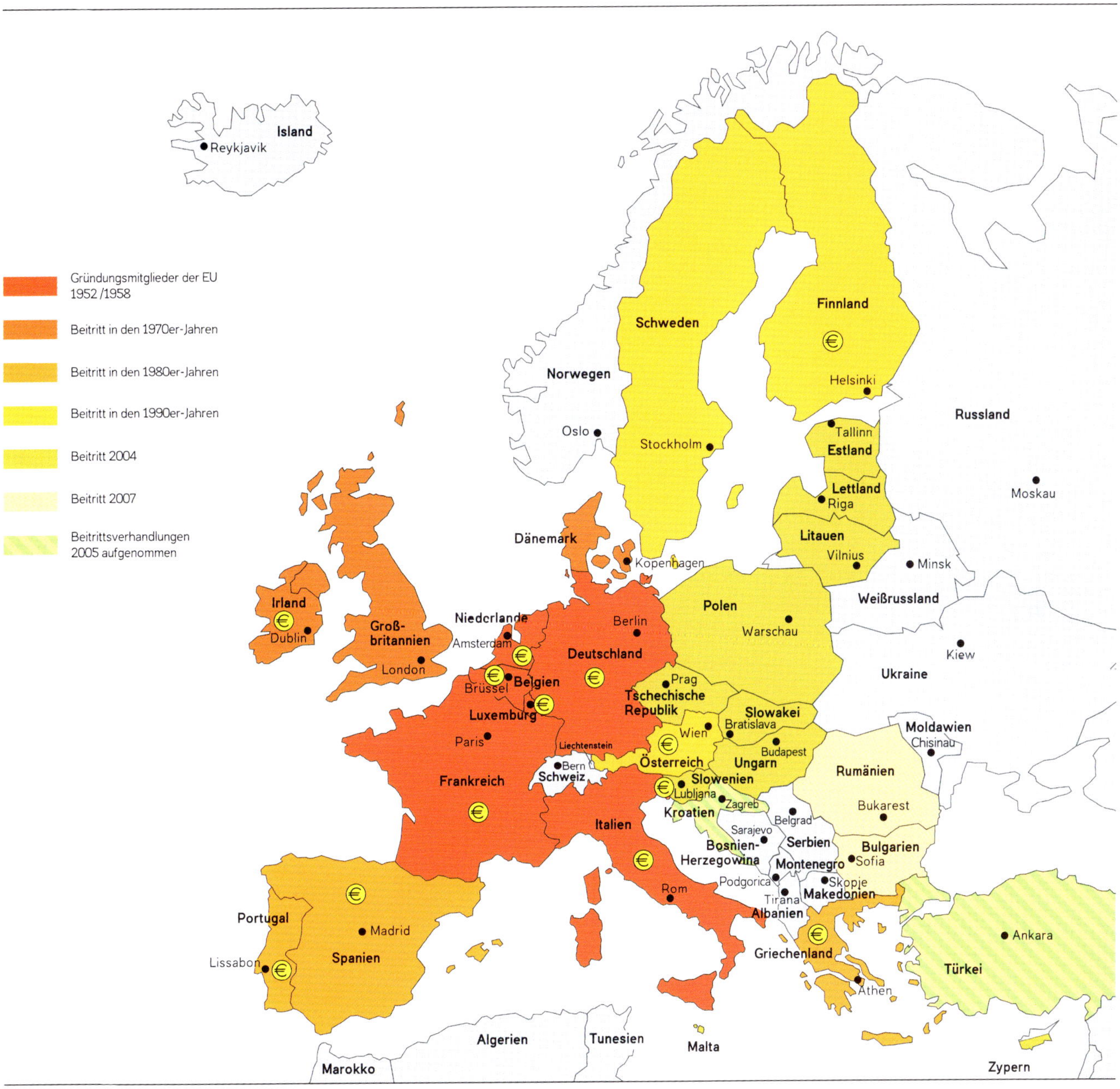

Quelle: Werbeagentur Rechl/bpb

Frieden statt Krieg, Kooperation statt Konfrontation: Der Europarat

Im Juli 1947 kamen die Vertreter von 16 Ländern in Paris zusammen, um über die Ausgestaltung des Marshallplans zu beraten. Der Marshallplan war ein Kreditprogramm der USA für Europa, das den europäischen Staaten helfen sollte, wirtschaftlich wieder auf die Füße zu kommen. Dabei legten die Vertreter Frankreichs und der Benelux-Staaten, aber auch Italiens, Vorschläge für eine europäische Integration vor. Der wichtigste Schritt sollte eine europäische Zollunion sein, darüber hinaus wurde aber auch darüber nachgedacht, den Wiederaufbau Europas durch gemeinsame Regelungsmechanismen zu verbessern und zu kontrollieren. Als erste Maßnahme wurde ein Jahr später die OEEC gegründet, die allerdings auf die Verteilung und Verwaltung der amerikanischen Gelder beschränkt war, also weitergehende Überlegungen zur Schaffung integrierter europäischer Strukturen nicht erfüllen konnte.

> Vor dem Gebäude des Europarates in Straßburg wehen Flaggen der beteiligten Nationen, aufgenommen 1956.

Als ungefähr zur gleichen Zeit darüber diskutiert wurde, einen Europarat zu schaffen, kam die Auseinandersetzung darüber, welche Vollmachten eine solche Organisation haben könnte, wieder auf. Im Verlauf der Diskussion profilierten sich Frankreich einerseits und Großbritannien andererseits als die Exponenten der beiden verschiedenen Positionen. Frankreich wollte eine Integration der europäischen Staaten und dabei dem Europarat eigene Vollmachten geben, Großbritannien war nicht bereit, Souveränität abzutreten.

picture-alliance/dpa

I. CHURCHILL 1946: PARTNERSCHAFT ZWISCHEN DEUTSCHLAND UND FRANKREICH NÖTIG

Ich sage Ihnen jetzt etwas, das Sie erstaunen wird. Der erste Schritt zu einer Neuschöpfung der europäischen Völkerfamilie muss eine Partnerschaft zwischen Frankreich und Deutschland sein. Nur so kann Frankreich seine moralische und kulturelle Führerrolle in Europa wiedererlangen. Es gibt kein Wiederaufleben Europas ohne ein geistig großes Frankreich und ein geistig großes Deutschland. Wenn das Gefüge der Vereinigten Staaten von Europa gut und richtig gebaut wird, so wird die materielle Stärke eines einzelnen Staates weniger wichtig sein. Kleine Nationen werden genauso viel zählen wie große, und sie werden sich ihren Rang durch ihren Beitrag für die gemeinsame Sache sichern.

Winston Churchill am 19. September 1946 in einer Rede in Zürich

Quelle: http://zeus.zeit.de/text/reden/die_historische_rede/200115_hr_churchill1_englisch

1949 wurde dann von zehn west- und nordeuropäischen Staaten dieser Europarat gegründet. Der Europarat, den es heute noch gibt, ist die älteste Nachkriegsorganisation, die ins Leben gerufen wurde, um Frieden, Zusammenarbeit und Wohlstand zu sichern. Der Europarat darf nicht mit der Europäischen Union verwechselt werden, die beiden Organisationen haben zwar gute Beziehungen zueinander, sind aber von den Aufgaben und der Mitgliedschaft verschieden. Heute gehören dem Europarat 46 europäische Staaten an, das 2006 unabhängig gewordene Montenegro ist Nummer 47. Die Bundesrepublik Deutschland wurde 1951 Mitglied.

Die Aufgabe des Europarates ist in Artikel 1 der Satzung vom 5. Mai 1949 festgelegt:

„Der Europarat hat zur Aufgabe, eine engere Verbindung zwischen seinen Mitgliedern zum Schutze und zur Förderung der Ideale und Grundsätze, die ihr gemeinsames Erbe bilden, herzustellen und ihren wirtschaftlichen und sozialen Fortschritt zu fördern."

Der Europarat hat also drei Ziele:
1. den Schutz und die Förderung der Ideale und Grundsätze, also der demokratischen Ordnung,
2. den wirtschaftlichen Fortschritt und
3. den sozialen Fortschritt.

Militärische Angelegenheiten sind ausdrücklich ausgenommen, Art. 1(d) regelt:

picture-alliance/dpa

„Fragen der nationalen Verteidigung gehören nicht zur Zuständigkeit des Europarates."

Das Hauptaugenmerk des Europarates, der seinen Sitz in Straßburg hat, liegt auf den Menschenrechten. Seine wichtigste Errungenschaft ist die 1953 in Kraft getretene Europäische Menschenrechtskonvention. Sie erlegt den einzelnen Staaten im Bereich der Menschen- und Grundrechte Pflichten auf, und jeder, der sich in einem dieser Staaten aufhält, muss in den Genuss der Menschenrechte kommen, also nicht nur die Staatsbürger. Die Konvention ersetzt nicht die nationalen Systeme zum Schutz der Menschenrechte, sondern ergänzt sie durch eine internationale Garantie. Jeder, der in einem Mitgliedsland des Europarates lebt, kann auf

picture-alliance/akg-images

Robert Schuman und Konrad Adenauer auf der Titelseite einer Informationsbroschüre zum Schumanplan und der Montanunion, 1951

der Basis der Europäischen Menschenrechtskonvention den Europäischen Gerichtshof für Menschenrechte anrufen, falls seiner Klage im nationalen Rechtssystem nicht stattgegeben wird.

Der Europarat hat viele weitere Konventionen beschlossen, die aber nur für die Staaten verbindlich sind, die die entsprechende Konvention ratifiziert, das heißt im Parlament gebilligt haben. Der Europarat arbeitet also – außer im Bereich der Menschenrechte – im Wesentlichen mit Empfehlungen an seine Mitgliedstaaten und auf der Basis der freiwilligen Anerkennung von Beschlüssen.

In der Gründungsphase des Europarates bestanden durchaus weitergehende Vorstellungen über die Kompetenzen dieser Institution. Als Erfahrung aus dem Krieg gab es, wie gesagt, starke Bestrebungen, Europa zu vereinigen, um einen überbordenden Nationalismus zu verhindern und alle Staaten des Kontinents durch eine Integration unter Kontrolle zu halten. Außerdem wurde überlegt, Europa als „Dritte Kraft" gegenüber den USA und der Sowjetunion zu profilieren.

Die Diskussion ging auch nach der Gründung am 5. Mai 1949 weiter. Die Satzung des Europarates ist sehr allgemein gehalten und lässt daher Gestaltungsspielraum.

Die Beratende Versammlung (heute: Parlamentarische Versammlung), die im August und September 1949 zum ersten Mal tagte, definierte als Ziel des Europarates die „Schaffung einer europäischen politischen Autorität mit begrenzten Funktionen, aber echten Vollmachten"[1].

Das Ministerkomitee, also die Außenminister der Mitgliedsländer, lehnte im November 1949 auf britischen Druck jedoch alle Vorschläge für „echte Vollmachten", die der von der Beratenden Versammlung eingesetzte Ständige Ausschuss erarbeitet hatte, ab. Damit war der Traum vom Europarat als Institution der europäischen Integration ausgeträumt. Der Europarat blieb ein Gremium ohne eigene Kompetenzen und ist dies bis heute. Der erste Präsident der Beratenden Versammlung des Europarates, Paul-Henri Spaak trat aus Enttäuschung über diese Entwicklung am 10. Dezember 1951 von seinem Präsidentenamt zurück.

Die erste Europäische Gemeinschaft: Die Europäische Gemeinschaft für Kohle und Stahl (EGKS)

Der französische Außenminister Schuman schlug bald darauf die Bildung der Europäischen Gemeinschaft für Kohle und Stahl vor, um in einem kleinen Kreis zu schaffen, was im Europarat insgesamt nicht möglich war. Die Europäische Gemeinschaft für Kohle und Stahl (EGKS), die 1952 von Deutschland und Frankreich, von Italien sowie von Belgien, den Niederlanden und Luxemburg ins Leben gerufen wurde, war also die Gründung derer, die mehr Integration wollten als der Europarat insgesamt. Mit diesem Schritt schufen sie die erste supranationale europäische Institution, die unter dem Namen „Montanunion" bekannt wurde. Ziel der mit den Buchstaben EGKS abgekürzten Gemeinschaft für Kohle und Stahl war es, einen gemeinsamen Markt für Kohle und Stahlprodukte zu schaffen. Diese Rohstoffe und Ausgangsmaterialien waren für den Wiederaufbau besonders wichtig, und man ging bei der Gründung der EGKS davon aus, dass sie knapp sein würden. Darüber hinaus waren sie die Voraussetzung jedweder Rüstung. Wenn man also die Rüstung des Nachbarn im Auge behalten wollte, musste man die Schwerindustrie kontrollieren – also Kohle und Stahl. Anders ausgedrückt: Frankreich konnte durch die EGKS die Schwerindustrie in Deutschland mitbestimmen, zahlte dafür aber den Preis, dass Deutschland in Frankreich mitredete. Das galt natürlich für alle Mitglieder.

Für Frankreich war die Montanunion auch deshalb interessant, weil die größten Kohlevorkommen im deutschen Ruhrgebiet lagen. Das Ruhrgebiet war nach dem Krieg wie ganz Deutschland besetzt und wurde von einer internationalen Ruhrbehörde beaufsichtigt, die auch nach Gründung der Bundesrepublik die deutschen Kohlevorräte verwaltete und auf Deutschland, die Siegermächte und die Nachbarn aufteilte. Allen war jedoch klar, dass eine solche Besatzungspolitik auf Dauer keinen Bestand haben konnte.

Deutschland hatte an der Montanunion großes Interesse, um diesen Besatzungsstatus zu beenden und durch die Einbindung in die entstehende europäische Integrationsstruktur wieder in die „europäische Familie" aufgenommen zu werden, was wenige Jahre nach dem verheerenden Krieg ja keine Selbstverständlichkeit war.

Es war also völlig klar, dass das Ziel der Europäischen Gemeinschaft für Kohle und Stahl in erster Linie ein politisches war. So heißt es auch in der Präambel, dass die vertragschließenden Parteien entschlossen seien, an die Stelle der jahrhundertealten Rivalitäten einen Zusammenschluss ihrer wesentlichen Interessen zu setzen und durch die Errichtung einer wirtschaftlichen Gemeinschaft den ersten Grundstein für eine weitere und vertiefte Gemeinschaft unter Völkern zu legen, die lange Zeit durch blutige Auseinandersetzungen entzweit waren.

Allerdings verlief die wirtschaftliche Entwicklung anders als gedacht. Die Kohle verlor in den 50er-Jahren zugunsten von Öl und Gas schnell an Bedeutung, und so

II. „... MIT GROSSER TRAURIGKEIT ERFÜLLT"

Der Präsident der Beratenden Versammlung des Europarats tritt enttäuscht zurück

Meine Damen und Herren, von der Höhe des Präsidentenstuhles, den ich bis gestern eingenommen habe, habe ich eine Feststellung machen müssen, die mich oft mit großer Traurigkeit erfüllt hat. Die Unsummen an Begabung, die man in dieser Versammlung aufgewandt hat, um auseinanderzusetzen, dass man nichts tun dürfe, hat mich in Erstaunen versetzt. Heute hat jeder seine guten Gründe, auf der Stelle zu fahren. Da gibt es Deutsche, die Europa erst schaffen wollen, wenn sie die Einheit Deutschlands hergestellt haben, da gibt es Belgier, die Europa erst verwirklichen wollen, wenn England mittut, da gibt es Franzosen, die Europa nicht schaffen wollen, wenn sie dabei den Deutschen in einem Dialog gegenüberstehen. Die Engländer wollen Europa so lange nicht schaffen, bis sie eine Lösung mit dem Commonwealth gefunden haben. Unsere skandinavischen Freunde wohnen all dem, wie mir scheint, mit einer enttäuschten und ziemlich uninteressierten Miene bei.

Wenn wir in dieser Versammlung, davon bin ich überzeugt, ein Viertel der Energie, die hier aufgewandt wurde, um „Nein" zu sagen, daran gesetzt hätten, um „Ja" zu sagen, dann wären wir nicht mehr in dem Zustand, in dem wir uns heute befinden. ...

Wir haben gestern erlebt, dass Minister zu uns gekommen sind und dass sie zum ersten Mal nicht nur hierher kamen, um uns ihre Politik darzulegen, sondern um bei uns Unterstützung und Ermutigung zu suchen. [Gemeint ist die Initiative zur Gründung der Europäischen Gemeinschaft für Kohle und Stahl] ... Was haben wir ihnen geantwortet? Nichts!

Was hätten wir tun müssen? In diesem geschichtlichen Augenblick hätten wir über das Ministerkomitee des Europarates hinausgehen müssen, um uns an die vier Minister oder an die sechs Länder zu wenden, die eine Europäische Gemeinschaft für Kohle und Stahl zu schaffen gewillt sind, und hätten ihnen sagen müssen: „Wir werden uns sofort an die Arbeit machen, um Ihnen hier und heute darzutun, wie wir uns die Europäische Gemeinschaft vorstellen."
Das haben wir nicht zu tun vermocht.

Paul-Henri Spaak, Rücktrittsrede als Präsident der Beratenden Versammlung des Europarates am 10. Dezember 1957, in: Claus Schöndube, Das neue Europa-Handbuch, Köln 1969. S. 175 f.

> Das Ruhrgebiet war das Zentrum der Deutschen Kohle- und Erzverarbeitung, hier die Friedrich Wilhelms-Hütte in Mülheim an der Ruhr 1950.

stand die Montanunion bald vor einer Aufgabe, an die ihre Gründer nicht gedacht hatten. Während diese davon ausgegangen waren, die EGKS solle den Mangel verwalten, türmten sich bald Halden unverkäuflicher Kohle auf. Jetzt musste der Absatz quotiert werden, das heißt, die Menge der Kohle- und Stahlprodukte, die die Mitgliedstaaten der EGKS verkaufen durften, wurde begrenzt. Das war natürlich ein schwerwiegender Eingriff in das Wirtschaftsleben der Mitgliedstaaten.

Die Kraft der Hohen Behörde, quasi der Europäischen Kommission für die Montanunion, reichte zur Regelung dieser Konflikte nicht aus, sie musste Rückendeckung beim Ministerrat suchen, der aus jeweils einem Minister der Mitgliedstaaten bestand.

Der zweite Schritt zur europäischen Integration

Es zeigte sich, dass sich die Erwartungen der vertieften Integration der europäischen Staaten durch die Montanunion nicht erfüllen ließen. Die Präambel des EGKS-Vertrages hatte als Ziel formuliert, „die institutionellen Grundlagen zu schaffen, die einem nunmehr allen gemeinsamen Schicksal die Richtung weisen können“. Um dieses Ziel zu erreichen, wurden 1957 die Europäische Wirtschaftsgemeinschaft (EWG) und die Europäische Gemeinschaft für Atomenergie (Euratom/EAG) gegründet. Das war der zweite erfolgreiche Schritt zum europäischen Miteinander.

picture-alliance/KPA/Andres

Am 25. März 1957 unterzeichneten die Vertreter der sechs Gründerstaaten Belgien, Deutschland, Frankreich, Italien, Luxemburg und Niederlande in Rom die sogenannten Römischen Verträge zur Gründung der Europäischen Wirtschaftsgemeinschaft/EWG und der Europäischen Atomgemeinschaft/Euratom.

Andere Integrationsversuche, vor allem die Europäische Verteidigungsgemeinschaft, die eine gemeinsame europäische Armee vorsah, waren zwischenzeitlich gescheitert.

Die Geburtsurkunden von EWG und Euratom, die 1957 geschlossenen (und 1958 in Kraft getretenen) Römischen Verträge, reagierten in ihrem Bauplan, vor allem für die Europäische Wirtschaftsgemeinschaft, auf die Erfahrungen mit der Montanunion, die nicht nur positiv waren. Die Baumeister der beiden europäischen Gemeinschaften programmierten nun statt der sektoralen die gesamtwirtschaftliche Integration. Es sollte nicht mehr nur ein Wirtschaftsbereich vergemeinschaftet werden, sondern die Wirtschaft insgesamt. Außerdem beteiligten sie von vornherein die Mitgliedstaaten stärker an der gemeinschaftlichen Willensbildung, sodass diese nicht von Initiativen der Europäischen Kommission überrascht wurden.

Anders als bei der Montanunion schufen die Mitglieder nicht zuerst die Institutionen, sondern definierten zuvorderst die Aufgaben und Ziele, leiteten daraus die Methoden ab und kamen schließlich zum hierfür notwendigen Institutionsgefüge. Während man bei der Montanunion also bei der Behörde anfing, was sich daraus erklärt, dass es ja vorher schon die Internationale Ruhrbehörde gab, überlegte man jetzt zuerst, welche Aufgaben zu bewältigen waren, um dann die Institutionen darauf auszurichten.

Als Hauptziele der EWG wurden die Errichtung eines gemeinsamen Marktes, die Schaffung einer gemeinsamen Politik in wirtschaftlichen Teilbereichen, vor allem im Agrar- und im Verkehrsbereich und

> Das Logo zum 50-jährigen Jubiläum der Unterzeichnung der Römischen Verträge gibt es in allen EU-Sprachen.

natürlich beim Außenhandel (Zollunion), sowie die Koordinierung der Wirtschaftspolitiken festgelegt. Auch die Währungsunion, die seit 1999 Realität ist, war von Anfang an im Zielkatalog der Europäer enthalten. Lediglich bei der Schaffung der Zollunion gab es einen fixierten Zeitplan. Ansonsten sollte der nächste Schritt immer dann erfolgen, wenn der vorige gegangen worden war.

Die Verhandlungen über die Römischen Verträge liefen keineswegs konfliktfrei ab. Die Vertragsverhandlungen dauerten buchstäblich bis zum letzten Augenblick, sodass der endgültige Text nicht mehr ordentlich ausgefertigt werden konnte. Da man die feierliche Zeremonie der Unterzeichnung des Vertrages nicht verschieben wollte, wurde zu dem Notbehelf gegriffen, nur das Unterschriftsblatt vorzubereiten und einen Stapel leeren Papiers danebenzulegen. Die Regierungschefs unterzeichneten also Blanko Schreibpapier.

Die Römischen Verträge definierten das Ziel der durch sie begründeten Gemeinschaften nüchterner, als dies der EGKS-Vertrag getan hatte. War es dort noch um die Sicherung des Weltfriedens durch „schöpferische, den drohenden Gefahren angemessene Anstrengungen“ gegangen, war nun die Rede von der Errichtung eines gemeinsamen Marktes, der harmonischen Entwicklung des Wirtschaftslebens innerhalb der Gemeinschaft, von der Hebung der Lebenshaltung und nur noch allgemein von „engeren Beziehungen zwischen den Staaten“, die in dieser Gemeinschaft zusammengeschlossen sind.

Dennoch waren auch die Europäische Wirtschaftsgemeinschaft (EWG) und die Europäische Atomgemeinschaft (EAG oder Euratom) vor allem und in erster Linie politische Institutionen. Es drehte sich zwar alles um die Wirtschaft, aber der wirtschaftliche Nutzen war nicht der Hauptgrund für die EWG. Die Wirtschaft war in gewisser Weise das Instrument, mit dem das politische Ziel, nämlich die Sicherung des Friedens unter den Mitgliedstaaten, erreicht werden sollte – was ja auch geschah, wie wir heute wissen. Es war die zugrunde liegende politische Zielsetzung, die sowohl in Deutschland als auch in Frankreich dazu führte, dass der innenpolitische Widerstand gegen die Gründung der Gemeinschaften überwunden werden konnte.

III. DER AUGENBLICK IST GEKOMMEN

Die Regierungen der Bundesrepublik Deutschland, Belgiens, Frankreichs, Italiens, Luxemburgs und der Niederlande halten den Augenblick für gekommen, einen neuen Abschnitt auf dem Wege zum Aufbau Europas in Angriff zu nehmen. Sie sind der Meinung, dass dies zunächst auf wirtschaftlichem Gebiet geschehen muss.

Sie sind der Ansicht, dass auf dem Wege zur Schaffung eines geeinten Europa weitergegangen werden muss durch Entwicklung gemeinsamer Institutionen, durch fortschreitende Verschmelzung der Nationalwirtschaften, durch Errichtung eines gemeinsamen Marktes und durch fortschreitende Harmonisierung ihrer Sozialpolitik.

Eine solche Politik erscheint ihnen unerlässlich, um Europa seinen Platz in der Welt zu erhalten, um ihm seinen Einfluss und seine Geltung zurückzugeben und um die Lebenshaltung seiner Bevölkerung ständig zu heben.

Auszug aus der Entschließung der Außenminister der Mitgliedstaaten der Montangemeinschaft anlässlich ihrer Tagung in Messina am 1. und 2. Juni 1955

Quelle: www.uni-muenster.de/Jura.itm/eudoc/gruendung/docs/131006.pdf

In Deutschland musste sich Bundeskanzler Adenauer heftiger Kritik aus den eigenen Reihen erwehren. Sowohl Wirtschaftsminister Ludwig Erhard als auch der Atomminister Franz-Josef Strauß waren gegen die Gemeinschaften, weil sie meinten, diese würden Deutschlands wirtschaftliche Freiheiten zu sehr einschränken. Adenauer konnte seine Minister nur durch die Richtlinienkompetenz des Bundeskanzlers zum Schweigen bringen.

Erfolge und Rückschläge: Zollunion und „Politik des leeren Stuhls"

Das erste große Vorhaben der Europäischen Wirtschaftsgemeinschaft (EWG) war die Schaffung einer Zollunion. Das bedeutet zum einen, dass die Zölle für den Handel untereinander abgeschafft werden, und zum anderen, dass man gegenüber anderen Ländern einen gemeinsamen Zoll erhebt. Während beispielsweise Waren aus Deutschland damit zollfrei nach Frankreich geliefert werden können, müssen zum Beispiel japanische Firmen, die Motorräder nach Deutschland verkaufen, darauf genauso viel Zoll bezahlen, wie wenn sie die Fahrzeuge nach Frankreich exportieren. Was bislang selten vorgekommen ist in der Europäischen Union, trat bei der Zollunion ein. Die Mitgliedstaaten hielten den vorgesehenen Zeitplan nicht nur ein, sie unterschritten ihn sogar. Schon Mitte 1968 trat die für Ende 1969 vorgesehene Zollunion in Kraft.

Anfangs bestanden die drei Gemeinschaften EGKS, EWG und EAG/Euratom nebeneinander. 1967 wurden sie zu den Europäischen Gemeinschaften mit einer gemeinsamen Europäischen Kommission, einem Ministerrat, einem einheitlichen Gerichtshof sowie einer gemeinsamen Parlamentarischen Versammlung (heute:

ETAPPEN DER EUROPÄISCHEN EINIGUNG

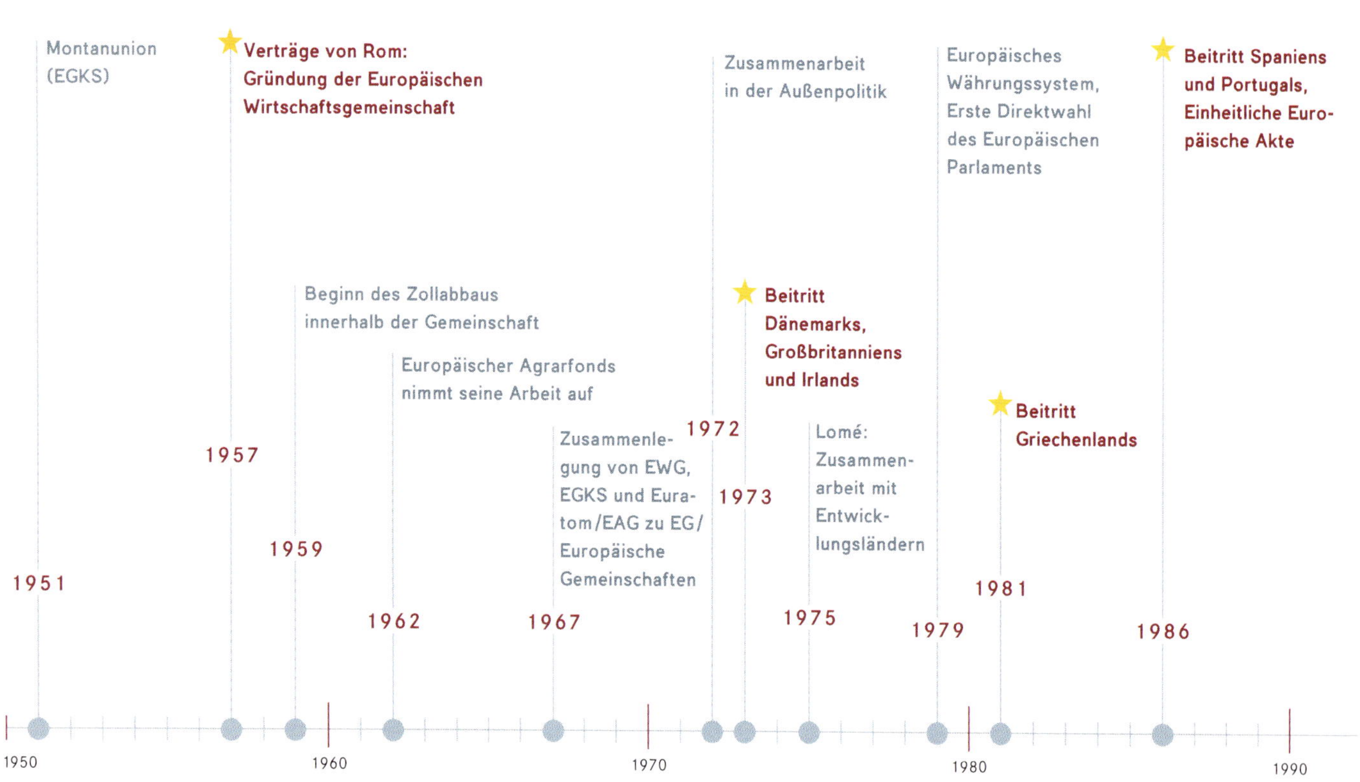

Quelle: Erich Schmidt Verlag, Zahlenbilder 714005

Europäisches Parlament) zusammengefasst. Zunehmend wurden die drei auch in der Öffentlichkeit als eine Einheit gesehen, weswegen sich für die EG die Bezeichnung „Europäische Gemeinschaft" durchsetzte.

Trotz dieser Erfolge gab es allerdings bei einer anderen Frage Krach, mit dessen Folgen wir heute noch zu tun haben. Ein wichtiges Entscheidungsgremium der EU ist bis heute der Ministerrat, also die Versammlung der Außen- oder Fachminister der Mitgliedsländer. Damals war er insofern noch bedeutender, als ihm kein gleichgewichtiges Parlament gegenüberstand. Im Ministerrat wurden die Entscheidungen über den Vollzug und die Zukunft der Europäischen Gemeinschaften getroffen. Dies geschah anfangs einstimmig und sollte ab 1966 für wichtige Sachgebiete mit Mehrheit erfolgen. Jedes einzelne Land, auch eines der „großen" (zu dieser Zeit Deutschland, Frankreich und Italien), hätte von mehreren anderen überstimmt werden können. Diesen Beschluss wollte Frankreich nun nicht mehr mittragen. Es bestand darauf, dass weiterhin einstimmig entschieden werden sollte. Als die anderen Partner auf diesen Wunsch nicht eingingen, betrieb Frankreich eine „Politik des leeren Stuhls", das heißt, es nahm in der zweiten Jahreshälfte 1965 nicht mehr an den Sitzungen der europäischen Gremien teil. Man einigte sich 1966 schließlich auf den „Luxemburger Kompromiss", der besagte, dass man hinkünftig in einigen Bereichen mit qualifizierter Mehrheit entscheiden werde, jedes Land aber ein Veto einlegen könne, wenn seine vitalen Interessen berührt seien. Da jeder für sich selbst definieren konnte, was ein „wichtiges Interesse" sei, ist die Einstimmigkeit in vielen Fällen, zum Teil bis heute, beibehalten worden. Während dies für jedes einzelne Land den Vorteil hat, dass es nicht überstimmt werden kann, bedeutet es doch andererseits, dass es viel schwieriger ist, überhaupt zu einem Beschluss zu kommen. Das war schon mit sechs Mitgliedstaaten so und ist natürlich mit 27 Ländern nicht gerade leichter geworden.

Es ist also keineswegs der Fall, dass es in der Gründungsphase der europäischen Institutionen nur eitel Sonnenschein gegeben hätte, während heute Streit und Auseinandersetzung dominieren. Tatsächlich wurde immer wieder von verschiedenen Positionen aus um Kompromisse gerungen, die mal mehr der einen oder der anderen Seite entgegenkamen.

1990 – Deutsche Einheit

1993 – Binnenmarkt, Europäische Union

1994 – Europäischer Wirtschaftsraum

1995 – **Beitritt von Finnland, Schweden und Österreich**

1999 – Euro-Einführung, Agenda 2000, Vertrag von Amsterdam tritt in Kraft

2002 – Euro-Bargeld

2003 – Vertrag von Nizza tritt in Kraft

2004 – **Beitritt von 10 Staaten Ost- und Südeuropas, Unterzeichnung des EU-Verfassungsvertrags**

2007 – **Beitritt Rumäniens und Bulgariens**

1990 · 2000 · 2010

IV. LUXEMBURGER KOMPROMISS

Der Vertrag von Rom sah vor, dass die Beschlussfassung mit Einstimmigkeit ab dem 1. Januar 1966 nach und nach durch die Beschlussfassung mit qualifizierter Mehrheit ersetzt werden sollte. Frankreich unter der Führung Charles de Gaulles widersetzte sich dieser Entwicklung, da sie die supranationale Entscheidungsfindung über den zwischenstaatlichen Ansatz stellte. Um ihrer Haltung Nachdruck zu verleihen, praktizierte die französische Regierung die „Politik des leeren Stuhls" und nahm ab dem 30. Juni 1965 nicht mehr an den Sitzungen des Ministerrats teil. Der Luxemburger Kompromiss vom 30. Januar 1966 beendete diese Krise, die zwischen Frankreich einerseits und seinen fünf europäischen Partnern und der Europäischen Kommission andererseits entstanden war, durch folgende Bestimmung: „Stehen bei Beschlüssen, die mit Mehrheit auf Vorschlag der Kommission gefasst werden können, sehr wichtige Interessen eines oder mehrerer Partner auf dem Spiel, so werden sich die Mitglieder des Rates innerhalb eines angemessenen Zeitraums bemühen, zu Lösungen zu gelangen, die von allen Mitgliedern des Rates unter Wahrung ihrer gegenseitigen Interessen und der Interessen der Gemeinschaft angenommen werden können."

Der Kompromiss hat den Rat nie daran gehindert, seine Beschlüsse gemäß dem EG-Vertrag, der vielfach die qualifizierte Mehrheit vorsieht, zu fassen. Auch hinderte er die Mitglieder des Rates nicht daran, sich, wie zuvor, um eine Annäherung der Standpunkte vor dem Zustandekommen der Ratsentscheidung zu bemühen.

Die Beschlussfassungen mit qualifizierter Mehrheit wurden nach und nach auf weitere immer wichtigere Bestimmungen ausgedehnt, sodass Mehrheitsbeschlüsse inzwischen die übliche Abstimmungsform sind und die Einstimmigkeitsbeschlüsse zur Ausnahme geworden sind. Die Ausweitung des Anwendungsbereichs der qualifizierten Mehrheit entspricht dem Ziel, das europäische Entscheidungssystem effizienter zu gestalten.

Quelle: Europa-Glossar, hrsg. von der Europäischen Union, http://europa.eu

> Einsatz für die deutsch-französische Freundschaft: Der französische Staatspräsident Charles de Gaulle und Bundeskanzler Konrad Adenauer (1965, oben) und knapp 20 Jahre später François Mitterand und Helmut Kohl im Gedenken an die Schlacht von Verdun.

v.u.: ullsteinbild/Sven Simon; picture-alliance/dpa

Der deutsch-französische Motor

Von Anfang an spielten Deutschland und Frankreich eine besondere Rolle in den Europäischen Gemeinschaften. Das hatte nicht nur mit der Tatsache zu tun, dass sie zwei der drei großen Staaten waren, die dem dritten großen, nämlich Italien, wirtschaftlich voraus waren, sondern auch damit, dass die Europäischen Gemeinschaften vor allem dem Ziel dienten, den alten deutsch-französischen Gegensatz einzufrieden.

Frankreich und Deutschland waren sich ihrer Verantwortung für die Europäischen Gemeinschaften durchaus bewusst und beschlossen 1963, ihre bilaterale Zusammenarbeit sehr eng zu gestalten, um so einen gewissen Integrationssog zu schaffen, der auch die anderen Mitgliedsländer erfassen würde. Der deutsch-französische Freundschaftsvertrag, der, weil er im Elysée-Palast des französischen Präsidenten unterzeichnet wurde, auch „Elysée-Vertrag" heißt, war und ist die Basis dieser Kooperation.

Das bedeutet nicht, dass sich Frankreich und Deutschland in allen Fragen einig gewesen wären – oder es heute sind. Aber es wurde eine Basis der Freundschaft hergestellt, auf der es möglich war, auch Auseinandersetzungen auszutragen.

Ein grundlegender Unterschied diesseits und jenseits des Rheins bestand beispielsweise in der Einschätzung der Rolle der USA im geteilten Europa. Frankreich wollte die Amerikaner in Europa zurückdrängen, die Bundesrepublik Deutschland war sehr daran interessiert, die USA als Sicherheitsgaranten in Europa zu halten.

Eine andere Frage, bei der unterschiedliche Meinungen aufeinandertrafen, war eine mögliche Mitgliedschaft Großbritanniens in den Europäischen Gemeinschaften. Das Vereinigte Königreich, das sich Mitte der 50er-Jahre nicht hatte entschließen können, bei der Gründung der EWG mitzutun, hatte in den 60er-Jahren zweimal einen Antrag auf Mitgliedschaft gestellt. Frankreichs Staatspräsident de Gaulle lehnte dieses Ansinnen jedoch strikt ab. Erst nachdem er 1969 von seinem Amt zurückgetreten war, wurde der Weg für einen Beitritt Großbritanniens frei.

V. STICHWORT: DER ELYSÉE-VERTRAG

Nachbarn nach langer „Erbfeindschaft" zusammengeführt
Am 22. Januar 1963 unterzeichneten Bundeskanzler Konrad Adenauer und der französische Staatspräsident Charles de Gaulle im Pariser Elysée-Palast den deutsch-französischen Freundschaftsvertrag. Das Abkommen über die deutsch-französische Zusammenarbeit hat die Nachbarn nach langer „Erbfeindschaft" und blutigen Kriegen seit 1963 immer mehr zusammengeführt.

In dem Vertrag verpflichten sich beide Regierungen zu Konsultationen in allen wesentlichen Fragen der Außen-, Sicherheits-, Jugend- und Kulturpolitik.

Gipfeltreffen und Begegnung der Jugend
Das Abkommen begründete die halbjährlichen Gipfeltreffen beider Länder und führte zur Gründung des Deutsch-Französischen Jugendwerks. Beide Seiten setzten Koordinatoren für die deutsch-französische Zusammenarbeit sowie Bevollmächtigte für kulturelle Angelegenheiten ein.

Der Unterzeichnung des am 2. Juli 1963 in Kraft getretenen Vertrages folgte am 5. Juli 1963 die Unterschrift unter das Deutsch-Französische Jugendwerk.

Der „Alte" und der General
Als eigentliches Geburtsjahr des Elysée-Vertrages gilt das Jahr 1958, als der „Alte aus Rhöndorf" und der General im lothringischen Colombey-les-deux-Églises erstmals zusammenkamen.

Noch im selben Jahr trafen sie sich in Bad Kreuznach, wo sie sich auf eine Institutionalisierung der besonderen Beziehungen beider Länder einigten.

Umstrittene Präambel
Der Bundestag setzte dem Abkommen 1963 vor seiner Verabschiedung jedoch eine Präambel voraus, in der klargestellt wurde, dass der Vertrag die Zusammenarbeit in der Nato oder die Partnerschaft mit den USA nicht beeinträchtige.

De Gaulle war enttäuscht über das Vorwort; er sah den Vertrag dadurch als verwässert an.

Grundsatzvertrag im Visier
1988 ergänzten Bundeskanzler Helmut Kohl und der französische Staatspräsident François Mitterrand den Elysée-Vertrag mit der Einsetzung von Räten für die Abstimmung von Verteidigungsinteressen und der Wirtschafts- und Währungspolitik.

Der derzeitige Staatspräsident Jacques Chirac will nun einen neuen Grundsatzvertrag ausarbeiten. Ob der Elysée-Vertrag ersetzt oder lediglich ergänzt werden soll, ist noch unklar.

Sonderstellung des Vertrags betont
Der Politologe Alfred Grosser betont, dass Frankreich mit keinem anderen Land ein vergleichbares Abkommen geschlossen habe. Es sei vor allem Ausdruck der außergewöhnlichen Beziehungen zwischen Adenauer und de Gaulle.

Der Bundeskanzler habe den Staatspräsidenten bewundert. Und de Gaulle wiederum habe sich geschmeichelt gefühlt, von einem Mann solchen Formats bewundert zu werden. Auf Bitten Adenauers wurde die anfangs geplante Erklärung zu einem förmlichen Vertrag ausgearbeitet.

Quelle: www.heute.de/ZDFheute/inhalt/12/0,3672,2030316,00.html

DFJW

‹ Das Deutsch-Französische Jugendwerk fördert seit 1963 Jugendbegegnungen zwischen Franzosen und Deutschen. Hier eine Gruppe mit Bundeskanzler Schröder, Präsident Chirac und Premierminister Raffarin in Schwerin, Juli 2002.

OFAJ DFJW
Deutsch-Französisches Jugendwerk
Office franco-allemand pour la Jeunesse

Edthaler/images.de

Die Europäische Gemeinschaft wächst

1973 kam es zur ersten Erweiterung der Europäischen Gemeinschaft (EG). Neben dem Vereinigten Königreich von Großbritannien und Nordirland traten auch die Republik Irland und Dänemark der Europäischen Gemeinschaft bei. Beinahe hätte die EG ein zehntes Mitglied gewonnen. Auch Norwegen hatte bereits einen Beitrittsvertrag verhandelt und abgeschlossen. Allerdings entschied sich die norwegische Bevölkerung in einem Volksentscheid gegen den Beitritt ihres Landes zur EG. Über 20 Jahre später, 1995, geschah das Gleiche noch einmal. So ist Norwegen heute in der originellen Situation, über zwei ausgehandelte und unterzeichnete Beitrittsverträge zu verfügen, ohne Mitglied der EU, wie die Europäische Gemeinschaft inzwischen heißt, zu sein.

www.digitalstock.de

Europa war durch den Ost-West-Konflikt gespalten und durch den Eisernen Vorhang in einen sozialistischen und einen kapitalistischen Teil getrennt. Der Westen warf dem Osten vor, die Grundsätze der Demokratie nicht zu achten. Aber auch im „westlichen Lager" gab es Probleme. Spanien und Portugal waren seit Jahrzehnten Diktaturen, und in Griechenland übernahm 1967 eine autoritäre und antidemokratische Militärclique die Macht. Mitte der 70er-Jahre gelang es jedoch allen drei Ländern, ihre Diktaturen zu überwinden.

Die Europäische Gemeinschaft war sehr daran interessiert, Südeuropa politisch zu stabilisieren und zu demokratisieren. Sie unterstützte daher die demokratischen Bewegungen in Griechenland, Portugal und Spanien und bot allen drei Ländern die Mitgliedschaft an. So kam es in den 80er-Jahren zur Süderweiterung der EG um Griechenland (1981) sowie Spanien und Portugal (1986). Damit holte sich die EG drei relativ arme Länder ins Haus, nicht aus wirtschaftlichen, sondern aus politischen Gründen. Die Entwicklung in allen drei Staaten gab der EG mittlerweile Recht. Sie sind stabile Demokratien, und vor allem die beiden Länder der Iberischen Halbinsel haben sich auch wirtschaftlich sehr positiv entwickelt. Viele deutsche Urlauber können sich davon ein persönliches Bild machen, wenn sie die „schönsten Wochen des Jahres" auf den griechischen Inseln, an der portugiesischen Algarve oder im Urlaubsparadies Spanien verbringen.

Der Europäische Binnenmarkt

Parallel zur Süderweiterung nahm die EG das nächste große Projekt in Angriff: die Schaffung des Binnenmarktes. Die vertragliche Grundlage hierfür, die Einheitliche Europäische Akte, trat 1987 in Kraft. Sie hat die Basis dafür geschaffen, dass die Europäische Union heute ein (weitestgehend) einheitlicher Binnenmarkt ist, in dem die sogenannten Vier Freiheiten gewährleistet sind, nämlich die Freizügigkeit von Waren, Kapital, Arbeit und Dienstleistungen. Jeder Bürger der EU kann heute arbeiten und leben, wo immer in der Union er möchte, er kann dort auch investieren, sich als Handwerker niederlassen und natürlich seine Waren exportieren – ohne dass ihn das Zielland irgendwie daran hindern oder ihm das Leben schwer machen könnte. Lediglich für die 2004 beigetretenen Länder gibt es in einigen Staaten, darunter auch in Deutschland, noch Beschränkungen, die aber in den nächsten Jahren fallen werden.

Als der Binnenmarkt Ende 1992 weitgehend vollendet war, hatte die Welt sich verändert. Mauer und Stacheldraht, die sich einst durch Europa zogen, waren verschwunden, die Sowjetunion war (1991) zerfallen und die von ihr dominierten Staaten des Warschauer Pakts hatten diesen aufgelöst und demokratisierten und reformierten sich. Die Deutsche Demokratische Republik hatte bereits 1990 aufgehört zu existieren und sich mit der Bundesrepublik Deutschland vereinigt.

Neben dem westlichen und östlichen Lager gab es aber auch europäische Staaten, die keiner der beiden Seiten angehörten, sondern neutral waren. Durch den Wegfall des Ost-West-Konflikts verlor das Konzept einer Neutralität seinen Sinn. So begaben sich die politisch und wirtschaftlich westlich orientierten Staaten Schweden, Finnland und Österreich auf den Weg in die Europäische Gemeinschaft. Als ihr Beitritt 1995 vollzogen wurde, hatte die Gemeinschaft den Namen gewechselt. Seit dem Inkrafttreten des Vertrages von Maastricht 1993 sprechen wir von der Europäischen Union. Damit sollte deutlich werden, dass die bisherige Europäische Gemeinschaft, die vor allem wirtschaftlich orientiert war, durch eine gemeinsame Außenpolitik sowie eine gemeinsame Innen- und Rechtspolitik ergänzt worden ist.

Die Europäische Union öffnete sich für neue Mitglieder, tat sich jedoch gleichzeitig schwer, die Bedingungen dafür zu schaffen. Es war allen Politikern in den Mitgliedstaaten klar, dass eine Gemeinschaft mit 25 und mehr Staaten anders organisiert sein muss als eine mit zwölf oder weniger Ländern. Der erste Versuch, eine institutionelle Reform durchzuführen, also die Kompetenzen der einzelnen europäischen Organe (Rat, Parlament, Kommission) neu zu regeln und die Abstimmungsverfahren zu ändern, ist bei der Konferenz von Amsterdam 1997 gescheitert. Zwar hat der Amsterdamer Vertrag durchaus Fortschritte für die EU mit sich gebracht, diese liegen jedoch in der Zusammenarbeit im Bereich der Justiz- und Innenpolitik. Auch das Schengener Abkommen, durch das die Grenzkontrollen zwischen den Mitgliedstaaten abgeschafft wurden, ist Teil des Amsterdamer Vertrags.

Euros zum Üben: Die sogenannten „Euro Starter-Kits“ im Wert von 10,23 Euro gab es ab Dezember 2001 für 20 DM zu kaufen.

Die Einführung des Euro

Parallel zum Inkrafttreten des Amsterdamer Vertrags wurden die Bestimmungen des Vertrags von Maastricht, den die Staats- und Regierungschefs der EU 1993 in der kleinen niederländischen Stadt ausgehandelt hatten, Wirklichkeit. Er barg das große Projekt der EG/EU, nämlich die Wirtschafts- und Währungsunion, also die Einführung der Gemeinschaftswährung Euro. Diese wurde 1999 vollzogen und der Euro in zwölf der 15 Länder das gemeinsame Geld, auch wenn die Bürgerinnen und Bürger erst in der Neujahrsnacht 2002 die neuen Geldscheine erstmals in der Hand halten konnten. Vorher gab es nur „Probiertütchen“ mit einigen Münzen darin, damit man sich schon einmal an das neue Geld gewöhnen konnte.

> Drei Monate nach der Konferenz von Nizza unterzeichneten am 26. Februar 2001 die Außenminister der 15 EU-Staaten den Vertrag von Nizza, der die zukünftigen Erweiterungen vorbereitete.

Um den Euro als Währung übernehmen zu können, reicht es nicht, Mitglied der Europäischen Union zu sein. Man muss darüber hinaus wirtschaftliche Kriterien erfüllen, die sicherstellen, dass die Währung, die man in den Euro einbringt, und die Volkswirtschaft, die ihn trägt, stabil sind und den Euro nicht gefährden. Kurz gesagt darf ein Land nicht zu hoch verschuldet sein und muss eine niedrige Inflationsrate und entsprechende Zinssätze aufweisen. Deshalb sind die 2004 beigetretenen Staaten mit Ausnahme von Slowenien noch nicht Mitglieder der Euro-Zone.

Dass 1999 Großbritannien, Dänemark und Schweden ihre nationale Währung und ihre eigene Währungspolitik nicht aufgeben wollten, hat politische Gründe. Großbritannien und Dänemark haben eine entsprechende Klausel in den Maastrichter Vertrag eingebracht, der zufolge sie dem Euroraum beitreten können, aber nicht müssen. Für Schweden gibt es diese Klausel nicht, es weigert sich aber bislang dennoch, den Euro zu übernehmen.

VI. DIE EUROPÄISCHEN VERTRÄGE UND IHRE WICHTIGSTEN PUNKTE IM ÜBERBLICK*

1952 **Vertrag über die Gründung der Europäischen Gemeinschaft für Kohle und Stahl**
Errichtung eines gemeinsamen Marktes für Kohle und Stahl, Schaffung einer gemeinsamen Hohen Behörde (Vorläuferin der heutigen Europäischen Kommission), Schaffung eines gemeinsamen Gerichtshofs

1958 **Römische Verträge**

EWG-Vertrag: Schaffung der Europäischen Wirtschaftsgemeinschaft mit gemeinsamem Markt, Zollunion und der Entwicklung gemeinsamer Politiken

EAG-Vertrag: Schaffung einer Europäischen Atomgemeinschaft zur Kontrolle, Koordinierung und gemeinsamen Nutzung der zivilen Nuklearwirtschaft

1987 **Einheitliche Europäische Akte**
Schaffung des Europäischen Binnenmarkts

1993 **Vertrag von Maastricht**
Schaffung der Europäischen Währungsunion mit der Gemeinschaftswährung Euro

1999 **Vertrag von Amsterdam**
Schrittweise Errichtung eines Raums der Freiheit, der Sicherheit und des Rechts (die angestrebte institutionelle Reform wird nicht erreicht)

2003 **Vertrag von Nizza**
Erste institutionelle Reform zur Vorbereitung auf die Erweiterung (die Regelungen von Nizza machen die Erweiterungen der Jahre 2004 und 2007 möglich, werden aber nicht als ausreichend angesehen)

2004 **Unterzeichnung des Vertrags über die Europäische Verfassung,** die mehr Demokratie, Transparenz und Effektivität der EU sicherstellen soll. Der Verfassungsvertrag ist bislang nicht in Kraft getreten, da er nicht in allen Mitgliedstaaten ratifiziert worden ist.

* Jahreszahlen beziehen sich auf das In-Kraft-Treten der Verträge.

Europa wächst zusammen: Die Osterweiterung

Drei Jahre nach Amsterdam, im Dezember 2000, versuchten die Staats- und Regierungschefs bei einer Konferenz in Nizza die Versäumnisse von Amsterdam aufzuarbeiten. Allerdings endete die Konferenz im Desaster. Zwar wurde der Vertrag von Nizza geschlossen, durch den auch grünes Licht für das große Projekt Osterweiterung gegeben wurde, aber die Probleme löste er nicht wirklich. Dies sollte die Europäische Verfassung tun, deren Erarbeitung ein Jahr nach dem Nizza-Debakel von den Staats- und Regierungschefs in Auftrag gegeben wurde.

Als am 1. Mai 2004 acht mittelosteuropäische Staaten sowie zwei Mittelmeerinseln der Europäischen Union beitraten, ging man allgemein noch davon aus, dass die Verfassung zwei Jahre später die gültige Grundlage der Europäischen Union sein würde. Durch die Osterweiterung stieg die Mitgliederzahl um zwei Drittel auf 25. Die ehemaligen Sowjetrepubliken Estland, Lettland, Litauen, die früheren Warschauer-Pakt-Staaten Polen, Tschechien, Slowakei und Ungarn sowie das 1991 von Jugoslawien abgelöste Slowenien waren nun Mitglieder der Europäischen Union – genau wie Malta und Zypern. Die Beitrittsverhandlungen mit den Kandidatenländern hatten mit einigen Staaten 1997, mit anderen 1999 begonnen und waren im Jahr 2003 zum Abschluss gekommen. Die bislang sozialistischen Staaten östlich der alten Trennlinie hatten bekundet, dass sie zum integrierten Europa gehören wollten und auch gehörten.

Der Weg in die EU war für die neuen Mitgliedsländer alles andere als einfach.

picture-alliance/dpa

Die EU funktioniert wie jeder normale Club: Wer Mitglied werden will, muss die Satzung akzeptieren und die Verpflichtungen erfüllen, die allen auferlegt werden. Und: Er muss zu den anderen passen.

Die Staats- und Regierungschefs der EU haben 1993 in Kopenhagen festgelegt, welche Anforderungen sie an neue Mitglieder stellen. Die sogenannten Kopenhagener Kriterien besagen: Kandidatenländer müssen stabile Demokratien und funktionierende Marktwirtschaften sein, dem Druck der EU-Marktkräfte standhalten können, die zahlreichen Gesetze und Regelungen der EU vollständig übernehmen und bereit sein, die europäische Integration auch zukünftig zu unterstützen. Sie sind verpflichtet, auch den Euro einzuführen, allerdings nur unter der Voraussetzung, dass sie die Stabilitätskriterien der Währungsunion erfüllen.

Für die Länder Mittel- und Osteuropas bedeutete dies, ihr politisches System völlig umzukrempeln, ein neues Rechtswesen und eine funktionierende Verwaltung aufzubauen, die bisherige Plan- (und Mangel-)Ökonomie in eine Markt- (und Überfluss-)Wirtschaft umzuwandeln, und das alles in kürzester Zeit. Bei einer so grundlegenden wirtschaftlichen Transformation gibt es nicht nur Gewinner, sondern auch Menschen, die ihren Arbeitsplatz verlieren, die mit dem Tempo nicht mithalten können und die ihre vielleicht nicht sehr üppige, aber sichere Existenz verlieren. Trotzdem und trotz vieler Spannungen und Auseinandersetzungen haben die Kandidatenländer Kurs gehalten.

In der „alten“ EU ist den „Neuen“ viel Misstrauen und Befürchtung entgegengeschlagen. So mancher hatte Angst vor zu großen Transferleistungen an die mittelosteuropäischen Staaten, vor zu starker Konkurrenz aus dieser Region und vor zu viel Unübersichtlichkeit. Diese Bedenken haben sich glücklicherweise nicht bewahrheitet, auch wenn die Erweiterung Geld gekostet hat und der frische Wind, den die neuen Mitgliedsländer in die EU bringen, auch Niedriglohnkonkurrenz und Abwanderung von Industriebetrieben bedeutet. Dennoch war die Erweiterung für alle Mitgliedstaaten ein Erfolg, auch für die alten.

Hanel/bpb

www.digitalstock.de

Bulgarien und Rumänien waren mit ihren Reformen noch nicht so weit, dass sie ebenfalls 2004 beitreten konnten. Ihre Mitgliedschaft in der EU wurde erst zum 1. Januar 2007 Realität. Auch jetzt haben die beiden Länder noch eine Reihe von Anforderungen zu erfüllen, die vor allem das Funktionieren der Verwaltung, die Bekämpfung von Korruption und organisierter Kriminalität sowie den Ausbau des Justizsystems betreffen.

Die Europäische Union besteht nach dem Beitritt Bulgariens und Rumäniens aus 27 Mitgliedstaaten und knapp einer halben Milliarde Bürgern. Sie hat sich nicht nur von sechs auf 27 Staaten vergrößert, sie hat einen Binnenmarkt geschaffen, eine Gemeinsame Außen- und Sicherheits-

VII. KOPENHAGENER KRITERIEN

Der Europäische Rat hat heute beschlossen, dass die assoziierten mittel- und osteuropäischen Länder, die dies wünschen, Mitglieder der Europäischen Union werden können. Der Beitritt kann erfolgen, sobald ein assoziiertes Land in der Lage ist, den mit einer Mitgliedschaft verbundenen Verpflichtungen nachzukommen und die erforderlichen wirtschaftlichen und politischen Bedingungen zu erfüllen.

Als Voraussetzung für die Mitgliedschaft muss der Beitrittskandidat eine institutionelle Stabilität als Garantie für demokratische und rechtsstaatliche Ordnung, für die Wahrung der Menschenrechte sowie die Achtung und den Schutz von Minderheiten verwirklicht haben; sie erfordert ferner eine funktionsfähige Marktwirtschaft sowie die Fähigkeit, dem Wettbewerbsdruck und den Marktkräften innerhalb der Union standzuhalten. Die Mitgliedschaft setzt außerdem voraus, dass die einzelnen Beitrittskandidaten die aus einer Mitgliedschaft erwachsenden Verpflichtungen übernehmen und sich auch die Ziele der politischen Union sowie der Wirtschafts- und Währungsunion zu eigen machen können.

Die Fähigkeit der Union, neue Mitglieder aufzunehmen, dabei jedoch die Stoßkraft der europäischen Integration zu erhalten, stellt ebenfalls einen sowohl für die Union als auch für die Beitrittskandidaten wichtigen Gesichtspunkt dar.

Quelle: Europäischer Rat Kopenhagen, 21.– 22. Juni 1993, Schlussfolgerungen des Vorsitzes, http://ue.eu.int/ueDocs/cms_Data/docs/pressData/de/ec/72924.pdf

VIII. EIN DYNAMISCHER PROZESS

Die Erweiterung ist ein dynamischer Prozess anstatt eines einzelnen Ereignisses, und ihre Auswirkungen werden erst mit der Zeit sichtbar werden. Die Vorbereitung für die Erweiterung hat mehrere Jahre gedauert, und zum Zeitpunkt ihres Beitritts hatten die zehn neuen Mitgliedstaaten (EU10) erfolgreich ihre Ökonomie von Planwirtschaften zu funktionalen freien Marktwirtschaften transformiert. Die Erfüllung der Kopenhagener Kriterien hat als starker Katalysator für den Wandel gedient. (Eigene Übersetzung)

Aus einer Studie der Europäischen Kommission über die Auswirkungen der Erweiterung auf die Europäische Union

Quelle: „Enlargement, two years after: an economic evaluation" by the Bureau of European Policy Advisers and the Directorate-General for Economic and Financial Affairs, N° 24 May 2006, S. 42, http://ec.europa.eu/economy_finance/publications/occasional_papers/2006/ocp24en.pdf

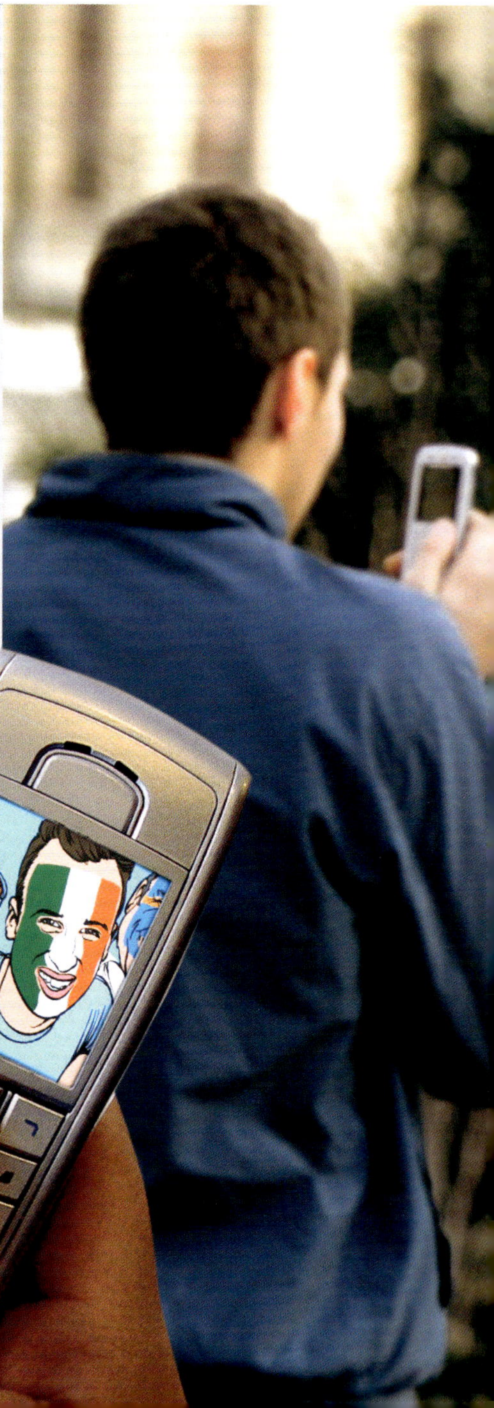

dpa/epa Darius Mitrache

Archiv space5

politik mit einer militärischen Komponente entwickelt, hat ihre Rechts- und Innenpolitik in wichtigen Bereichen zusammengeführt, eine gemeinsame Währung Wirklichkeit werden lassen. Sie hat Normen im Verbraucher- und Umweltschutz gesetzt, den Bürgern die Freizügigkeit garantiert und in Ergänzung zur nationalen Staatsbürgerschaft eine EU-Staatsbürgerschaft eingeführt. Die EU ist ein geachteter Partner in der Welt, sie leistet weltweit über 50 Prozent der gesamten Entwicklungshilfe, die Leistungen der EU-Staaten machen 37 Prozent des Budgets der Vereinten Nationen aus und 50 Prozent aller sonstigen Zahlungen an die UNO. Alles in allem ist das keine schlechte Bilanz für gut 50 Jahre europäische Integration und schon gar nicht, wenn man bedenkt, dass der Ausgangspunkt ein zerstörtes und verfeindetes Europa war.

Rumänien feiert seinen Beitritt zur EU 2007.

KAPITEL 3

In Vielfalt geeint – Nach und nach wuchs die Mitgliederzahl der EU

Die Europäische Union – Wer ist das eigentlich?

Die Europäische Union zählt heute 27 Mitglieder, die in diesem Kapitel näher vorgestellt werden. Da sind als Erstes die Gründungsmitglieder zu nennen, die der Größe ihrer Einwohnerzahl nach beschrieben werden sollen.

Die Gründungsmitglieder

An erster Stelle steht Deutschland mit ca. 82,5 Millionen Einwohnern. Es ist der größte Staat der EU, was die Bevölkerung betrifft. Im Hinblick auf das Staatsgebiet ist Deutschland – auch nach der Vereinigung von 1990 – nur die Nummer vier, nach Frankreich, Spanien und Schweden.

Deutschland hat den Zweiten Weltkrieg begonnen und verloren, anschließend war das Land bis 1990 geteilt, zuerst in vier Besatzungszonen (die britische, die amerikanische und die französische einerseits und die sowjetische andererseits), dann in die Bundesrepublik Deutschland und die Deutsche Demokratische Republik (DDR).

von sechs auf 27 Länder an.

Deutschland[2]

Staatsform	Demokratisch-parlamentarischer Bundesstaat seit 1949
Staatsoberhaupt	Bundespräsident
Hauptstadt	Berlin
In der EU seit	1952 / 1958
Amtssprache(n)	Deutsch
Einwohner	82,5 Mio., damit in der EU-27 an 1. Stelle
Bevölkerungsgruppen / Ethnische Minderheiten	91,2 % Deutsche 8,8 % Ausländer, davon 26,3 % Türken; Minderheiten von Sorben, Dänen, Friesen sowie Sinti und Roma
Bevölkerungswachstum (2003)	0 %
Fläche	357 030 km², damit in der EU-27 an 4. Stelle
Bruttoinlandsprodukt zu jeweiligen Marktpreisen	EUR 2 247,4 Mrd., damit in der EU-27 an 1. Stelle
Währung	Euro
Staatsverschuldung (öffentlicher Schuldenstand 2005 im Verhältnis zum Bruttonationaleinkommen*)	67,7 %
Religionen	26,5 Mio. Katholiken (2002) 26,2 Mio. Protestanten (2002) 3,2 Mio. Muslime (2001) 935 000 Orthodoxe (1999) 383 000 Neuapostoliker 164 000 Zeugen Jehovas (2001) 100 000 Juden
Nationalfeiertag	3. Oktober (Tag der deutschen Einheit)

* Die Zahl zeigt die totale Verschuldung, deren Grenze bei 60 Prozent liegt. Die Verschuldungsgrenze von drei Prozent, die in der deutschen Diskussion in den letzten Jahren eine große Rolle gespielt hat, bezeichnet die jährliche Verschuldung (dies gilt für alle Steckbriefe).

Es war nur die alte, aus den Westbesatzungszonen hervorgegangene Bundesrepublik, die zu den Gründern der Europäischen Gemeinschaft gehörte. Die DDR war in das östliche Wirtschaftsbündnis Rat für Gegenseitige Wirtschaftshilfe (RGW) und die Militärallianz Warschauer Pakt integriert.

Die Bundesrepublik Deutschland erlebte nach ihrer Gründung einen beispiellosen wirtschaftlichen Aufstieg, das sogenannte Wirtschaftswunder. Sie wurde schnell die führende Wirtschaftsmacht innerhalb der Europäischen Gemeinschaft und war deren bevölkerungsreichstes Land.

Die politische Nummer eins war jedoch Frankreich, das mit Deutschland innerhalb von 80 Jahren drei Kriege auszutragen hatte und politisch zu den Siegermächten des Zweiten Weltkriegs gehörte. Frankreich wurde aus diesem Zusammenhang heraus auch eines der fünf ständigen Mitglieder des Sicherheitsrates der Vereinten Nationen. Außerdem verfügt es als einziger Gründerstaat der Europäischen Gemeinschaft über Atomwaffen.

Frankreich hatte bis nach dem Ende des Zweiten Weltkriegs Kolonien und Besitzungen in verschiedenen Teilen der Welt. Einige davon gehören mittlerweile staats-

Frankreich

Staatsform	Republik seit 1870
Staatsoberhaupt	Staatspräsident
Hauptstadt	Paris
In der EU seit	1952 /1958
Amtssprache(n)	Französisch
Einwohner	62,37 Mio., damit in der EU-27 an 2. Stelle
Bevölkerungsgruppen / Ethnische Minderheiten	94,4 % Franzosen 5,6 % Ausländer Minderheiten von Basken und Nordafrikanern
Bevölkerungswachstum (2003)	0,5 %
Fläche	543 965 km², damit in der EU-27 an 1. Stelle
Bruttoinlandsprodukt zu jeweiligen Marktpreisen	EUR 1 710,023 Mrd., damit in der EU-27 an 3. Stelle
Währung	Euro
Staatsverschuldung (öffentlicher Schuldenstand 2005 im Verhältnis zum Bruttonationaleinkommen)	66,8 %
Religionen	78,8 % Katholiken (1999) 5 Mio. Muslime 950 000 Protestanten (v. a. Calvinisten) 650 000 Juden 200 000 Orthodoxe (2001) u. a.
Nationalfeiertag	14. Juli (Sturm auf die Bastille 1789)

rechtlich zu Frankreich und damit auch zur Europäischen Union, so zum Beispiel die Karibikinsel Martinique oder das südpazifische Französisch-Polynesien mit der Hauptstadt Papeete auf Tahiti, die von Paris 17 700 km entfernt ist.

Frankreich und Deutschland unterhalten seit 1963 eine besonders enge Beziehung, die im Vertrag über die deutsch-französische Zusammenarbeit („Elysée-Vertrag“) begründet worden ist.

Der dritte große Gründerstaat der Europäischen Gemeinschaften ist Italien, das vielen Deutschen auch als Urlaubsland und durch seine Küche vertraut ist. Aber das Land hat mehr zu bieten als Sonne und Pizza. Der Norden Italiens ist eine hoch entwickelte Wirtschaftsregion, Mailand einer der führenden Industriestandorte Europas und ein Zentrum für Mode, Design und Medien. Italien, das wie ein Stiefel ins Mittelmeer hineinragt, verfügt über 7 600 km Küste.

Die anderen drei Staaten, die die Europäische Gemeinschaft für Kohle und Stahl aus der Taufe gehoben haben, waren Belgien, die Niederlande und Luxemburg. Diese drei Länder werden bei uns oft als „Benelux“ zusammengezogen. Darin drückt sich allerdings nicht etwa eine Arroganz gegenüber kleineren Ländern aus, sondern es reflektiert die Tatsache, dass die drei westeuropäischen Staaten sich bereits 1958 zu einer Wirtschaftsunion zusammengeschlossen haben. Tatsächlich ist ihre Zusammenarbeit sogar älter. Bereits 1921 gründeten Belgien und Luxemburg eine Wirtschafts- und Währungsunion. Während die drei Länder im Zweiten Weltkrieg noch besetzt waren, vereinbarten ihre Exilregierungen 1944 eine Zollunion, die 1958 in Kraft trat. Der Benelux-Vertrag von 1958 schuf dann einen Benelux-Binnenmarkt mit Freizügigkeit von Arbeit, Kapital, Dienstleistungen und Waren. Insofern war der Benelux-Verband die Keimzelle und der Pionier der Europäischen Gemeinschaften, die diese Ziele erst wesentlich später erreichten.

Die Niederlande sind der größte der drei Staaten und – genau wie die anderen beiden – eine Monarchie mit einer Königin an der Spitze. Die Hauptstadt ist Amsterdam, aber die Regierung und das Parlament arbeiten in Den Haag. Wirtschaftlich stehen die Niederlande gut da mit einer für EU-Verhältnisse niedrigen Arbeitslosenquote von unter 5 Prozent. In Deutschland sprechen wir oft von „Holland“, wenn wir unser Nachbarland meinen. Tatsächlich ist Holland jedoch nur ein Teil der Niederlande, der aus den Provinzen Nordholland und Südholland besteht (unter anderem mit den Städten Amsterdam, Rotterdam und Den Haag). Es gibt aber noch neun weitere Provinzen.

Belgien unterteilt sich in einen flämischen und einen wallonischen Landesteil. Während in dem ersten Flämisch (Niederländisch) gesprochen wird, bedient man sich in Wallonien des Französischen. Die Hauptstadt Brüssel ist nicht nur Sitz vieler Institutionen der EU, sondern auch Sitz der belgischen Regierung. Um die beiden großen Bevölkerungsgruppen hier gleichzustellen, sind alle Straßen sowohl in Französisch als auch in Flämisch aus-

Italien

Staatsform	Republik seit 1946
Staatsoberhaupt	Staatspräsident
Hauptstadt	Rom
In der EU seit	1952/1958
Amtssprache(n)	Italienisch Deutsch (regional) Französisch (regional) Slowenisch (regional)
Einwohner	58,462 Mio., damit in der EU-27 an 4. Stelle
Bevölkerungsgruppen / Ethnische Minderheiten	97,5 % Italiener 2,5 % Ausländer, davon 13,5 % Marokkaner 10 % Albaner 5,1 % Filipinos 4,5 % Serben und Montenegriner 4,4 % Tunesier Minderheiten von Sarden, Rätoromanen (Friauler und 30 000 Ladiner), Deutschsprachigen (Trentino-Südtirol), Franco-Provenzalen (Aostatal und Piemont), Slowenen (Friaul-Julisch Venetien), Griechen (Apulien)
Bevölkerungswachstum (2003)	– 0,1 %
Fläche	301 336 km^2, damit in der EU-27 an 7. Stelle
Bruttoinlandsprodukt zu jeweiligen Marktpreisen	EUR 1 417,241 Mrd., damit in der EU-27 an 4. Stelle
Währung	Euro
Staatsverschuldung (öffentlicher Schuldenstand 2005 im Verhältnis zum Bruttonationaleinkommen)	106,4 %
Religionen	über 90 % Katholiken 50 000 Protestanten 30 000 Juden (1997)
Nationalfeiertage	25. April (Tag der Befreiung) 2. Juni (Verfassungstag)

gewiesen, obwohl Brüssel eigentlich dem wallonischen Teil angehört. Die dritte offizielle Sprache in Belgien ist Deutsch. Die deutsche Minderheit ist gut integriert und hat eine eigene Verwaltung.

Als Hauptsitz der Europäischen Union ist Brüssel gewissermaßen die Hauptstadt Europas.

Niederlande

Staatsform	Parlamentarische Monarchie seit 1848
Staatsoberhaupt	Königin
Hauptstadt	Amsterdam (Hauptstadt), Den Haag (Regierungssitz)
In der EU seit	1952/1958
Amtssprache(n)	Niederländisch, Friesisch (regional)
Einwohner	16,305 Mio., damit in der EU-27 an 8. Stelle
Bevölkerungsgruppen / Ethnische Minderheiten	95,7 % Niederländer (darunter etwa 360 000 Friesen) 4,3 % Ausländer, davon 14,5 % Türken, 13,4 % Marokkaner, 8,0 % Deutsche, 6,2 % Briten (2004), Minderheiten außerdem aus den ehemaligen Kolonien
Bevölkerungswachstum (2003)	0,5 %
Fläche	41 526 km², damit in der EU-27 an 22. Stelle
Bruttoinlandsprodukt zu jeweiligen Marktpreisen	EUR 501,921 Mrd., damit in der EU-27 an 6. Stelle
Währung	Euro
Staatsverschuldung (öffentlicher Schuldenstand 2005 im Verhältnis zum Bruttonationaleinkommen)	52,9 %
Religionen	33 % Katholiken, 14 % Holländisch Reformierte, 7 % Calvinisten, 5,7 % Muslime, 30 000 Juden; 40 % konfessionslos
Nationalfeiertag	30. April (Königinnentag)

Belgien

Staatsform	Föderale parlamentarische Monarchie seit 1831
Staatsoberhaupt	König
Hauptstadt	Brüssel
In der EU seit	1952/1958
Amtssprache(n)	Niederländisch, Französisch, Deutsch
Einwohner	10,445 Mio., damit in der EU-27 an 11. Stelle
Bevölkerungsgruppen / Ethnische Minderheiten	56 % Flamen, 32 % Wallonen, 7,7 % Ausländer, davon 23,5 % Italiener, 14,3 % Marokkaner, 12,6 % Franzosen, 10 % Niederländer, Minderheiten von deutschsprachiger Bevölkerung
Bevölkerungswachstum (2003)	0,4 %
Fläche	32 545 km², damit in der EU-27 an 23. Stelle
Bruttoinlandsprodukt zu jeweiligen Marktpreisen	EUR 298,179 Mrd., damit in der EU-27 an 7. Stelle
Währung	Euro
Staatsverschuldung (öffentlicher Schuldenstand 2005 im Verhältnis zum Bruttonationaleinkommen)	93,3 %
Religionen	76,3 % Katholiken, 350 000 Muslime, 35 000 Juden, Protestanten
Nationalfeiertag	21. Juli (Amtseid König Leopolds I. 1831)

Luxemburg

Staatsform	Parlamentarische Monarchie (Großherzogtum) seit 1866
Staatsoberhaupt	Großherzog
Hauptstadt	Luxemburg (Lëtzebuerg, Luxembourg)
In der EU seit	1952 /1958
Amtssprache(n)	Lëtzebuergisch, Deutsch, Französisch
Einwohner	0,455 Mio., damit in der EU-27 an 26. Stelle
Bevölkerungsgruppen / Ethnische Minderheiten	67,0 % Luxemburger 9,5 % Portugiesen 4,3 % Franzosen 3,4 % Belgier 2,9 % Deutsche 2,8 % Italiener (2001)
Bevölkerungswachstum (2003)	1,0 %
Fläche	2 586 km^2, damit in der EU-27 an 26. Stelle
Bruttoinlandsprodukt zu jeweiligen Marktpreisen	EUR 29,324 Mrd., damit in der EU-27 an 20. Stelle
Währung	Euro
Staatsverschuldung (öffentlicher Schuldenstand 2005 im Verhältnis zum Bruttonationaleinkommen)	6,2 %
Religionen	86 % Katholiken
Nationalfeiertag	23. Juni (Feier des Geburtstags des Großherzogs)

In Luxemburg leben knapp 450 000 Menschen. Damit ist das Land der kleinste der Gründerstaaten und heute das zweitkleinste Land der EU (nur Malta ist kleiner). Dennoch hat Luxemburg für die Entwicklung der Europäischen Gemeinschaften wesentliche Beiträge geleistet. Dies hat zum einen damit zu tun, dass es der Sitz der Europäischen Gemeinschaft für Kohle und Stahl war und heute sowohl die Verwaltung des Europäischen Parlaments als auch den Europäischen Gerichtshof beherbergt. Zum anderen haben luxemburgische Persönlichkeiten eine wesentliche Rolle gespielt, wenn es darum ging, die EG/EU voranzubringen. Zweimal hat Luxemburg den Präsidenten der Europäischen Kommission gestellt. Der derzeitige Premierminister des Großherzogtums, Jean-Claude Junker, zählt zu den engagiertesten und profiliertesten Europapolitikern der EU.

Die Westerweiterung 1973

1973 stießen Großbritannien, Irland und Dänemark zur Europäischen Gemeinschaft. Dieses war deren erste Erweiterung. Diese Staaten hätten, wenn sie gewollt hätten, von Anfang an in der Europäischen Gemeinschaft mitmachen können. Dass sie erst zwanzig Jahre nach der Gründung der Europäischen Gemeinschaft dazugestoßen waren, hatte seinen Grund lediglich darin, dass in den Beitrittsländern längere Zeit überlegt wurde, ob man bereit sei, den durch die Mitgliedschaft notwendigen Souveränitätsverzicht zu leisten.

Das Vereinigte Königreich von Großbritannien und Nordirland konnte sich in den 50er-Jahren nicht dazu durchringen, die EG mitzugründen. Seine Vertreter nahmen zwar 1955 an der Vorbereitungskonferenz von Messina (auf Sizilien) teil, trugen aber die daraus hervorgehende Entstehung der Europäischen Wirtschaftsgemeinschaft (EWG) und der Europäischen Gemeinschaft für Atomenergie (Euratom) nicht mit. Die in den 60er-Jahren dann doch gestellten Anträge stießen, wie bereits erwähnt, auf den Widerstand des französischen Präsidenten Charles de Gaulle.

Großbritannien zögerte mit seinem Beitritt zur EG, weil es sich mit der Vorstellung schwer tat, Souveränität zugunsten der gemeinsamen Institutionen aufzugeben. Noch heute gibt es in dieser Hinsicht eine große Skepsis sowohl bei der Regierung als auch bei der Bevölkerung, weswegen das Land auch weder der Europäischen Währungsunion noch dem Schengen-Raum angehört. EU-Bürger müssen daher bei der Einreise nach Großbritannien weiterhin einen Ausweis vorzeigen und können nicht mit der Gemeinschaftswährung Euro bezahlen.

Gleichzeitig mit Großbritannien trat auch Irland der EG bei. Dies bot sich wegen der engen wirtschaftlichen Verflechtung zwischen Irland und Großbritannien an. Gleichzeitig bot die Integration in die EG den Iren die Möglichkeit, die Dominanz ihres großen Nachbarn Großbritannien durch den Ausbau anderer Wirtschaftskontakte und die Entwicklung des Landes mit europäischer Hilfe einzudämmen. Dies hat wiederum dazu geführt, dass das irisch-britische Verhältnis immer besser geworden ist und auch der Nordirland-Konflikt nicht mehr zwischen den beiden Staaten steht.

Großbritannien und Nordirland

Staatsform	Parlamentarische Monarchie (im Commonwealth) seit 1921
Staatsoberhaupt	Königin
Hauptstadt	London
In der EU seit	1973
Amtssprache(n)	Englisch
Einwohner	60,034 Mio., damit in der EU-27 an 3. Stelle
Bevölkerungsgruppen / Ethnische Minderheiten	83,7 % der Bevölkerung leben in England, 8,5 % in Schottland, 4,9 % in Wales, 2,9 % in Nordirland (2003), davon sind 4,9 % Ausländer.
Bevölkerungswachstum (2003)	0,2 %
Fläche	242 910 km², damit in der EU-27 an 8. Stelle
Bruttoinlandsprodukt zu jeweiligen Marktpreisen	EUR 1 791,042 Mrd., damit in der EU-27 an 2. Stelle
Währung	Pfund Sterling
Staatsverschuldung (öffentlicher Schuldenstand 2005 im Verhältnis zum Bruttonationaleinkommen)	42,8 %
Religionen	71,8 % Christen: Anglikaner (Anglikanische Kirche in England ist Staatskirche), sonstige Protestanten u. a. Presbyterianer (Presbyterianische Kirche in Schottland ist Staatskirche), Methodisten, Freikirchen, Baptisten, Katholiken 2,8 % Muslime 1 % Hindus, 0,6 % Sikhs 0,5 % Juden 0,3 % Buddhisten 15,1 % religionslos
Nationalfeiertag	2. Samstag im Juni (Queen's Birthday)

Irland

Staatsform	Republik seit 1937
Staatsoberhaupt	Präsident
Hauptstadt	Dublin
In der EU seit	1973
Amtssprache(n)	Irisch (Gälisch), Englisch
Einwohner	4,109 Mio., damit in der EU-27 an 20. Stelle
Bevölkerungsgruppen / Ethnische Minderheiten	96,7 % Kelten 3,3 % Ausländer
Bevölkerungswachstum (2003)	1,6 %
Fläche	70 273 km², damit in der EU-27 an 16. Stelle
Bruttoinlandsprodukt zu jeweiligen Marktpreisen	EUR 160,322 Mrd., damit in der EU-27 an 13. Stelle
Währung	Euro
Staatsverschuldung (öffentlicher Schuldenstand 2005 im Verhältnis zum Bruttonationaleinkommen)	27,6 %
Religionen	88,4 % Katholiken 3 % Church of Ireland (Anglikaner) 0,5 % Presbyterianer 0,3 % Methodisten 5,5 % religionslos oder ohne Angaben
Nationalfeiertag	17. März (St. Patrick's Day)

Irland war bei seinem Eintritt in die EG ein armes und rückständiges Land. Mittlerweile liegt sein Wohlstand über dem EU-Durchschnitt. Das Land steht zweifellos für eine europäische Erfolgsgeschichte.

Für Dänemark war der Beitritt von Großbritannien zur EG die Garantie, dass die europäische Integration nicht zu schnell voranschreiten und die dänische Souveränität zu stark beschneiden würde. Sowohl die Bevölkerung als auch die Regierung gelten ebenfalls bis heute als euroskeptisch. Trotzdem bietet gerade diesem Land die Mitgliedschaft in der EU Vorteile. Dänemark war als reichstes Land der EU dennoch bis zum Jahr 2000 ein sogenannter Nettoempfänger, das heißt, es erhielt von der EU mehr Geld als es in die Gemeinschaftskasse einzahlte. Dies hat mit seiner effektiven Landwirtschaft zu tun.

Dänemark

Staatsform	Parlamentarische Monarchie seit 1953
Staatsoberhaupt	Königin
Hauptstadt	Kopenhagen
In der EU seit	1973
Amtssprache(n)	Dänisch
Einwohner	5,411 Mio., damit in der EU-27 an 17. Stelle
Bevölkerungsgruppen / Ethnische Minderheiten	95 % Dänen 5 % Ausländer Minderheiten von Inuit, Schweden, Norwegern, Finnen und Deutschen
Bevölkerungswachstum (2003)	0,2 %
Fläche	43 096 km², damit in der EU-27 an 21. Stelle
Bruttoinlandsprodukt zu jeweiligen Marktpreisen	EUR 208,609 Mrd., damit in der EU-27 an 11. Stelle
Währung	Dänische Krone
Staatsverschuldung (öffentlicher Schuldenstand 2005 im Verhältnis zum Bruttonationaleinkommen)	35,8 %
Religionen	84 % Lutheraner 34 884 Katholiken andere Protestanten 14 672 Zeugen Jehovas 3 000 Juden
Nationalfeiertag	5. Juni (Verfassungstag 1849)

Auch in Dänemark, wie Großbritannien eine Monarchie, gilt die Gemeinschaftswährung Euro nicht.

Die Süderweiterung 1981/1986

Die Süderweiterung der EG begann 1981 mit der Aufnahme von Griechenland. Dieses Land ist vielen von uns als Urlaubsziel vertraut und auch dadurch bekannt, dass es zwischenzeitlich viele griechische Gastarbeiter in Deutschland gab und immer noch über 350 000 Griechen oder griechischstämmige Menschen bei uns leben[3]. 1967 übernahm in dem wirtschaftlich schwach entwickelten Land eine Militärjunta die Macht, die 1974 wieder verdrängt werden konnte. Danach begannen die Gespräche über die Aufnahme in die EG, die auch dazu dienen sollte, die Demokratie in Griechenland ein für allemal zu sichern. Lange Zeit war Griechenland das Sorgenkind der Europäischen Gemeinschaft, da es zwar alle Vorteile für sich reklamierte, aber wenig Bereitschaft zeigte, sich an die gemeinsam beschlossenen Regeln zu halten.

Auch der zweite Teil der Süderweiterung um die beiden Staaten der Iberischen Halbinsel hatte politische Gründe.

Spanien wurde jahrzehntelang von einem Diktator, dem „Generalissimo“ Francisco Franco, beherrscht. Als dieser 1975 starb, übernahm der noch von ihm eingesetzte König Juan Carlos I. das Amt des Staatsoberhauptes. Ihm, der dem Land bis heute in dieser Funktion dient, gelang es, den Demokratisierungsprozess des Landes durch seine Autorität abzusichern und so wesentlich dazu beizutragen, dass die Diktatur in Spanien überwunden werden konnte.

Heute, gut zwei Jahrzehnte nach dem Beitritt zur Europäischen Gemeinschaft, ist Spanien eine gefestigte, wirtschaftlich dynamische Demokratie, die ja auch vielen Deutschen aus ihrem Sommerurlaub bekannt ist. Zu Spanien gehören auch die Kanarischen Inseln und die Balearen mit der Hauptinsel Mallorca.

Griechenland

Staatsform	Parlamentarische Republik seit 1975
Staatsoberhaupt	Präsident
Hauptstadt	Athen
In der EU seit	1981
Amtssprache(n)	Griechisch
Einwohner	11,075 Mio., damit in der EU-27 an 9. Stelle
Bevölkerungsgruppen / Ethnische Minderheiten	98 % Griechen Minderheiten von Mazedoniern, Türken, Bulgaren, Roma
Bevölkerungswachstum (2003)	0,3 %
Fläche	131 957 km^2, damit in der EU-27 an 10. Stelle
Bruttoinlandsprodukt zu jeweiligen Marktpreisen	EUR 181,087 Mrd., damit in der EU-27 an 12. Stelle
Währung	Euro
Staatsverschuldung (öffentlicher Schuldenstand 2005 im Verhältnis zum Bruttonationaleinkommen)	107,5 %
Religionen	97 % Griechisch-Orthodoxe Minderheiten von Muslimen, Protestanten, Katholiken, Juden
Nationalfeiertag	25. März (Beginn des Befreiungskampfes gegen das Osmanische Reich 1821)

Spanien

Staatsform	Parlamentarische Monarchie seit 1978
Staatsoberhaupt	König
Hauptstadt	Madrid
In der EU seit	1986
Amtssprache(n)	Spanisch, Katalanisch (regional), Galicisch (regional), Baskisch (regional)
Einwohner	43,038 Mio., damit in der EU-27 an 5. Stelle
Bevölkerungsgruppen / Ethnische Minderheiten	3 Mio. Ausländer (8,5 %), davon 476 000 Ecuadorianer, 421 000 Marokkaner, 249 000 Kolumbianer, 208 000 Rumänen, 175 000 Briten, 131 000 Argentinier, 117 000 Deutsche, 77 000 Italiener, 70 000 Bulgaren, 69 000 Peruaner, 67 000 Franzosen, 63 000 Chinesen, 56 000 Portugiesen
Bevölkerungswachstum (2003)	0,4 %
Fläche	504 782 km^2, damit in der EU-27 an 2. Stelle
Bruttoinlandsprodukt zu jeweiligen Marktpreisen	EUR 904,323 Mrd., damit in der EU-27 an 5. Stelle
Währung	Euro
Staatsverschuldung (öffentlicher Schuldenstand 2005 im Verhältnis zum Bruttonationaleinkommen)	43,2 %
Religionen	94 % Katholiken ca. 300 000 Muslime 15 000 Juden
Nationalfeiertag	12. Oktober (Entdeckung Amerikas durch Kolumbus 1492)

Portugal

Staatsform	Republik seit 1910
Staatsoberhaupt	Präsident
Hauptstadt	Lissabon
In der EU seit	1986
Amtssprache(n)	Portugiesisch
Einwohner	10,529 Mio., damit in der EU-27 an 10. Stelle
Bevölkerungsgruppen / Ethnische Minderheiten	98 % Portugiesen, 2 % Ausländer, davon 22,9 % Kapverdier, 10,9 % Brasilianer, 9,3 % Angolaner, 7,4 % Guinea-Bissauer
Bevölkerungswachstum (2003)	0,7 %
Fläche	92 345 km², damit in der EU-27 an 13. Stelle
Bruttoinlandsprodukt zu jeweiligen Marktpreisen	EUR 147,395 Mrd., damit in der EU-27 an 15. Stelle
Währung	Euro
Staatsverschuldung (öffentlicher Schuldenstand 2005 im Verhältnis zum Bruttonationaleinkommen)	63,9 %
Religionen	88 % Katholiken, Minderheiten von Protestanten, Muslimen und Juden
Nationalfeiertag	10. Juni (Todestag des Nationaldichters Luiz de Camões 1580)

Für Finnland, das wegen seiner fast 1 300 km langen Grenze mit der Sowjetunion (jetzt mit Russland) zu besonderer politischer Vorsicht verpflichtet war, erfüllte sich mit dem EU-Beitritt der lang gehegte Wunsch nach Integration in das westliche System, in das Finnland politisch und wirtschaftlich sowieso gehörte. Während die anderen skandinavischen Länder ihre Zurückhaltung gegenüber der EU nie aufgegeben haben, war und ist Finnland stärker bereit, sich in die europäischen Strukturen einzubringen. So gehörte es auch als einziges skandinavisches Land zu den zwölf EU-Staaten, in denen 1999 der Euro eingeführt wurde.

Portugal war das letzte Land Europas, das noch über Kolonien verfügte. Allerdings wurde es dieser Besitzungen nicht mehr froh, da sie – unter anderem Angola und Mosambik – heftig um ihre Unabhängigkeit kämpften. Der langjährige Diktator Salazar sowie sein Nachfolger Caetano verhinderten jedoch diktatorisch jede Änderung der Politik, die das recht arme Land auch seine Ressourcen kostete.

1974 wurde die Diktatur durch die vom Militär angeführte „Nelkenrevolution“ beseitigt. Damit war auch am Atlantik der Weg in die Demokratie frei. Die Aufnahme in die EG sollte sicherstellen, dass für Portugal kein Weg zurück in Diktatur und Chaos führte. In den zwanzig Jahren seiner Mitgliedschaft hat sich das Land auch wirtschaftlich sehr gut entwickelt.

Die Norderweiterung 1995

In den Zeiten des Ost-West-Konflikts in Europa, der durch den Fall der Berliner Mauer zu Ende ging, gab es neben den beiden Lagern EG/NATO auf der einen und Rat für Gegenseitige Wirtschaftshilfe/Warschauer Pakt auf der anderen Seite eine Reihe von Staaten, die keinem der beiden Bündnissysteme angehörten, sondern neutral waren. Hierzu gehörten auch Schweden, Finnland und Österreich, dessen Neutralität sogar durch einen Staatsvertrag festgeschrieben war. Mit dem Ende des Ost-West-Gegensatzes verlor allerdings auch das Konzept der Neutralität seine Basis. Damit war der Weg für die oben genannten Staaten in die Europäische Union frei und sie traten 1995, nach den üblichen Beitrittsverhandlungen, die 1993 begonnen hatten, bei.

Schweden ist in europäischen Dingen zurückhaltender, wollte aber dennoch Mitglied werden. Das Land, das ca. 100 000 km² größer ist als Deutschland, aber weniger als 9 Millionen Einwohner zählt, ist sehr stolz auf seine Errungenschaften bei der Gleichstellung von Männern und Frauen und der Sicherung sozialer Grundrechte. Auch Politiker und Bürger gehen sehr unkompliziert miteinander um. Als die beliebte und proeuropäische Außenministerin Anna Lindh im Jahr 2003 am helllichten Tag in einem Kaufhaus ermordet wurde, hatte sie keinen Personenschutz.

Im selben Jahr fand eine Volksabstimmung über die Einführung des Euro statt, in der sich die Mehrheit jedoch dagegen aussprach.

Finnland

Staatsform	Republik seit 1919
Staatsoberhaupt	Präsident
Hauptstadt	Helsinki
In der EU seit	1995
Amtssprache(n)	Finnisch, Schwedisch
Einwohner	5,236 Mio., damit in der EU-27 an 19. Stelle
Bevölkerungsgruppen / Ethnische Minderheiten	93 % Finnen, 6 % Finnland-Schweden Minderheiten von Lappen, Roma und Tataren
Bevölkerungswachstum (2003)	0,2 %
Fläche	338 144 km², damit in der EU-27 an 5. Stelle
Bruttoinlandsprodukt zu jeweiligen Marktpreisen	EUR 157,377 Mrd., damit in der EU-27 an 14. Stelle
Währung	Euro
Staatsverschuldung (öffentlicher Schuldenstand 2005 im Verhältnis zum Bruttonationaleinkommen)	41,1 %
Religionen	85,1 % Lutheraner 1,1 % Finnisch-Orthodoxe 11 weitere christliche Gemeinschaften Minderheiten von Muslimen und Juden
Nationalfeiertag	6. Dezember (Tag der Unabhängigkeit 1917)

Schweden

Staatsform	Parlamentarische Monarchie seit 1809
Staatsoberhaupt	König
Hauptstadt	Stockholm
In der EU seit	1995
Amtssprache(n)	Schwedisch
Einwohner	9,011 Mio., damit in der EU-27 an 14. Stelle
Bevölkerungsgruppen / Ethnische Minderheiten	überwiegend Schweden, 4,8 % Ausländer (Finnen, Iraker, Norweger, Dänen, Deutsche) Minderheiten von Finnen und Lappen
Bevölkerungswachstum (2003)	0,4 %
Fläche	449 964 km², damit in der EU-27 an 3. Stelle
Bruttoinlandsprodukt zu jeweiligen Marktpreisen	EUR 287,970 Mrd., damit in der EU-27 an 8. Stelle
Währung	Schwedische Krone
Staatsverschuldung (öffentlicher Schuldenstand 2005 im Verhältnis zum Bruttonationaleinkommen)	50,3 %
Religionen	85 % Evangelisch-Lutherische Schwedische Kirche, 91 000 Pfingstler, 152 000 sonstige Protestanten; 166 000 Katholiken, 98 500 Orthodoxe, 90 000 Muslime, 23 400 Zeugen Jehovas, 18 000 Juden, 3 000 bis 4 000 Buddhisten
Nationalfeiertag	6. Juni (Flaggentag: Regierungsantritt der Dynastie Wasa 1523)

Österreich

Staatsform	Parlamentarisch-demokratische Bundesrepublik seit 1918
Staatsoberhaupt	Bundespräsident
Hauptstadt	Wien
In der EU seit	1995
Amtssprache(n)	Deutsch, Slowenisch (regional), Kroatisch (regional), Ungarisch (regional)
Einwohner	8,206 Mio., damit in der EU-27 an 15. Stelle
Bevölkerungsgruppen / Ethnische Minderheiten	90 % Österreicher, 8,3 % Ausländer, davon 45,3 % Ex-Jugoslawen, 17,9 % Türken, geringe Minderheiten von Kroaten, Slowenen, Ungarn, Tschechen, Sinti und Roma
Bevölkerungswachstum (2003)	0,3 %
Fläche	83 871 km², damit in der EU-27 an 14. Stelle
Bruttoinlandsprodukt zu jeweiligen Marktpreisen	EUR 245,102 Mrd., damit in der EU-27 an 9. Stelle
Währung	Euro
Staatsverschuldung	62,9 %
(öffentlicher Schuldenstand 2005 im Verhältnis zum Bruttonationaleinkommen)	
Religionen	73,6 % Katholiken, 4,7 % Protestanten, 4,2 % Muslime, 0,1 % Juden, 12 % religionslos
Nationalfeiertag	26. Oktober (Verabschiedung des Neutralitätsgesetzes 1955)

Auch unser Nachbarland Österreich gehört seit 1995 der Europäischen Union an. Österreich, das lange Zeit das Zentrum des Kaiserreichs und Vielvölkerstaats Österreich-Ungarn war, weist aus der Geschichte eine umfangreiche Erfahrung mit europäischen Fragestellungen auf. Vor einigen Jahren geriet das Land in einen Konflikt mit der EU, als die rechtsnationale Freiheitliche Partei Österreichs (FPÖ) in die Regierung eintrat und andere EU-Mitglieder um die Demokratie an der Donau fürchteten. Dieser Streit wurde jedoch, lange bevor die FPÖ bzw. ihre Nachfolgepartei BZÖ Anfang 2007 aus der Regierung ausschied, beigelegt.

Die Osterweiterung 2004

Die größte Erweiterung der EU-Geschichte war die des Jahres 2004. Zehn Staaten traten auf einmal der Europäischen Union bei. Das war in erster Linie eine politische Entscheidung. Die EU wollte den europäischen Herrschaftsbereich der ehemaligen Sowjetunion nach deren Zerfall 1991 politisch und wirtschaftlich stabilisieren.

Das größte Land der Erweiterungsrunde von 2004 ist Polen, das mehr Einwohner hat als die anderen neun Neumitglieder gemeinsam. Es ist ein Land mit starker Tradition, die den Bürgen half, die Zeit vom Ende des 18. Jahrhunderts bis Anfang des 20. Jahrhunderts zu überstehen, in der es überhaupt keinen polnischen Staat gab. Erst nach dem Ersten Weltkrieg entstand Polen wieder, um dann 1939 von Deutschland besetzt und seit 1945 von der Sowjetunion dominiert zu werden.

Die Polen hatten sich mit dieser Situation nie abgefunden. Bereits 1956 kam es zu einem ersten Aufstand in Poznań (Posen) gegen das sowjetorientierte Regime. 1980 entstand aus einem Streik in Gdansk (Danzig) heraus die unabhängige Gewerkschaft Solidarność (Solidarität), die eine wichtige Rolle dabei spielte, das Land schrittweise zu demokratisieren und 1989 die ersten halbwegs freien Wahlen im gesamten sowjetischen Herrschaftsbereich zu erzwingen.

Nach der politischen Unabhängigkeit des Landes 1990 wurde der Solidarność-Gründer und -Vorsitzende Lech Walesa der erste nichtkommunistische Präsident Polens seit dem Ende des Zweiten Weltkriegs. Für die Wende in Europa hat der mutige Einsatz der Polen einen großen Beitrag geleistet.

Dies lässt sich auch über Ungarn sagen. Das Land, dessen demokratischer Aufstand 1956 von Sowjettruppen niedergeschlagen wurde, befreite sich Ende der 80er-Jahre aus dem Griff der Sowjetunion, die allerdings unter ihrem Chef Michael Gorbatschow selbst einen Reformkurs einschlug. Ungarn öffnete im Sommer 1989 seine Grenze nach Österreich für DDR-Bürger und schlug so das

erste Loch in die Mauer zwischen Ost- und Westdeutschland, Monate bevor diese auch in Berlin fiel.

Nach dem Fall des Eisernen Vorhangs hat sich Ungarn schnell und konsequent in Richtung EU und NATO entwickelt. Deutschland schuldet dem Land an der Donau für seinen durchaus riskanten Beitrag zur Überwindung der deutschen Teilung großen Dank.

Polen

Staatsform	Republik seit 1918
Staatsoberhaupt	Staatspräsident
Hauptstadt	Warschau
In der EU seit	2004
Amtssprache(n)	Polnisch
Einwohner	38,173 Mio., damit in der EU-27 an 6. Stelle
Bevölkerungsgruppen / Ethnische Minderheiten	96,7% Polen Minderheiten von Deutschen, Weißrussen und Ukrainern
Bevölkerungswachstum (2003)	-0,1 %
Fläche	312 685 km², damit in der EU-27 an 6. Stelle
Bruttoinlandsprodukt zu jeweiligen Marktpreisen	EUR 243,398 Mrd., damit in der EU-27 an 10. Stelle
Währung	Złoty
Staatsverschuldung (öffentlicher Schuldenstand 2005 im Verhältnis zum Bruttonationaleinkommen)	42,5 %
Religionen	95,8 % Katholiken, Minderheiten von Polnisch-Orthodoxen, Protestanten, Altkatholiken, Muslimen und Juden
Nationalfeiertage	3. Mai (Tag der Verfassung von 1791) 11. November (Unabhängigkeit 1918)

Ungarn

Staatsform	Republik seit 1918
Staatsoberhaupt	Staatspräsident
Hauptstadt	Budapest
In der EU seit	2004
Amtssprache(n)	Ungarisch
Einwohner	10,097 Mio., damit in der EU-27 an 13. Stelle
Bevölkerungsgruppen / Ethnische Minderheiten	90 % Ungarn (Magyaren), 4 % Roma, 3 % Deutsche, 2 % Serben
Bevölkerungswachstum (2003)	-0,3 %
Fläche	93 030 km², damit in der EU-27 an 12. Stelle
Bruttoinlandsprodukt zu jeweiligen Marktpreisen	EUR 87,894 Mrd., damit in der EU-27 an 17. Stelle
Währung	Forint
Staatsverschuldung (öffentlicher Schuldenstand 2005 im Verhältnis zum Bruttonationaleinkommen)	58,4 %
Religionen	52 % Katholiken 16 % Calvinisten 3 % Lutheraner 0,1 % Juden 14,5 % konfessionslos
Nationalfeiertag	20. August (St.-Stephans-Tag)

Tschechische Republik

Staatsform	Republik seit 1993
Staatsoberhaupt	Staatspräsident
Hauptstadt	Prag
In der EU seit	2004
Amtssprache(n)	Tschechisch
Einwohner	10,220 Mio., damit in der EU-27 an 12. Stelle
Bevölkerungsgruppen / Ethnische Minderheiten	94 % Tschechen 2 % Slowaken Minderheiten von Polen, Deutschen, Roma und Ungarn
Bevölkerungswachstum (2003)	0 %
Fläche	78 866 km^2, damit in der EU-27 an 15. Stelle
Bruttoinlandsprodukt zu jeweiligen Marktpreisen	EUR 98,417 Mrd., damit in der EU-27 an 16. Stelle
Währung	Tschechische Krone
Staatsverschuldung	30,5 %
(öffentlicher Schuldenstand 2005 im Verhältnis zum Bruttonationaleinkommen)	
Religionen	26,7 % Katholiken Minderheiten von Protestanten 59 % konfessionslos
Nationalfeiertag	28. Oktober (Tag der Unabhängigkeit / Gründung der Tschechoslowakei 1918)

Auch die Tschechoslowakei überwand durch die „samtene Revolution“, deren Symbolfigur der Dichter und spätere Präsident Václav Havel war, die Diktatur. Allerdings gelang es nicht, die zwei Landesteile zusammenzuhalten. Wesentlich auf Bestreben der beiden führenden Politiker Václav Klaus (heute tschechischer Präsident) und Vladimír Mečiar, der in den 90er-Jahren insgesamt sechs Jahre lang Ministerpräsident der Slowakei war, trennten sich die beiden Landesteile. So kam es, dass 2004 einerseits die Tschechische Republik der EU beitrat, andererseits die Slowakei. Tschechien, wie die Tschechische Republik auch genannt wird (die Bezeichnung „Tschechei“ erinnert die Menschen an Hitler und wird nicht gerne gehört), hat sich mit seinen rund zehn Millionen Einwohnern sehr schnell und weitgehend wirtschaftlich reformiert. Präsident Klaus macht immer wieder als oberster EU-Kritiker von sich reden und zeigt deutlich, dass er im Grunde genommen die Mitgliedschaft seines Landes in der EU für einen Fehler hält.

Der Slowakei ist es gelungen, den autoritären Ministerpräsidenten Mečiar aufs Altenteil zu schicken und sich zu einem wirtschaftlichen Reformstaat par excellence zu entwickeln. Zahlreiche internationale Firmen haben in der Slowakei in den letzten Jahren Produktionsstätten eröffnet, darunter auch Volkswagen, Opel und andere. Mit radikalen Steuermodellen macht die Slowakei ebenfalls von sich reden. So hat sie eine „flat tax“, das heißt einen einheitlichen Steuersatz von 19 Prozent eingeführt – für Mehrwertsteuer, Einkommensteuer und Körperschaftssteuer. Die slowakische Hauptstadt Bratislava (Pressburg) ist nur ca. 60 Kilometer von Wien entfernt.

Auch aus einem Staatenzerfall hervorgegangen ist Slowenien, das sich 1991 aus Jugoslawien herausgelöst und diese Entscheidung auch in einem glücklicherweise nur zehn Tage dauernden Krieg gegen die von Serbien dominierte jugoslawische Volksarmee verteidigt hat. Slowenien ist einen konsequenten Reformkurs gegangen und hat sich klar auf die Europäische Union ausgerichtet. Es hat 2007 als erstes der 2004 beigetretenen Länder den Euro eingeführt.

Historisch ein besonderes Ereignis war der Beitritt der drei baltischen Staaten zur EU, gehörten diese doch bis 1991 zwangsweise zur Sowjetunion.

Slowakei

Staatsform	Republik seit 1993
Staatsoberhaupt	Staatspräsident
Hauptstadt	Bratislava (Pressburg)
In der EU seit	2004
Amtssprache(n)	Slowakisch
Einwohner	5,384 Mio., damit in der EU-27 an 18. Stelle
Bevölkerungsgruppen / Ethnische Minderheiten	85,8 % Slowaken, 9,7 % Magyaren (Ungarn), 1,7 % Roma, 0,8 % Tschechen, 0,4 % Ruthenen, Minderheiten von Ukrainern, Deutschen, Polen u. a.
Bevölkerungswachstum (2003)	0,2 %
Fläche	49 034 km², damit in der EU-27 an 19. Stelle
Bruttoinlandsprodukt zu jeweiligen Marktpreisen	EUR 38,138 Mrd., damit in der EU-27 an 19. Stelle
Währung	Slowakische Krone
Staatsverschuldung	34,5 %

(öffentlicher Schuldenstand 2005 im Verhältnis zum Bruttonationaleinkommen)

Religionen	68,9 % Katholiken (römisch-katholisch) 4,1 % Katholiken (griechisch-katholisch) 0,9 % Orthodoxe 7,9 % Protestanten, 6,9 % Anhänger der Evangelischen Augsburger Kirche, 2 % Anhänger der Reformierten Christlichen Kirche 0,6 % Sonstige
Nationalfeiertage	1. Januar (Tag der Staatsgründung 1993) 29. August (Tag des Nationalaufstandes 1944) 1. September (Tag der Verfassung 1992)

Slowenien

Staatsform	Republik seit 1991
Staatsoberhaupt	Staatspräsident
Hauptstadt	Ljubljana (Laibach)
In der EU seit	2004
Amtssprache(n)	Slowenisch
Einwohner	1,997 Mio., damit in der EU-27 an 23. Stelle
Bevölkerungsgruppen / Ethnische Minderheiten	83,1 % Slowenen, 2 % Serben, 1,8 % Kroaten, 1,1 % Bosnier, 0,3 % Ungarn, 0,3 % Albaner u. a.
Bevölkerungswachstum (2003)	0,3 %
Fläche	20 253 km², damit in der EU-27 an 24. Stelle
Bruttoinlandsprodukt zu jeweiligen Marktpreisen	EUR 27,373 Mrd., damit in der EU-27 an 21. Stelle
Währung	Euro
Staatsverschuldung	29,1 %

(öffentlicher Schuldenstand 2005 im Verhältnis zum Bruttonationaleinkommen)

Religionen	57,8 % Katholiken, 4,2 % Orthodoxe, 2,7 % Muslime u. a., 7,1 % religionslos
Nationalfeiertag	25. Juni (Erklärung der Unabhängigkeit 1991)

Litauen

Staatsform	Republik seit 1991
Staatsoberhaupt	Staatspräsident
Hauptstadt	Vilnius (Wilna)
In der EU seit	2004
Amtssprache(n)	Litauisch
Einwohner	3,425 Mio., damit in der EU-27 an 21. Stelle
Bevölkerungsgruppen / Ethnische Minderheiten	83,45 % Litauer 6,74 % Polen 6,31 % Russen 1,23 % Weißrussen 0,65 % Ukrainer u. a.
Bevölkerungswachstum (2003)	−0,4 %
Fläche	65 301 km², damit in der EU-27 an 17. Stelle
Bruttoinlandsprodukt zu jeweiligen Marktpreisen	EUR 20,587 Mrd., damit in der EU-27 an 23. Stelle
Währung	Litas
Staatsverschuldung (öffentlicher Schuldenstand 2005 im Verhältnis zum Bruttonationaleinkommen)	18,7 %
Religionen	79 % Katholiken, 4 % Orthodoxe, Minderheiten von Protestanten und Muslimen, 9 % religionslos
Nationalfeiertage	16. Februar (Wiederherstellung des Staates 1918) 6. Juli (Staatsgründung 1253)

Lettland

Staatsform	Republik seit 1991
Staatsoberhaupt	Staatspräsident
Hauptstadt	Riga
In der EU seit	2004
Amtssprache(n)	Lettisch
Einwohner	2,306 Mio., damit in der EU-27 an 22. Stelle
Bevölkerungsgruppen / Ethnische Minderheiten	58,6 % Letten 28,8 % Russen 3,9 % Weißrussen 2,6 % Ukrainer 2,5 % Polen (2004)
Bevölkerungswachstum (2003)	0,7 %
Fläche	64 589 km², damit in der EU-27 an 18. Stelle
Bruttoinlandsprodukt zu jeweiligen Marktpreisen	EUR 12,789 Mrd., damit in der EU-27 an 25. Stelle
Währung	Lats
Staatsverschuldung (öffentlicher Schuldenstand 2005 im Verhältnis zum Bruttonationaleinkommen)	11,9 %
Religionen	55 % Lutheraner 24 % Katholiken 9 % Russisch-Orthodoxe
Nationalfeiertag	18. November (Ausrufung der Republik 1918)

Dessen ungeachtet hatte sich Litauen bereits 1990 für unabhängig erklärt. Die Sowjetunion versuchte noch, diese Unabhängigkeit durch eine halbherzige militärische Intervention zu verhindern, war aber erfolglos. Immerhin erklärt das, warum der Berliner Ehrenbürger Michael Gorbatschow in Litauen keineswegs so beliebt ist wie in Deutschland. Litauen ist mit 3,6 Millionen Einwohnern der größte der drei baltischen Staaten.

Lettland schließt sich nördlich an Litauen an. Das Land hat eine große russische Minderheit (fast 30 Prozent), deren Integration in den letzten Jahren durchaus Probleme gemacht hat. In den Zeiten der Sowjetunion wurde in den baltischen Staaten eine zielgerichtete russische Ansiedlungspolitik betrieben, um mögliche Unabhängigkeitbestrebungen im Keim zu ersticken. Außerdem waren sie als entwickeltere und europäischere Teile der Sowjetunion ein beliebter Ruhesitz für sowjetische, meistens russische Offiziere.

Auch in Estland sind 25 Prozent der Bevölkerung Russen. Hier gilt das Gleiche wie in Lettland. Estland hat sich einer radikalen wirtschaftlichen Modernisierung unterzogen, die dazu führte, dass mittlerweile die alten EU-Länder Delegationen nicht mehr in die schöne Hauptstadt Tallinn schicken, um etwas zu erklären, sondern um etwas zu lernen. Das eigentlich kleine Land hat nicht nur 1 400 Seen, sondern insgesamt, das heißt mit seinen Inseln, auch 3 790 km Ostseeküste.[4]

Estland

Staatsform	Republik seit 1991
Staatsoberhaupt	Staatspräsident
Hauptstadt	Tallinn
In der EU seit	2004
Amtssprache(n)	Estnisch
Einwohner	1,347 Mio., damit in der EU-27 an 24. Stelle
Bevölkerungsgruppen / Ethnische Minderheiten	65,3 % Esten 28,1 % Russen 2,5 % Ukrainer 1,5 % Weißrussen 0,9 % Finnen
Bevölkerungswachstum (2003)	-0,4 %
Fläche	45 227 km², damit in der EU-27 an 20. Stelle
Bruttoinlandsprodukt zu jeweiligen Marktpreisen	EUR 10,540 Mrd., damit in der EU-27 an 26. Stelle
Währung	Estnische Krone
Staatsverschuldung (öffentlicher Schuldenstand 2005 im Verhältnis zum Bruttonationaleinkommen)	4,8 %
Religionen	33 % ohne Religion oder Atheisten, 11 % Lutheraner, 10 % Estnisch-Orthodoxe, Minderheiten von Katholiken, Muslimen, Juden
Nationalfeiertag	24. Februar (Gründung der Republik Estland 1918)

Malta

Staatsform	Republik (im Commonwealth) seit 1974
Staatsoberhaupt	Staatspräsident
Hauptstadt	Valletta
In der EU seit	2004
Amtssprache(n)	Maltesisch, Englisch
Einwohner	0,402 Mio., damit in der EU-27 an 27. Stelle
Bevölkerungsgruppen / Ethnische Minderheiten	Keine Angaben
Bevölkerungswachstum (2003)	0,5 %
Fläche	315,6 km², damit in der EU-27 an 27. Stelle
Bruttoinlandsprodukt zu jeweiligen Marktpreisen	EUR 4,497 Mrd., damit in der EU-27 an 27. Stelle
Währung	Maltesische Lira
Staatsverschuldung (öffentlicher Schuldenstand 2005 im Verhältnis zum Bruttonationaleinkommen)	74,7 %
Religionen	93 % Katholiken, protestantische Minderheit
Nationalfeiertag	21. September (Tag der Unabhängigkeit)

Der Beitritt der Mittelmeerinseln Malta und Zypern 2004

Die überschaubare Mittelmeerinsel Malta trat ebenfalls 2004 der EU bei. Das hätte das Land eigentlich schon früher haben können, aber nach einem Regierungswechsel hatte es einen ersten Aufnahmeantrag 1996 zurückgezogen. Politisch und wirtschaftlich war die Aufnahme Maltas weitestgehend unproblematisch. Als Ziel vieler afrikanischer Flüchtlinge, die mit Booten die Insel ansteuern, um so nach Europa zu gelangen, ist die Insel auf die europäische Solidarität angewiesen.

Politisch schwieriger war die Aufnahme Zyperns, einer Insel im östlichen Mittelmeer. Das Land ist seit 1974 in einen international nicht anerkannten türkischen und einen griechischen Teil geteilt. Eigentlich war es die Politik der EU, die Insel erst aufzunehmen, wenn der innerzyprische Konflikt, der auch eine Auseinandersetzung zwischen Griechenland und der Türkei darstellt, gelöst worden ist. Unter Führung der Vereinten Nationen ist über eine solche Lösung jahrelang verhandelt worden. Durch eine Erpressung Griechenlands, der gesamten Osterweiterung der EU nicht zuzustimmen,

Zypern (südlicher Teil)

Staatsform	Präsidialrepublik (im Commonwealth) seit 1960
Staatsoberhaupt	Präsident (ist ebenfalls Regierungschef)
Hauptstadt	Lefkosía (Nikosia/Lefkoşa)
In der EU seit	2004
Amtssprache(n)	Griechisch, Türkisch
Einwohner	0,749 Mio., damit in der EU-27 an 25. Stelle
Bevölkerungsgruppen / Ethnische Minderheiten	80,6 % griechische Zyprer 11,1 % türkische Zyprer 8,3 % Maroniten, Armenier, Latiner u. a.
Bevölkerungswachstum (2003)	0,6 %
Fläche	9 251 km², damit in der EU-27 an 25. Stelle
Bruttoinlandsprodukt zu jeweiligen Marktpreisen	EUR 13,417 Mrd., damit in der EU-27 an 24. Stelle
Währung	Zypern-Pfund
Staatsverschuldung (öffentlicher Schuldenstand 2005 im Verhältnis zum Bruttonationaleinkommen)	70,3 %
Religionen	94,8 % Orthodoxe 1,5 % Katholiken Minderheiten von Anglikanern, Maroniten, Muslimen und armenischen Christen
Nationalfeiertag	1. Oktober (Unabhängigkeitstag)

falls Zypern nicht zu den Aufgenommenen gehört, war die EU dann gezwungen, Zypern einzubeziehen. Jetzt ist offiziell die gesamte Insel Mitglied, aber die Mitgliedschaftsrechte gelten nur für die griechisch dominierte südliche Republik Zypern, bis der Konflikt gelöst ist. Die Regierung der Republik Zypern lässt allerdings kein besonderes Engagement erkennen, eine solche Lösung herbeizuführen. In einem Referendum im Jahr 2004 hatte zwar die Mehrheit im türkischen Teil für die Annahme des Lösungsvorschlags von UN-Generalsekretär Annan gestimmt. Die Bevölkerung der Republik Zypern hat diesen jedoch auf Anraten ihres Präsidenten und ihrer Regierung abgelehnt.

Rumänien

Staatsform	Republik seit 1991
Staatsoberhaupt	Staatspräsident
Hauptstadt	Bukarest
In der EU seit	2007
Amtssprache(n)	Rumänisch
Einwohner	21,658 Mio., damit in der EU-27 an 7. Stelle
Bevölkerungsgruppen / Ethnische Minderheiten	89,5 % Rumänen 6,6 % Magyaren (Ungarn) 2,5 % Roma 0,3 % Deutsche 0,3 % Ukrainer 0,2 % Russen 0,2 % Türken Tataren, Serben, Slowaken u. a. (18 nationale Minderheiten anerkannt)
Bevölkerungswachstum (2003)	– 0,3 %
Fläche	238 391 km², damit in der EU-27 an 9. Stelle
Bruttoinlandsprodukt zu jeweiligen Marktpreisen	EUR 79,313 Mrd., damit in der EU-27 an 18. Stelle
Währung	Neuer Leu
Staatsverschuldung (öffentlicher Schuldenstand 2005 im Verhältnis zum Bruttonationaleinkommen)	18,5 % (2004)
Religionen	86,7 % Rumänisch-Orthodoxe 4,7 % Katholiken 3,2 % Anhänger der Reformierten Kirche 1,5 % Pfingstler 0,9 % Griechisch-Orthodoxe 0,6 % Baptisten 0,3 % Muslime 14 000 Juden
Nationalfeiertag	1. Dezember (Staatsgründung 1918)

Der Beitritt Rumäniens und Bulgariens 2007

Seit 1. Januar 2007 gehören auch die beiden südosteuropäischen Länder Rumänien und Bulgarien zur EU. Sie waren eigentlich Teil der Verhandlungsrunde, die zu den Beitritten des Jahres 2004 geführt hat. Allerdings gelang es nicht, die notwendigen Veränderungen in Politik und Wirtschaft schnell genug durchzuführen, um den Zug zu erreichen, sodass ihre Mitgliedschaft um drei Jahre verschoben wurde.

Selbst um diesen Termin gab es noch Diskussionen. Die Europäische Union hätte die Möglichkeit gehabt, den Beitritt der beiden Länder noch um ein Jahr auf 2008 zu verschieben, wenn sie die geforderten und vereinbarten Reformen nicht durchführen. So war das Jahr 2006 für die politische Führung in Bukarest und in Sofia eine Zitterpartie, bis im September die endgültige Entscheidung über die Aufnahme im Jahr 2007 fiel.

Rumänien ist mit über 21 Millionen Bürgern das größte Land der Region. Es hatte eine besonders brutale Diktatur unter Nicolae Ceauşescu zu überwinden, der im Dezember 1989 gestürzt werden konnte. Trotzdem gelang es dem Land lange nicht, auf einen klaren demokratischen Reformkurs zu kommen, da auch nach der Ablösung des Diktators dessen Apparat und die daraus entstandenen Netzwerke noch vorhanden und aktiv waren.

In allen Transformationsländern spielte und spielt die Korruption eine wichtige und für die Entwicklung zerstörerische Rolle. In Rumänien war und ist diese jedoch besonders verwurzelt und hat auch Teile der politischen Elite eingeschlossen. Die Einbindung in die EU, verbunden mit einem klaren Monitoring-Programm, in dem die anderen EU-Mitglieder die Entwicklung in Rumänien beobachten und die Regierung beraten, wird sicherlich dazu beitragen, dieses Problem zumindest deutlich zurückzudrängen.

Die Rumänen sind übrigens keine Slawen, und sie sprechen eine romanische Sprache. Mit etwas Latein- oder Französischkenntnissen gelingt es durchaus, sich im Land zurechtzufinden, wenn nicht beim Sprechen, so doch beim Lesen.

Auch Bulgarien hat einen schweren Kampf gegen Korruption und das organisierte Verbrechen zu bestehen, im Jahr 2006 jedoch keinen Zweifel daran gelassen, dass es bemüht ist, diese Übel zu beseitigen.

Mit Bulgarien kommt das slawische Alphabet in die Europäische Union, nach dem lateinischen und dem griechischen ist es das dritte, in dem nun offizielle Dokumente der EU gedruckt werden.

Während Rumänien Teil der Frankofonie, einer von Frankreich orchestrierten Kulturgemeinschaft, ist, fühlt sich Bulgarien besonders zu Deutschland hingezogen. Die Bulgaren, wird oft gesagt, seien die Preußen des Balkans und schätzten die den Deutschen zugeschriebenen Tugenden wie Fleiß, Pünktlichkeit und Ordnung.

Die bulgarische Regierung hat mehrfach deutlich gemacht, dass man in der EU nicht nur die Hilfe der Stärkeren in Anspruch nehmen, sondern selbst einen aktiven Beitrag für die Gestaltung der Zukunft der EU leisten will. Dieser könnte vor allem in der Stabilisierung der Balkan-Region liegen.

Die Europäische Union ist also ein heterogener, aber starker Verbund europäischer Staaten und Völker, der viele Kulturen, Mentalitäten und Sprachen vereinigt. Das Motto der Europäischen Union „In Vielfalt geeint!" beschreibt diesen Zusammenhang ziemlich gut. Es war nie das Ziel, die Völker und Kulturen der Mitgliedstaaten zu vereinheitlichen, die Europäische Union ist kein Schmelztiegel, in dem Deutsche oder Polen oder Finnen zu Europäern gemacht werden sollen. Sie ist vielmehr ein politischer, wirtschaftlicher und kultureller Zusammenhang, in dem die Völker Europäer sein und zusammenstehen können, ohne ihre nationale und kulturelle Identität aufzugeben.

Bulgarien

Staatsform	Republik seit 1990
Staatsoberhaupt	Staatspräsident
Hauptstadt	Sofia
In der EU seit	2007
Amtssprache(n)	Bulgarisch
Einwohner	7,761 Mio., damit in der EU-27 an 16. Stelle
Bevölkerungsgruppen / Ethnische Minderheiten	83,5 % Bulgaren 9,5 % Türken 4,6 % Roma 1,5 % Russen Armenier, Walachen, Griechen
Bevölkerungswachstum (2003)	-0,6 %
Fläche	110 994 km², damit in der EU-27 an 11. Stelle
Bruttoinlandsprodukt zu jeweiligen Marktpreisen	EUR 21,448 Mrd., damit in der EU-27 an 22. Stelle
Währung	Lew
Staatsverschuldung	38,8 % (2004)
(öffentlicher Schuldenstand 2005 im Verhältnis zum Bruttonationaleinkommen)	
Religionen	85,7 % bulgarisch-orthodoxe Christen 13,1 % Muslime Minderheiten von Katholiken, Protestanten und Juden
Nationalfeiertag	3. März (Friede von San Stefano 1878)

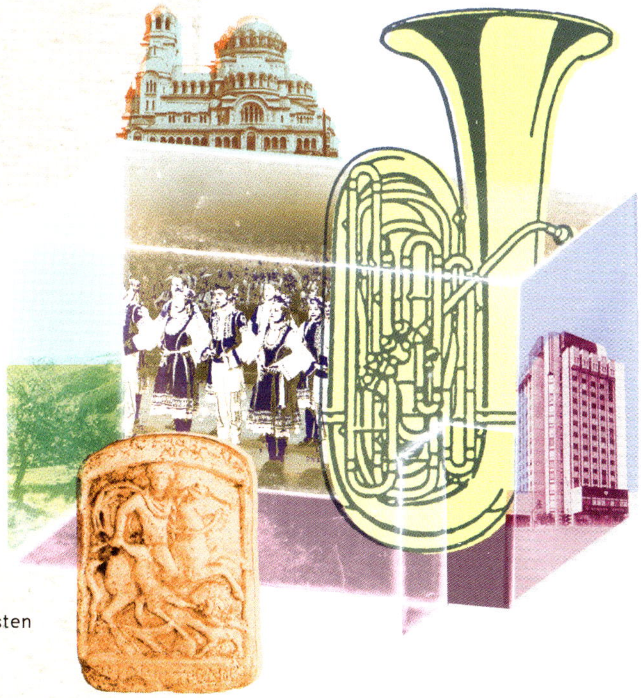

Illustration: Martin Haußmann

Die Europäische Union: Mehr als ein Staatenbund, weniger als ein

Europäische Union – Wie geht das eigentlich?

Europäischer Rat, Europäischer Gerichtshof, Europäische Kommission, Rat der Europäischen Union, Europäisches Parlament, Europäische Zentralbank – das Geflecht der Institutionen, Abkürzungen und Begriffe ist verwirrend. Ziel dieses Kapitels ist es, eine Übersicht über die Institutionen der Europäischen Union zu geben, indem sie jeweils kurz vorgestellt werden. Im Weiteren befasst sich dieses Kapitel damit zu beschreiben, wie die verschiedenen Institutionen funktionieren und wie sie zusammenwirken. Es wird deutlich werden, dass das Zusammenspiel der europäischen Einrichtungen gar nicht so kompliziert ist, wenn man sich klarmacht, welche Idee hinter dem institutionellen Geflecht steht.

Bundesstaat. Sie lebt durch das Zusammenspiel ihrer Institutionen.

Die Grundidee der EU: Supranationalität

Es gibt eine Vielzahl von internationalen Zusammenschlüssen auf der Welt und auch in Europa, den schon erwähnten Europarat zum Beispiel, die NATO, die Organisation für Sicherheit und Zusammenarbeit in Europa (OSZE), die Organisation für wirtschaftliche Zusammenarbeit und Entwicklung (OECD) und viele weitere.

Die Europäische Union ist jedoch etwas Besonderes, weil sie sich in ihrem Grundprinzip von anderen Organisationen unterscheidet. Bei diesem Grundprinzip handelt es sich um die Supranationalität, also frei übersetzt eine Überstaatlichkeit. Damit ist gemeint, dass die Mitgliedstaaten der Europäischen Union an diesen Verbund, also die EU, nationale Souveränität abgeben, das heißt auf ihr Recht, ihre eigenen Angelegenheiten allein zu gestalten, verzichten und dieses teilweise auf die EU übertragen. Dort wird die Souveränität dann gemeinsam von allen ausgeübt.

Ein Bereich, den jeder kennt, ist die Währungspolitik. Wichtige europäische Länder wie Deutschland oder Frankreich haben keine eigene Währung mehr, sondern verwenden gemeinsam mit weiteren Ländern den Euro. Das bedeutet auch, dass die nationalen Notenbanken, bei uns ist das die Bundesbank, nicht mehr die Möglichkeit haben, die Währungspolitik zu bestimmen, beispielsweise die Leitzinsen zu erhöhen. Diese Festlegungen werden jetzt von der Europäischen Zentralbank getroffen, die ihren Sitz in Frankfurt am Main hat. Im Zentralbankrat der EZB sitzen Vertreter aller Staaten, die den Euro eingeführt haben, und entscheiden gemeinsam. Das bedeutet: Die Franzosen bestimmen für die Deutschen mit und die Deutschen für die Franzosen, um bei diesem Beispiel zu bleiben. Natürlich bestimmen auch die Niederländer bei uns mit und die Belgier bei den Niederländern und so weiter.

In vielen Bereichen ist es so, dass die Mitgliedstaaten keine Kompetenz mehr haben, sondern die EU gemeinsam entscheidet. Die Zölle werden gemeinsam festgelegt, Handelsabkommen mit Drittstaaten, also Staaten außerhalb der EU, und vieles mehr.

Diese Supranationalität hat zwei Gründe. Der erste erklärt sich aus der Geschichte. Er wurde im letzten Kapitel schon einmal angesprochen: Die EU, damals EG, ist entstanden, um den Frieden unter den Mitgliedstaaten zu sichern. Zwischen den Gründerländern, vor allem Deutschland und Frankreich, herrschte damals großes Misstrauen. Die zentrale Idee der EG war es, die Kräfte aller Mitgliedstaaten so zu bündeln und gleichzeitig zu verschränken, dass kein Land mehr ohne das andere handeln konnte – und damit auch nicht gegen das andere. Die Supranationalität war der „Trick“, mit dem es gelang, die Staaten wirklich miteinander zu verbinden. Sie hat also einen politischen Grund. Heute, über 50 Jahre später, lässt sich sagen, dass diese Strategie voll aufgegangen ist.

Der zweite Grund für die Supranationalität ergibt sich aus den Folgen des Binnenmarktes. Wenn die EU ein einziger Wirtschaftsraum ist, in dem die Waren, die Arbeitskräfte und die Investitionen sich frei hin und her bewegen können, braucht sie auch gemeinsame Regelungen. Es gibt neben Zöllen noch andere Hindernisse für einen freien Handel, wenn nämlich jedes Land andere Vorschriften hat. Dann kann man Produkte, die im Land A hergestellt werden, nicht frei nach B exportieren, weil sie nicht den dortigen Vorschriften entsprechen. Viele Länder setzen solche sogenannten nichttarifären Handelshemmnisse gezielt ein, um ihre Märkte abzuschotten. Innerhalb der EU geht das nicht, denn hier gilt: Ein Produkt, das in einem Land legal in Verkehr gebracht wird, ist auch in allen anderen Ländern der Gemeinschaft zugelassen. Da die verschiedenen Staaten und ihre Bürger aber durchaus unterschiedliche Vorstellungen über Sicherheit und Gesundheit haben, muss man Kompromisse erarbeiten und für die ganze EU in Kraft setzen. Das gilt beispielsweise für Grenzwerte bei der Luftverschmutzung oder der Trinkwas-

picture-alliance/dpa/dpaweb

serqualität. Schließlich respektieren die Natur und Unglücksfälle keine politischen Grenzen.

Das Prinzip der Supranationalität ist 1952 das bahnbrechend Neue gewesen. Es führt dazu, dass letztendlich jeder bei jedem mitredet und keiner ausscheren kann, ohne gegen die Regeln zu verstoßen und vor allem ohne sich selbst zu schaden. Daher wird unser Leben heute, wie im ersten Kapitel exemplarisch dargestellt, sehr stark von der Europäischen Union geprägt.

Aber die EU ist keine anonyme Macht, die von außen über uns gekommen ist und uns fremdbestimmt, sondern sie ist unser gemeinsamer Zusammenschluss. Die Souveränität, die beispielsweise Deutschland abgegeben hat, ist daher auch nicht verloren, sondern wird gemeinsam von uns ausgeübt. Wir tauschen sozusagen die ganze Entscheidungsgewalt in Deutschland gegen die Mitentscheidungsmöglichkeit in ganz Europa.

Die EU ist mehr als ein Staatenbund, andererseits aber auch weniger als ein Bundesstaat. Das Bundesverfassungsgericht hat in seinem Urteil zum Vertrag von Maastricht, den es gebilligt hat, für die EU das Wort „Staatenverbund“ geschaffen.

Da die EU kein Staat ist wie Deutschland oder Belgien, funktioniert sie auch anders. Die Macht ist auf verschiedene Institutionen verteilt, die im Folgenden näher beschrieben werden: den Rat, das Europäische Parlament und die Europäische Kommission. Wichtig sind außerdem der Europäische Gerichtshof und die Europäische Zentralbank.

^ Treffen des EU-Ministerrats Justiz und Inneres am 13. Januar 2006 in Wien

Wer macht *was* in Europa?

Die Vertretung der Staaten: Der Rat der Europäischen Union

Der Rat der Europäischen Union ist noch am einfachsten zu verstehen. In ihm treffen sich die Minister aus den Mitgliedstaaten, bereden die Probleme und versuchen anschließend, sie durch Entscheidungen zu lösen. Der Rat ist – meistens gemeinsam mit dem Europäischen Parlament – der Gesetzgeber der Europäischen Union. Wann er allein Beschlüsse fällen kann und wann ihm das Parlament als gleichberechtigter Mitgesetzgeber gegenübersteht, hängt von dem Politikfeld ab.

Die EU hat ihre Politiken zum Teil vergemeinschaftet, also, wie beschrieben, nationale Souveränität auf die europäische Ebene abgegeben. Das ist der gesamte Bereich der Europäischen Gemeinschaft, so zum Beispiel alles, was mit dem Binnenmarkt zu tun hat. In diesem vergemeinschafteten Teil ist der Rat gemeinsam mit dem Parlament für die Schaffung europäischen Rechts zuständig. Andere Bereiche wie die Außen- und Sicherheitspolitik sind „intergouvernemental", das heißt, sie werden von den Regierungen allein verabredet und umgesetzt. Im intergouvernementalen Teil der EU entscheidet der Rat allein, das Parlament und die Europäische Kommission werden lediglich angehört.

Der Rat kontrolliert des Weiteren gemeinsam mit der Europäischen Kommission die Einhaltung und Umsetzung der beschlossenen Richtlinien und Verordnungen.

DIE INSTITUTIONEN DER EU

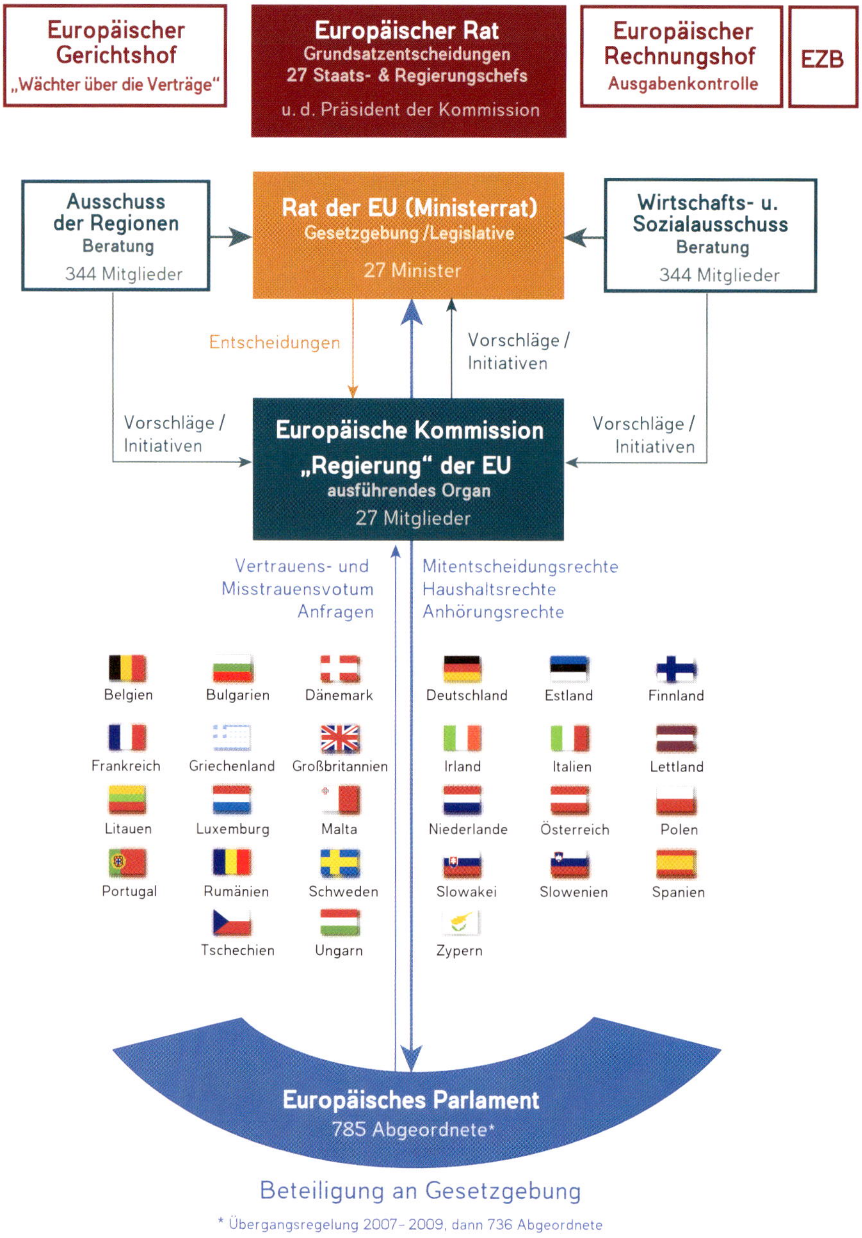

Quelle: Erich Schmidt Verlag, Zahlenbilder 714028

Da manchmal Fragen der Außenpolitik auf der Tagesordnung stehen, dann wieder Wirtschaftsfragen oder die Bekämpfung der grenzüberschreitenden organisierten Kriminalität, treffen sich im Rat der Europäischen Union immer die Fachminister eines jeden Mitgliedstaates. So ist das, was wir allgemein als Rat bezeichnen, mal der Agrarministerrat, mal der Innenministerrat oder eine andere der insgesamt neun Ratsformationen. Allgemeine Angelegenheiten werden – genau wie die Außenpolitik – von den Außenministern entschieden. Es gibt keinen einzigen Beschluss im Rat, an dem deutsche Minister nicht beteiligt sind.

WER MACHT WAS IN EUROPA?

Institution, Zusammensetzung	Kompetenzen
Rat der Europäischen Union (Ministerrat) Außen- oder Fachminister der Mitgliedstaaten	entscheidet über die Politik der Europäischen Union im Rahmen der Verträge, erlässt Rechtsvorschriften – meist in Mitentscheidung mit dem Parlament –, nimmt Befugnisse zur Durchführung von Vorschriften wahr oder überträgt sie an die Kommission
Europäischer Rat Staats- oder Regierungschefs der Mitgliedstaaten	gibt Impulse für die weitere Entwicklung der Mitgliedstaaten der EU und legt die allgemeinen politischen Ziele fest, darunter auch die Finanzielle Vorausschau für jeweils sieben Jahre
Europäisches Parlament z. Zt. 785 direkt gewählte Abgeordnete unterschiedlicher Parteien aus allen Mitgliedstaaten	berät über alle Fragen der EU, erlässt in der Mitentscheidung mit dem Rat Rechtsvorschriften, stimmt Beitritts- und Assoziierungsverträgen zu
Europäische Kommission Je ein(e) Kommissar(in) pro Mitgliedsland	überwacht als „Hüterin der Verträge" die Anwendung des Gemeinschaftsrechts, hat das alleinige Vorschlagsrecht für Initiativen und Gesetze, nimmt Befugnisse zur Durchführung von Vorschriften wahr, führt den Haushalt der EU aus
Europäischer Gerichtshof Je ein(e) Richter(in) pro Mitgliedsland	wacht über die Ausübung und Anwendung des Rechts der Europäischen Union
Europäische Zentralbank Sechs Direktoren aus verschiedenen Euro-Ländern, je ein Mitglied pro Euro-Land im EZB-Rat	ist die Notenbank der Euro-Länder, verantwortlich für die Geldpolitik der Euro-Staaten, für die Durchführung von Devisengeschäften, für die Verwaltung der Währungsreserven und für das Funktionieren der Zahlungssysteme
Europäischer Rechnungshof Ein Mitglied pro EU-Staat	prüft, inwieweit die Einnahmen und Ausgaben der EU korrekt erfasst, rechtmäßig und ordnungsgemäß ausgeführt und im Sinne eines sparsamen, wirtschaftlichen und wirksamen Einsatzes verwaltet werden

Zwei verschiedene Abstimmungsverfahren finden im Ministerrat Anwendung, je nach Themenbereich. Entweder entscheidet der Rat einstimmig oder mit Mehrheit. Bei einstimmigen Entscheidungen ist jede Stimme gleich viel wert. Der Außenminister von Malta, der Mittelmeerinsel mit weniger als 400 000 Einwohnern, hat genauso eine Stimme wie der deutsche Außenminister, der immerhin über 82 Millionen Bürger vertritt. Und keiner kann überstimmt werden. Egal ob der britische Minister „Nein" sagt oder sein irischer Amtskollege, wenn nicht alle dafür sind, kann die Entscheidung nicht zustande kommen.

Wenn mit Mehrheit abgestimmt wird, ist das anders. Dann verfügen die Staaten über unterschiedliches Stimmgewicht, die großen Länder haben mehr Stimmen als die kleinen. Leider gibt es keine Systematik, aus der einfach hervorgehen würde, wann einstimmig und wann mit Mehrheit entschieden werden muss. Dies ist jeweils in jedem einzelnen Feld festgelegt.

Bei der Abstimmung mit Mehrheit werden die kleinen Mitgliedstaaten bevorzugt. Ginge es nämlich streng nach der Bevölkerungszahl, hätten Länder wie Malta oder Luxemburg, aber auch beispielsweise Estland, praktisch keine Mitbestimmungsmöglichkeit. Zwar haben sie weniger Stimmen als die bevölkerungsstarken Mitgliedstaaten, aber dennoch überproportional viel.

Außerdem entscheidet der Rat, wenn er mit Mehrheit entscheidet, mit der sogenannten qualifizierten Mehrheit. Das bedeutet, dass etwas über 70 Prozent der Stimmen für eine Entscheidung abgegeben werden müssen. Zudem muss ein solcher Beschluss mindestens 62 Prozent der EU-Bevölkerung repräsentieren, womit natürlich das Votum der bevölkerungsreichen Staaten zusätzliches Gewicht bekommt.

I. DIE NEUN RATSFORMATIONEN DER EU:

1. Allgemeine Angelegenheiten und Außenbeziehungen
2. Wirtschaft und Finanzen
3. Zusammenarbeit in den Bereichen Justiz und Inneres (JI)
4. Beschäftigung, Sozialpolitik, Gesundheit und Verbraucher
5. Wettbewerbsfähigkeit
6. Verkehr, Telekommunikation und Energie
7. Landwirtschaft und Fischerei
8. Umwelt
9. Bildung, Jugend und Kultur

> Der Europäische Rat, also die Staats-und Regierungschefs der EU-Länder, bei einem Treffen in Brüssel im Juni 2006

Diese Regelung klingt nicht nur kompliziert, sie ist es auch. Sie reflektiert den Versuch, die unterschiedlichen Interessen zwischen kleinen und großen Mitgliedstaaten auszugleichen und gleichzeitig die Empfindlichkeiten der „Großen" (Deutschland einerseits, Frankreich, Großbritannien, Italien andererseits) zu berücksichtigen. Dabei geht es aber in erster Linie gar nicht um das Verhältnis zwischen großen und kleinen Staaten, sondern vielmehr um das der Großen untereinander. Über die Frage, ob Deutschland mehr Stimmen bekommen solle als die anderen Großen, da es immerhin ein Drittel mehr Bevölkerung hat als das zweitgrößte Land Frankreich, ist auf der Konferenz der Staats- und Regierungschefs im Dezember 2000 in Nizza bis spät in die Nacht gestritten worden. Damals konnte man sich nicht einigen. Frankreich sah die ganze Konstruktion der Europäischen Union in Gefahr, wenn Deutschland mehr Einfluss bekommt als es selbst. Sogar die weitestgehend symbolische Erhöhung des deutschen Stimmgewichts um eine Stimme (30 für Deutschland und 29 für die anderen Großen) war nicht konsensfähig. Erst bei der Erarbeitung der Europäischen Verfassung wurde dieses Problem gelöst.

Der Verfassungsentwurf von 2004 geht von dem Prinzip zugeteilter Stimmen ab und sieht eine doppelte Mehrheit vor. Die doppelte Mehrheit ist einfach zu verstehen: Ein Beschluss benötigt die Mehrheit der Staaten, die die Mehrheit der Bevölkerung repräsentieren. Der Teufel steckt allerdings auch hier im Detail. Die Mehrheit der Staaten muss nämlich bei 55 Prozent liegen (das heißt mindestens 15 Mitgliedstaaten) und die müssen 65 Prozent der Bürger vertreten. Diese Mehrheitsre-

II. ABSTIMMUNGEN IM RAT DER EUROPÄISCHEN UNION ...

... nach dem Vertrag von Nizza

Einstimmigkeit	Jedes Land hat eine Stimme, alle müssen für einen Beschluss stimmen.
Einfache Mehrheit	Jedes Land hat eine Stimme, die Mehrheit entscheidet.
Mehrheitsbeschluss mit qualifizierter Mehrheit* auf Vorschlag der Europäischen Kommission	1) 258 (von 345) Stimmen dafür (= qualifizierte Mehrheit) 2) gleichzeitig muss die Mehrheit der Staaten dafür sein 3) auf Antrag: Die Mitgliedstaaten, die den Beschluss unterstützen, müssen mindestens 62 % der Bevölkerung der EU repräsentieren.
Mehrheitsbeschluss mit qualifizierter Mehrheit*, der nicht auf Vorschlag der Europäischen Kommission erfolgt	1) 258 (von 345) Stimmen dafür 2) gleichzeitig müssen zwei Drittel der Staaten dafür sein 3) auf Antrag: Die Mitgliedstaaten, die den Beschluss unterstützen, müssen mindestens 62 % der Bevölkerung der EU repräsentieren.

... nach dem Entwurf des Vertrags über eine Verfassung für Europa, der im Oktober 2004 von den Staats- und Regierungschefs der EU unterzeichnet wurde, bislang aber noch nicht ratifiziert ist

Einstimmigkeit	Jedes Land hat eine Stimme, alle müssen für einen Beschluss stimmen.
Einfache Mehrheit	Jedes Land hat eine Stimme, die Mehrheit entscheidet.
Mehrheitsbeschluss mit qualifizierter Mehrheit* auf Vorschlag der Europäischen Kommission	Doppelte Mehrheit: 55 % der Mitglieder des Rates (mindestens 15 Staaten), die zusammen mindestens 65 % der Bevölkerung vertreten müssen. Für eine Sperrminorität (also um einen Beschluss zu verhindern) sind mindestens vier Staaten nötig, sonst gilt die qualifizierte Mehrheit als erreicht.
Mehrheitsbeschluss mit qualifizierter Mehrheit*, der nicht auf Vorschlag der Europäischen Kommission erfolgt	Doppelte Mehrheit: 72 % der Mitglieder des Rates (mindestens 15 Staaten), die zusammen mindestens 65 % der Bevölkerung vertreten müssen. Für eine Sperrminorität (also um einen Beschluss zu verhindern) sind mindestens vier Staaten nötig, sonst gilt die qualifizierte Mehrheit als erreicht.

*Qualifizierte Mehrheit: Eine vertraglich festgelegte Mehrheit (in Prozent oder absoluten Zahlen), die notwendig ist, um einen Beschluss zu fassen.

gelung ist das Ergebnis langer Diskussionen und vieler Berechnungen, welche Ländergruppe unter welchen Bedingungen einen Beschluss durchsetzen oder verhindern kann.

Die größte Gefahr des gegenwärtigen Abstimmungssystems ist allerdings nicht, dass Deutschland ein paar Stimmen zu wenig auf die Waage bringt, sondern dass es gar nicht mehr gelingt, zu einem Entschluss zu kommen. Solange die Verfassung nicht in Kraft getreten ist, benötigt ein Beschluss nämlich die qualifizierte Mehrheit, das sind 258 von 345 Stimmen, und die muss zugleich mindestens 62 Prozent der EU-Bevölkerung und die Mehrheit der Staaten repräsentieren. Drei Hürden gilt es also zu überwinden, bis ein Beschluss gefasst werden kann.

Die „Chefs“: Der Europäische Rat

Eine besondere Ratsformation ist der Europäische Rat. Das sind, salopp gesagt, die Elefanten, also die Staats- und Regierungschefs. Der Europäische Rat gibt die generelle Richtung vor, er verleiht der europäischen Integration die Impulse und legt die Ziele fest. Mit Einzelheiten soll er

Stimmengewichtung im Rat

Mitglieder des Rates	Stimmen
Deutschland	29
Vereinigtes Königreich	29
Frankreich	29
Italien	29
Spanien	27
Polen	27
Rumänien	14
Niederlande	13
Griechenland	12
Tschechische Republik	12
Belgien	12
Ungarn	12
Portugal	12
Schweden	10
Bulgarien	10
Österreich	10
Slowakei	7
Dänemark	7
Finnland	7
Irland	7
Litauen	7
Lettland	4
Slowenien	4
Estland	4
Zypern	4
Luxemburg	4
Malta	3
Insgesamt	**345**

Quelle: Amtsblatt der Europäischen Gemeinschaften C 80/81 v. 10.3.2001
http://eur-lex.europa.eu/de/treaties/dat/12001C/pdf/12001C_DE.pdf

Auszug aus dem Vertrag von Nizza, der Ende 2000 ausgehandelt wurde und im Februar 2003 in Kraft trat:

In den Fällen, in denen die Beschlüsse nach diesem Vertrag auf Vorschlag der Kommission zu fassen sind, kommen die Beschlüsse mit einer Mindestzahl von 258 Stimmen zustande, welche die Zustimmung der Mehrheit der Mitglieder umfassen.

In den anderen Fällen kommen die Beschlüsse mit einer Mindestzahl von 258 Stimmen zustande, welche die Zustimmung von mindestens zwei Dritteln der Mitglieder umfassen.

Ein Mitglied des Rates kann beantragen, dass bei einer Beschlussfassung des Rates mit qualifizierter Mehrheit überprüft wird, ob die Mitgliedstaaten, die diese qualifizierte Mehrheit bilden, mindestens 62% der Gesamtbevölkerung der Union repräsentieren. Falls sich erweist, dass diese Bedingung nicht erfüllt ist, kommt der betreffende Beschluss nicht zustande.

Die o.g. Regelung gilt seit November 2004.

ABFOLGE DER RATSPRÄSIDENTSCHAFTEN AB 2007

2007	1. Halbjahr	Deutschland
	2. Halbjahr	Portugal
2008	1. Halbjahr	Slowenien
	2. Halbjahr	Frankreich
2009	1. Halbjahr	Tschechien
	2. Halbjahr	Schweden
2010	1. Halbjahr	Spanien
	2. Halbjahr	Belgien

III. DAS VERFAHREN DER MITENTSCHEIDUNG

Das Mitentscheidungsverfahren wurde durch den Maastrichter Vertrag geschaffen und wird heute für drei von vier auf europäischer Ebene erlassene Gesetze verwendet. Mit diesem Verfahren sind Europäisches Parlament und Rat gleichgestellt, gegen den Willen des Europäischen Parlaments kann kein Rechtsakt erlassen werden.

Nachdem die Kommission einen Vorschlag unterbreitet hat, legt der Rat nach der Stellungnahme des Europäischen Parlaments einen Gemeinsamen Standpunkt fest. Dieser Gemeinsame Standpunkt wird dem Europäischen Parlament erneut übermittelt, das diesen Text in seiner zweiten Lesung nun annehmen, abändern oder aber ablehnen kann.

Sehen die Abgeordneten ihre Meinung im Text des Gemeinsamen Standpunkts nicht ausreichend berücksichtigt, so tritt ein Vermittlungsausschuss, bestehend aus Vertretern des Rates und des Europaparlaments unter Mitwirkung der Kommission zusammen. Einigen sich alle Beteiligten auf einen Kompromisstext, kann der Rechtsakt endgültig erlassen werden. Einigen sie sich nicht, kommt der vorgeschlagene Rechtsakt nicht zustande.

Das Verfahren der Mitentscheidung gilt u.a. für die Politikbereiche Binnenmarkt, Forschung und technologische Entwicklung, Umweltschutz, Verbraucherschutz, Bildung, Kultur, Gesundheitswesen und Leitlinien für transeuropäische Netze.

Quelle: Europäisches Parlament, Informationsbüro für Österreich, www.europarl.at/europarl/default.pxml?kap=190&mod=&lang=de

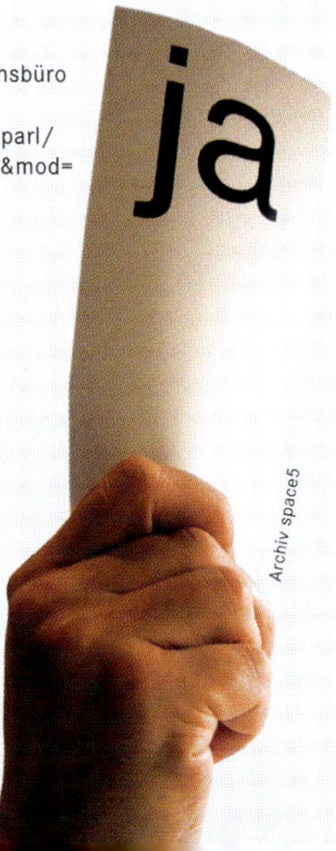

Archiv space5

sich nicht beschäftigen. Allerdings ist dies in den letzten Jahren immer wieder nötig geworden, da die Minister sich im Rat nicht einigen konnten und daher den Staats- und Regierungschefs die Entscheidung überlassen mussten. Der Europäische Rat trifft sich in der Regel vierteljährlich für ein bis zwei Tage.

In diesem Gremium wird bislang gar nicht abgestimmt. Hier einigt man sich, oder es gibt gar kein Ergebnis. Daher kann es manchmal zu schwierigen Verhandlungen kommen, denn kein Staats- oder Regierungschef möchte zu weit von seiner Position abrücken. So hat es auch im Dezember 2005 lange gedauert, bis ein Kompromiss für die Finanzielle Vorausschau 2007 bis 2013 gefunden war.

Der Vorsitz im Europäischen Rat und in den Ministerräten wechselt halbjährlich. Jeweils ein Land nimmt die EU-Präsidentschaft wahr. Der jeweilige Staats- oder Regierungschef leitet dann den Europäischen Rat, der Außenminister den Außenministerrat und so weiter.

Der Vorsitz kann nicht die Politik der EU bestimmen, legt aber die Tagesordnung fest, setzt eigene Schwerpunkte und bemüht sich hinter den Kulissen um Kompromisse, die dann bei den offiziellen Ratstreffen verabschiedet werden können. Im ersten Halbjahr 2007 führt Deutschland den Vorsitz. Bundeskanzlerin Angela Merkel ist sechs Monate lang gewissermaßen die Präsidentin Europas.

Die Vertretung der Völker: Das Europäische Parlament

Im Europäischen Parlament verlaufen die Abstimmungen einfach und klar. Hier ist die Mehrheit das, was man auch landläufig darunter versteht, nämlich wenn die einen zahlreicher sind als die anderen. Es wird meist nur eine einfache Mehrheit benötigt, um eine Entscheidung zu treffen, das heißt, diejenigen, die für eine Maßnahme stimmen, müssen zahlreicher sein als die, die dagegen sind. Das Europäische Parlament besteht aus Abgeordneten aller Mitgliedstaaten, die dort in direkten Wahlen bestimmt wurden.

Das Europäische Parlament ist – gemeinsam mit dem Rat der Europäischen Union – der Gesetzgeber der EU. Es beschließt die Verordnungen und Richtlinien und muss dem Haushalt zustimmen. Auch Erweiterungen der EU oder der Abschluss von Assoziierungsverträgen sind ohne das positive Votum des Europaparlaments nicht möglich.

> EU-Kommissionspräsident José Manuel Barroso hält eine Rede vor dem Europäischen Parlament in Straßburg. Das Parlament tagt in Straßburg und Brüssel.

Das Parlament hat also weitreichende Kompetenzen bei der Entscheidungsfindung in der EU. Allerdings war das nicht immer so. Anfangs kam den Abgeordneten nur eine beratende Funktion zu. Viele Bürgerinnen und Bürger haben offensichtlich noch diese „Parlamentarische Versammlung" vor Augen, wenn sie an das Europäische Parlament denken, und meinen daher, dieses habe keine oder nur geringe Kompetenzen. Tatsächlich werden heute 75 Prozent aller Beschlüsse mit der notwendigen Zustimmung der Europaabgeordneten getroffen.

Auch der alte Spott „Hast Du einen Opa, schick ihn nach Europa!" gilt schon lange nicht mehr. Er stammt ebenfalls aus den frühen Tagen des Europäischen Parlaments, in denen die Abgeordneten von den nationalen Parlamenten entsandt wurden und verdiente nationale Politiker nach dem Ende ihrer Karriere zu Hause noch eine Ehrenrunde in Straßburg drehten. Heute entspricht das Durchschnittsalter der Abgeordneten des Europäischen Parlaments im Wesentlichen dem des Deutschen Bundestages und liegt bei ungefähr 49 Jahren.

Seit 1979 dürfen die Bürger der EU ihr Parlament durch direkte und geheime Wahlen zusammensetzen. Das EP wird alle fünf Jahre gewählt, die nächste Wahl findet 2009 statt. Allerdings machen die EU-Bürger von diesem Recht nur zögerlich Gebrauch. Die Beteiligung bei den Wahlen zum Europäischen Parlament liegt in den meisten Ländern unter 50 Prozent – leider ist das auch in Deutschland so. Nur 43,5 Prozent der Bundesbürger gingen für Europa zu den Urnen, damit lag die Teilnahme noch unter dem EU-Durchschnitt von 45,3 Prozent. Diese niedrige Wahlbeteiligung entspricht nicht der Bedeutung des Europäischen Parlaments, das eines der Kraft- und Entscheidungszentren der Europäischen Union ist.

SITZVERTEILUNG IM EUROPÄISCHEN PARLAMENT

Mitgliederstaaten	Anzahl der Abgeordneten 2007 – 2009 /ab 2009
Deutschland	99 /99
Vereinigtes Königreich	78 /72
Frankreich	78 /72
Italien	78 /72
Spanien	54 /50
Polen	54 /50
Rumänien	35 /33
Niederlande	27 /25
Griechenland	24 /22
Tschechische Republik	24 /22
Belgien	24 /22
Ungarn	24 /22
Portugal	24 /22
Schweden	19 /18
Bulgarien	18 /17
Österreich	18 /17
Slowakei	14 /13
Dänemark	14 /13
Finnland	14 /13
Irland	13 /12
Litauen	13 /12
Lettland	9 /8
Slowenien	7 /7
Estland	6 /6
Zypern	6 /6
Luxemburg	6 /6
Malta	5 /5
Insgesamt	**785 /736**

Das Europäische Parlament hat seit dem Beitritt Rumäniens und Bulgariens 785 Mitglieder. Ab der Neuwahl des Parlaments im Jahr 2009 wird es 736 Abgeordnete zählen, wie es – mit einer kleinen Korrektur – im Vertrag von Nizza vorgesehen ist.

Quelle: Erich Schmidt Verlag, Zahlenbilder 714050

SITZVERTEILUNG IM EUROPÄISCHEN PARLAMENT NACH FRAKTIONEN

Übergangsregelung 2007 – 2009, insgesamt 785 Sitze

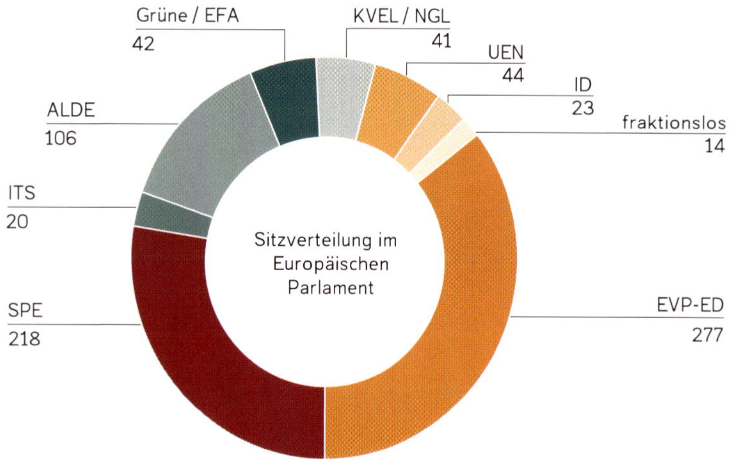

EVP-ED	Fraktion der Europäischen Volkspartei (Christdemokraten) und europäischer Demokraten
SPE	Sozialdemokratische Fraktion
ALDE	Fraktion der Allianz der Liberalen und Demokraten für Europa
UEN	Fraktion Unabhängigkeit / Demokratie
Grüne /EFA	Fraktion der Grünen / Freie Europäische Allianz
KVEL /NGL	Konföderale Fraktion der Vereinigten Europäischen Linken / Nordische Grüne Linke
ID	Fraktion Unabhängigkeit / Demokratie
ITS	Identität, Tradition und Souveränität

Quelle: www.europarl.de/parlament/organisation/fraktionen.html

Im Europäischen Parlament haben die Mitgliedsländer der EU unterschiedlich viele Sitze. Auch hier wird nach der Bevölkerungsgröße der Staaten differenziert – allerdings bei einer generellen Bevorzugung der kleineren Staaten. Deutschland stellt mit 99 Abgeordneten die größte Gruppe, gefolgt von Frankreich, Großbritannien und Italien mit je 78 Parlamentariern. Die kleinste Delegation kommt aus Malta und umfasst fünf Parlamentarier.

Die Abgeordneten des Europäischen Parlaments sitzen jedoch nicht in Landesgruppen zusammen, sondern schließen sich nach ihrer politischen Nähe zu europäischen Fraktionen zusammen. So gibt es sieben verschiedene Fraktionen im Parlament: Fraktion der Europäischen Volkspartei und europäischer Demokraten (EVP-ED, hierzu gehören die Abgeordneten von CDU und CSU), Sozialdemokratische Fraktion (SPE, hierzu gehören die Abgeordneten der SPD), Frak-

WICHTIG, ABER WENIG BEKANNT: DIE MITGLIEDER DER EUROPÄISCHEN KOMMISSION 2004 – 2009

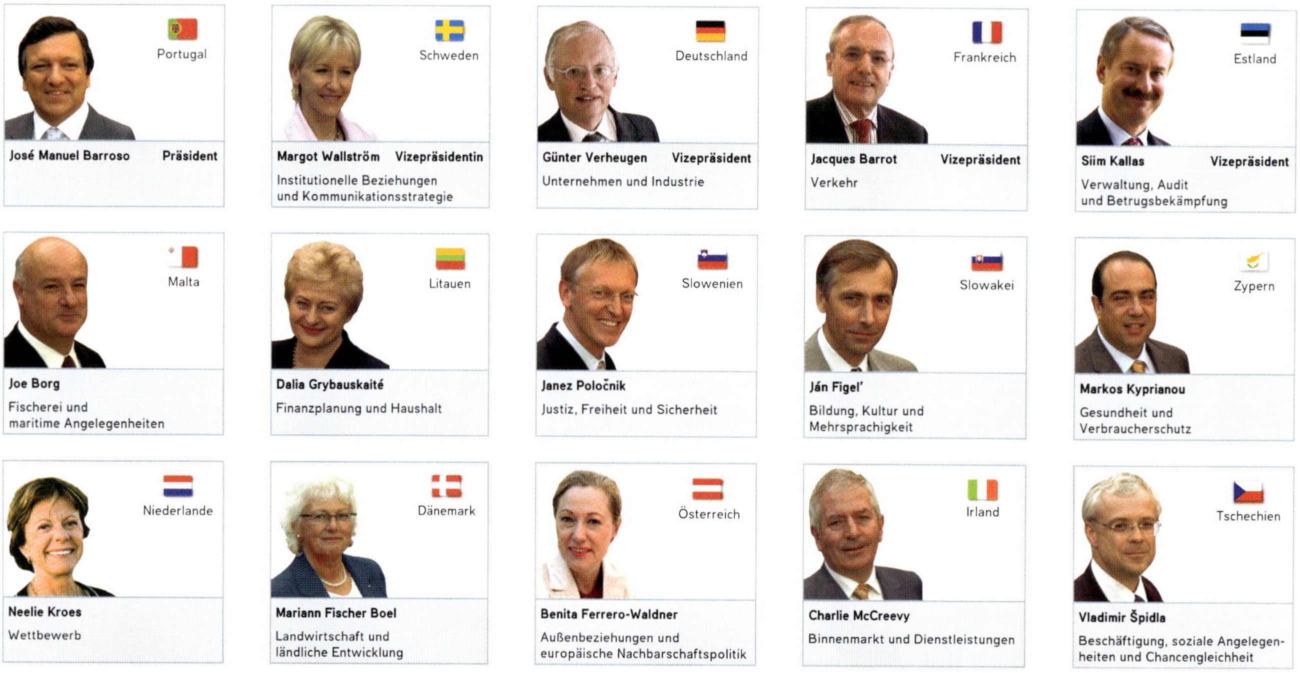

Quelle: http://ec.europa.eu/avservices/_static/photo/pdf/poster_de.pdf

tion der Allianz der Liberalen und Demokraten für Europa (ALDE, hierzu gehören die Abgeordneten der FDP), Fraktion der Grünen/Freie Europäische Allianz (GRÜNE/EFA, hierzu gehören die Abgeordneten von Bündnis 90/Die Grünen), Konföderale Fraktion der Vereinigten Europäischen Linken/Nordische Grüne Linke (KVEL/NGL, hierzu gehören die Abgeordneten der Linkspartei/PDS), Fraktion Unabhängigkeit/Demokratie (ID), Fraktion Union für das Europa der Nationen (UEN).

Rumänien und Bulgarien senden nun insgesamt 53 Abgeordnete in das Europäische Parlament, das noch bis 2009 gewählt ist (35 aus Rumänien, 18 aus Bulgarien). Daher zählt das Parlament vorübergehend 785 Sitze. Das nächste zu wählende Parlament hat allerdings nur 736 Abgeordnete. Eigentlich sieht der Nizza-Vertrag sogar eine Höchstgrenze von 732 Abgeordneten vor. Allerdings war die Sitzverteilung im Tohuwabohu der Nizza-Konferenz unfair vorgenommen worden. Ungarn und Tschechien hatten nämlich, obwohl sie genauso groß sind wie Belgien und Portugal, zwei Sitze weniger als diese erhalten. Dies wurde zwischenzeitlich „repariert", sodass die Sitzzahl sich erhöht hat.

Die Hüterin der Verträge: Die Europäische Kommission

Der Rat der EU und das Europäische Parlament sind also die „Bosse" in Europa, allerdings müssen sie in aller Regel gemeinsam entscheiden. Das ausführende Organ der europäischen Politik ist die Europäische Kommission. Sie besteht aus einem Mitglied pro Land, also derzeit aus 27 Personen. Auch Rumänien und Bulgarien sind nun mit je einer Person in der Kommission vertreten.

Das Verfahren der Bildung der Kommission vollzieht sich in mehreren Stufen. Zuerst bestimmen die Staats- und Regierungschefs einen Kommissionspräsidenten oder eine -präsidentin (bisher hat es allerdings noch keine Frau an die Spitze der Kommission geschafft). Der Präsident muss dann vom Europäischen Parlament bestätigt werden. Er sucht sich anschließend seine Kommissarinnen und Kommissare aus, muss dabei aber weitgehend Rücksicht auf die Mitgliedstaaten nehmen, die ihm jemanden vorschlagen (und denjenigen oder diejenige manchmal mit starkem politischem Druck durchsetzen). Die gesamte Kommission muss sich dann noch einmal der Bestätigung durch das Europäische Parlament stellen.

Die Kommissare sind allerdings keine Vertreter ihrer Staaten und Weisungen der Regierungen ihrer Heimatländer nicht unterworfen. Sie sind vielmehr der europäischen Sache verpflichtet. Deshalb bezeichnet man die Europäische Kommission auch als die Hüterin der Verträge.

Die Größe der Kommission ist in den vergangenen Jahren stark kritisiert worden. Die Kommission ist nämlich ein sogenanntes Kollegialorgan, das heißt, alle Kommissare beschließen alle Fragen gemeinsam. Zwar gibt es innerhalb der Kommission unterschiedliche Zuständigkeiten, aber die einzelnen Mitglieder bereiten die Entscheidungen lediglich vor, getroffen werden sie dann von allen zu-

Italien
Franco Frattini
Justiz, Freiheit und Sicherheit

Luxemburg
Viviane Reding
Informationsgesellschaft und Medien

Griechenland
Stavros Dimas
Umwelt

Spanien
Joaquin Almunia
Wirtschaft und Währung

Polen
Danuta Hübner
Regionalpolitik

Finnland
Olli Rehn
Erweiterung

Belgien
Louis Michel
Entwicklung und humanitäre Hilfe

Ungarn
László Kovács
Steuern und Zollunion

Rumänien
Leonard Orban
Mehrsprachigkeit

Großbritannien
Peter Mandelson
Handel

Lettland
Andris Piebalgs
Energie

Bulgarien
Meglena Kuneva
Verbraucherschutz

Jean-Michel Clajot/laif

^ Eine Lichtinstallation deutscher Kunststudenten ziert den Vorplatz des Berlaymont-Gebäudes der Europäischen Kommission in Brüssel für die Zeit der deutschen Ratspräsidentschaft von Januar bis Juni 2007.

sammen. Es ist klar, dass ein solches Gremium umso schwerfälliger wird, je größer es ist. Außerdem wird es immer schwieriger, gleich große Zuständigkeitsbereiche zu schneidern. Kein Land will ja schließlich, dass „sein“ Kommissar lediglich Beauftragter für die EU-Kantinen ist oder den Fahrdienst organisiert.

Die Europäische Verfassung hat eine klare Regelung getroffen, die Zahl der Kommissare zu reduzieren. Sie legt fest, dass die Zahl der Kommissare zwei Dritteln der Mitgliederzahl der EU entspricht. In einer EU mit 27 Staaten bedeutet das eine Kommission mit 18 Mitgliedern. Die Zugehörigkeit zur Kommission soll gleichberechtigt rotieren, das heißt, jedes Land muss mal aussetzen, Deutschland genauso und genauso oft wie Malta. Da aber die Europäische Verfassung nicht in Kraft ist, gilt auch diese Bestimmung nicht, die sowieso erst auf die Kommission angewandt worden wäre, die 2014 ihr Amt antritt. Dies war ein Kompromiss zwischen denen, die nicht auf einen Kommissar pro Land verzichten wollten (hierzu gehörten vor allem die kleineren Staaten), und jenen, die einer effizienten Kommission den Vorzug geben wollten (unter anderem Deutschland).

Allerdings sieht auch der derzeit geltende Vertrag von Nizza vor, dass die Kommission verkleinert wird, sobald das 27. Mitglied beigetreten ist. Es wird jedoch keine Zahl genannt, um die die Kommission reduziert werden soll. Da die Europäische Union mit den Beitritten von Rumänien und Bulgarien 27 Mitglieder hat, muss man sich in der EU noch darauf einigen, um wie viele Personen die EU-Kommission verkleinert und nach welchem Verfahren die Herkunftsländer der Kommissare bestimmt werden sollen. Auch der Vertrag von Nizza sieht eine gleichberechtigte Rotation vor, damit nicht immer die Großen ihre Kommissare durchsetzen können und die Kleinen verzichten müssen.

Die EU-Kommission wendet die Regelungen an, die auf europäischer Ebene beschlossen wurden, und sie achtet darauf, dass sich alle Staaten an das halten, was vorher gemeinsam festgelegt worden ist. Sie ist also die Verwaltung der Europäischen Union und führt das aus, was die anderen, nämlich der Rat der Europäischen Union und das Europäische Parlament, beschlossen haben.

Allerdings ist die Kommission nicht nur Befehlsempfänger, sondern sie gestaltet die Entwicklung der EU aktiv mit. Dies wird durch eine Besonderheit im europäischen Recht sichergestellt. Der Rat und das Parlament können nämlich nur beschließen, was die Kommission ihnen vorgeschlagen hat. Nur die Kommission hat das sogenannte Initiativrecht. Wenn der Rat also eine Frage regeln will, kann er nicht beschließen: „Das machen wir jetzt so und so“, sondern er muss die Europäische Kommission auffordern, ihm zu diesem Thema einen Vorschlag zu unterbreiten. Das Gleiche gilt für das Europäische Parlament. Die Europäische Kommission hat zwar keine Macht im Sinne von Stimmengewicht, sie kann aber die Beschlüsse dadurch beeinflussen, dass sie bis auf wenige Ausnahmen immer die Vorschläge erarbeitet. Natürlich können der Rat und das Parlament die Vorstellungen der Kommission verändern, aber der erste Zug wird von ihr ausgeführt.

Eine wichtige Aufgabe der Kommission ist auch die schon erwähnte Kontrolle, ob sich alle an die Regeln halten. So ist beispielsweise auf europäischer Ebene genau festgelegt, in welchen Gebieten welchen Unternehmenszweigen welche Subventionen gezahlt werden dürfen. Die Subventionen sollen dazu dienen, Unternehmen in einer bestimmten Region anzusiedeln und so Arbeitsplätze zu schaffen. Durch klare Regeln will man aber verhindern, dass es in Europa zu einem Subventionswettlauf kommt, in dem die Regionen sich mit Angeboten an die Firmen überbieten, was zu Lasten der Steuerzahler geschehen würde. Andererseits möchte natürlich jeder Bürgermeister und jeder Landrat, dass in seinem Fall eine Ausnahme gemacht wird, um ein Unternehmen zu sich zu holen oder bei sich zu behalten. Die Europäische Kommission ist hier der Schiedsrichter, was sie – genau wie im Sport – nicht immer und überall beliebt macht. Für den Fall, dass ein Staat bzw. Landkreis oder auch ein Unternehmen gegen die Vorschriften verstößt, kann die Europäische Kommission Geldbußen verhängen.

www.digitalstock.de

IV. DEUTSCHLAND DROHEN ERSTMALS EU-ZWANGSGELDER

Es geht um Verträge ohne Ausschreibung, und das kann für den Bund sehr teuer werden

BERLIN, 4. Mai – Wegen Verstößen gegen das EU-Recht drohen Deutschland Strafzahlungen in Milliardenhöhe. Ein Sprecher der EU-Kommission sagte der Berliner Zeitung, zwei niedersächsische Städte hätten das EU-Recht gebrochen, als sie langjährige Entsorgungsverträge ohne Ausschreibung vergeben hätten. Bis spätestens Ende Mai müsse die Bundesregierung dafür sorgen, dass diese Verträge gekündigt würden. Geschehe dies nicht, werde die Kommission beim Europäischen Gerichtshof erstmals die Festsetzung eines Zwangsgelds gegen Deutschland beantragen. Für jeden Tag, an dem die rechtswidrigen Verträge fortbestünden, müsste Deutschland dann bis zu 790 000 Euro Strafe zahlen. „Es geht hier um einen schweren und anhaltenden Verstoß gegen die Regeln des europäischen Binnenmarktes", sagte Sprecher Jonathan Todd.

Mehrfach aufgefordert

Das Bundeswirtschaftsministerium bestätigte das Verfahren auf Anfrage, wollte sich aber nicht zum weiteren Vorgehen äußern. In der Regierung hieß es, man sei sehr besorgt über die drohenden Strafzahlungen. „Das Ganze ist eine äußerst unangenehme Sache", verlautete aus Regierungskreisen. Besonders unerfreulich aus Berliner Sicht: Die Bundesregierung hat kaum Möglichkeiten, die beiden Städte zum Aufkündigen der Verträge zu zwingen. Dennoch muss im Zweifelsfall der Bund die Strafe bezahlen.

Die Vorgeschichte: 1995 schloss Braunschweig einen Vertrag mit den Braunschweigischen Kohle-Bergwerken (BKB) über die städtische Müllentsorgung ab. Allerdings hatte es die Stadt versäumt, den Auftrag vorher europaweit auszuschreiben, wie es das EU-Recht bei einem Volumen von über 140 000 Euro verlangt. Den gleichen Fehler beging 1998 die Gemeinde Bockhorn, die einen Auftrag über die Abwasserentsorgung ohne Ausschreibung vergab. Beide Abkommen haben eine Laufzeit von 30 Jahren.

Da die Verträge unrechtmäßig zustande kamen, leitete die Europäische Kommission ein Verfahren ein. Das richtete sich allerdings nicht gegen die Städte, sondern gegen die Bundesregierung. Denn nach außen hin, also auch gegenüber der EU, wird Deutschland nur vom Bund vertreten. Beide Fälle landeten im April 2003 vor dem Europäischen Gerichtshof (EuGH). Der gab der Kommission Recht und entschied, dass die Bundesregierung dafür zu sorgen habe, die unrechtmäßigen Verträge aufzulösen. Doch Braunschweig und Bockhorn hielten an ihren Verträgen fest.

Seither hat die EU-Kommission die Bundesregierung schon häufiger aufgefordert, dem EuGH-Urteil nachzukommen – allerdings vergeblich. Deshalb griff die Kommission nun zum letzten Mittel: Sie droht, die Bundesregierung beim EuGH auf die Zahlung eines Zwangsgelds zu verklagen. Bisher verhängte die EU eine solche Strafzahlung erst in zwei Fällen: gegen Spanien und gegen Griechenland.

Nun könnte Deutschland der nächste Kandidat sein: „Falls sich die Bundesregierung bis Ende Mai nicht bewegt, werden wir sie sehr schnell vor Gericht bringen", sagte Kommissionssprecher Todd. Das Argument, dass der Bund laut Grundgesetz keine Möglichkeit hat, auf die Städte einzuwirken, ließ Todd nicht gelten: „Gemeinschaftsrecht bricht nationales Recht", sagte er. Da aber für die Strafgelder allein der Bund aufkommen muss, denken die beiden niedersächsischen Städte nicht daran, die Verträge zu kündigen. „Wir sind von der ganzen Sache nur indirekt betroffen", sagt Adrian Foitzik, der Sprecher der Stadt Braunschweig. „Wir erwarten für uns keine Konsequenzen."

Weitere Verfahren laufen

Tatsächlich würde es die Stadt enorme Schadenersatzsummen kosten, wenn sie das Müll-Abkommen aufheben würde. Denn der Vertragspartner BKB beharrt auf dessen Fortbestand: „Nach deutschem Recht ist der Vertrag gültig", sagte Hans-Jürgen Stegemann, der Leiter der BKB-Rechtsabteilung. Falls das Abkommen annulliert würde, entstünde seinem Haus ein Schaden von rund 200 Millionen Euro.

Aber so weit wird es vermutlich gar nicht kommen. Schließlich steht das Grundgesetz auf der Seite der Gemeinden, der zahlende Dumme ist der Bund. Norbert Portz vom Deutschen Städte- und Gemeindebund rechnet mit noch mehr Verfahren: „Bei insgesamt 14 000 Kommunen wird es sicherlich noch weitere Fälle geben."

Quelle: Berliner Zeitung vom 05.05.2004

V. STRAFZAHLUNG VON VW

Streit um Reimporte

Gericht bestätigt Millionen-Bußgeld gegen VW

VW muss endgültig 90 Millionen Euro an die EU-Kommission überweisen. Der Autokonzern hatte seine Fahrzeuge in Italien billiger angeboten, den Vertragshändlern aber den Verkauf an deutsche Kunden untersagt.

Der Volkswagen-Konzern muss wegen unzulässiger Beschränkungen von Reimporten aus Italien ein Bußgeld von 90 Millionen Euro bezahlen. Das entschied am Donnerstag der Europäische Gerichtshof (EuGH) in Luxemburg.

In oberster Instanz bestätigte das Gericht weitgehend eine Strafe, die die Europäische Kommission im Januar 1998 gegen VW verhängt hatte. (Az: C-338 /00) Die EU-Kommission hatte VW dafür bestraft, rechtswidrig Autokäufe deutscher Kunden in Italien unterbunden zu haben.

Strafe abgemildert

Brüssel hatte damals sogar ein Bußgeld von 102 Millionen Euro verhängt. Das europäische Gericht Erster Instanz bestätigte im Juli 2000 inhaltlich die Position der Kommission, setzte aber das Bußgeld von 102 auf 90 Millionen Euro herab, weil die Verstöße nach 1996 von Brüssel nicht mehr ausreichend belegt worden seien. Die Beschwerde der Volkswagen AG gegen dieses Urteil wies nun der EuGH in oberster Instanz „in vollem Umfang" zurück.

Quelle: Süddeutsche Zeitung vom 18.09.2003

VI. EU-RICHTLINIE

Zigarettenlobby zürnt gegen Tabakwerbeverbot

Obwohl die Bundesregierung dagegen klagt, wird es immer wahrscheinlicher, dass bald auch in Deutschland die Tabakwerbung verboten wird. Werbewirtschaft, Zigarettenlobby und Verleger reagieren empört – die Gesundheitsverbände applaudieren.

Hamburg – So ganz überraschend kam die Nachricht aus Luxemburg nicht, doch „die Betroffenheit ist groß", heißt es heute beim Zentralverband der deutschen Werbewirtschaft (ZAW) in Berlin. Der Generalanwalt beim Europäischen Gerichtshof (EuGH), Philippe Léger, hatte sich dafür ausgesprochen, die Klage der Bundesregierung gegen das Tabakwerbeverbot abzuweisen. Zwar wird der EuGH wohl erst im Oktober den Fall entscheiden, doch in der Regel folgen die EU-Richter der Meinung der Generalanwälte.

Damit wird ein Tabakwerbeverbot hierzulande immer wahrscheinlicher. Geht es nach der EU, dann ist es bald verboten, in Zeitungen, Zeitschriften und im Internet sowie beim Sponsoring für Großveranstaltungen für Zigaretten und andere Tabakprodukte zu werben. Seit Jahren verzögert die Bundesregierung die Umsetzung des EU-Tabakwerbeverbots durch eine Klage. Auch sonst liegt Deutschland beim Thema Rauchen im Vergleich zu anderen EU-Staaten im Hintertreffen. So dürfen Besucher in spanischen und italienischen Restaurants längst nicht mehr qualmen – in Deutschland ist dies fast überall noch möglich.

Nicht nur die Werbewirtschaft sorgt sich nun wegen drohender Umsatzeinbußen. Die Verlegerverbände BDZV und VDZ sehen gleich die Pressefreiheit bedroht: „Werbeverbote sind Denkverbote", heißt es beim Bundesverband Deutscher Zeitungsverleger. Für Einzelhändler und Tabakläden ist es „ein schwarzer Tag". „Sollten die EuGH-Richter der Ansicht des Generalanwalts folgen, müssen wir damit rechnen, dass nicht nur die Tabakwerbung wegfällt, sondern auch auf Alkohol ausgedehnt wird", sagt ZAW-Geschäftsführer Volker Nickel. Es drohe ein „Dominoeffekt": „Wir befürchten, dass die EU in die Werbung reinregiert, wie sie will."

Schlechte Erfolgsaussichten

Nachdem der EU-Generalanwalt sein Rechtsgutachten präsentierte, hat die Klage der Bundesregierung gegen das Tabakwerbeverbot der EU immer weniger Aussicht auf Erfolg. Die rot-grüne Vorgängerregierung versuchte vor Gericht geltend zu machen, dass Brüssel nicht über solch weitreichende Kompetenzen verfügt. Die EU habe die falsche Rechtsgrundlage für die Richtlinie gewählt, so die Argumentation in Berlin. Mit dem Schutz des Binnenmarkts habe Tabakwerbung wenig zu tun. Die Regelung sei vielmehr ein unrechtmäßiger Eingriff in die Werbefreiheit.

Doch der Generalanwalt kam zu der Auffassung, dass unterschiedliche Beschränkungen der Tabakwerbung in den EU-Staaten den europäischen Binnenmarkt behindern könnten.

Bundesverbraucherminister Horst Seehofer (CSU) kündigte deshalb an, das Werbeverbot der EU bald umsetzen zu wollen. An der Klage will er aber festhalten, um die Zuständigkeiten der EU zu klären. Den Nichtraucherschutz habe die Regierung nicht blockieren wollen, so Seehofer. Er wolle ein „nationales Gesetz unverzüglich in den Bundestag einbringen". Darauf dringt auch die EU-Kommission. Sie will innerhalb von zwei Wochen klagen, wenn die Deutschen nicht endlich vorankommen. Denn die EU-Richtlinie sollte schon seit August 2005 in nationales Recht umgesetzt sein.

Ein Grundsatz des Binnenmarktes ist es, dass jeder einkaufen kann, wo er will. Schon vor einigen Jahren haben findige Deutsche gemerkt, dass Autos im europäischen Ausland billiger sind. Ein Volkswagen war in Italien um einiges günstiger zu bekommen als in Wolfsburg. VW hat die Autos in Italien zu einem niedrigeren Preis angeboten, weil man in der Konzernzentrale meinte, die Menschen hätten dort weniger Geld für den Kauf eines Pkw zur Verfügung. Außerdem hat man die Konkurrenz durch preisgünstige italienische Autos als zu stark empfunden. Nun sind also Bundesbürger nach Italien gefahren und haben ihren VW dort gekauft. Um das zu verhindern, hat Volkswagen seinen italienischen Händlern verboten, die Autos an Deutsche zu verkaufen. Diesem Verhalten ist die Europäische Kommission auf die Spur gekommen, hat es untersagt und Volkswagen zu einer Geldstrafe von 102 Millionen Euro verurteilt, von denen Volkswagen schließlich nach einem Prozess vor dem Europäischen Gerichtshof 90 Millionen bezahlen musste. Der Nutznießer solcher Entscheidungen ist der Verbraucher, der selbst entscheiden kann und soll, was er wann und wo erwerben möchte.

Während die Werbewirtschaft ächzt, gibt sich die Zigarettenindustrie trotz des drohenden Werbeverbots betont gelassen: „Wir nehmen die Nachricht zur Kenntnis“, sagt Wolfgang Oberrecht vom Verband der Cigarettenindustrie (vdc) gegenüber Spiegel Online. Ein Werbeverbot habe aber „keinen Einfluss auf den Gesamtmarkt der Tabakindustrie“. Zwar würde der Wettbewerb behindert, doch das treffe eher Zeitungen und Zeitschriften. Oberrecht räumt aber ein, dass es wohl schwieriger werden kann, „neue Zigaretten-Marken einzuführen“.

Lob von Gesundheitsverbänden

Der Verband ZAW rechnet vor, dass durch das Tabakwerbeverbot jährlich 118 Millionen Euro im deutschen Werbegeschäft verloren gehen. Überhaupt drohten weitere „Zensur-Übergriffe der EU“.

Die Gesundheitsverbände begrüßten hingegen die Meinung des EU-Generalanwalts. So will die Berliner Initiative „Forum Rauchfrei“ ein komplettes Tabakwerbeverbot durchsetzen. Diesen Vorstoß unterstützt auch die Deutsche Krebshilfe: „Ein umfassendes Tabakwerbeverbot ist notwendig, weil gerade Kinder und Jugendliche durch Tabakwerbung zum Rauchen verführt werden“, sagte die Präsidentin der Deutschen Krebshilfe Dagmar Schipanski.

Solche Vorschläge zum totalen Werbestopp lösen beim ZAW lediglich Befremden aus: Sollte das Verbot kommen, wäre „das eine Ohrfeige für Verbraucher“, schimpft ZAW-Mann Nickel. „Es ist doch naiv zu glauben, dass dann niemand mehr raucht oder keinen Alkohol mehr trinkt.“

Tim Höfinghoff
Quelle: Spiegel online vom 13.06.2006, www.spiegel.de

Alles was Recht ist: Der Europäische Gerichtshof (EuGH)

Natürlich kann eine Firma, die sich ungerecht behandelt fühlt, gegen eine Entscheidung der Europäischen Kommission klagen, wie Volkswagen es im erwähnten Beispiel auch getan hat. Die Entscheidung trifft dann der Europäische Gerichtshof, der seinen Sitz in Luxemburg hat. Er darf nicht mit dem Europäischen Gerichtshof für Menschenrechte in Straßburg verwechselt werden. Während der EuGH das Gericht der Europäischen Union ist, handelt es sich bei dem Menschenrechtsgerichtshof um eine Institution des Europarates. Dieser hat eine äußerst wichtige Funktion, da er über die Einhaltung der Europäischen Menschenrechtskonvention wacht, aber er ist nicht Teil des institutionellen Systems der Europäischen Union.

Dem EuGH gehören derzeit 27 Richter an, aus jedem Mitgliedsland eine(r), sowie acht Generalanwälte. Sie werden von den Regierungen der Mitgliedstaaten im gegenseitigen Einvernehmen für sechs Jahre ernannt und können auch erneut berufen werden. Es muss sich dabei um qualifizierte Juristen handeln, die nicht nur die nötige Kompetenz, sondern auch die Unabhängigkeit mitbringen, die das Richteramt erfordert. Die Richterinnen und Richter wählen dann aus ihrer Mitte für jeweils drei Jahre den Präsidenten oder die Präsidentin. Seit Oktober 2003 ist der Grieche Vassilios Skouris Präsident des EuGH. Er hat seine juristische Ausbildung übrigens in Deutschland erhalten und hier auch seinen Doktortitel erworben. Anschließend war er als Professor in Bielefeld tätig, bevor er nach Griechenland zurückging.

Dem Europäischen Gerichtshof steht noch ein sogenanntes Gericht erster Instanz zur Seite, das die Eingangsinstanz für direkte Klagen natürlicher oder juristischer Personen ist, also zum Beispiel für die Klagen der EU-Bürger.

> Vom Aussterben bedroht? Der „Marlboro-Mann“, eine Werbeikone seit vielen Jahren, könnte durch das Tabakwerbeverbot bald aus der Öffentlichkeit verbannt sein.

www.digitalstock.de
picture-alliance/dpa

VII. FRANKREICH UND DIE FISCHEREI

Die Europäische Kommission hat heute festgestellt, dass Frankreich noch nicht alle erforderlichen Maßnahmen ergriffen hat, um den Verpflichtungen nachzukommen, die sich aus einem Urteil des Europäischen Gerichtshofs vom 12. Juli 2005 ergeben (IP/05/917). Dieses Urteil, das wegen der Nichtdurchführung eines Urteils vom Juni 1991 seitens Frankreichs ergangen ist, betrifft Unzulänglichkeiten beim Fischereikontrollsystem und bei der Ahndung von Verstößen gegen die EU-Vorschriften über die Anlandung und Vermarktung von untermaßigem Fisch, vor allem von Seehecht. Frankreich muss dem Gerichtsurteil zufolge für jeden Sechsmonatszeitraum ab der Verkündigung des Urteils vom Juli 2005 ein Zwangsgeld von 57 761 250 Euro zahlen, bis es seinen Verpflichtungen vollständig nachkommt. Nach einer eingehenden und nachdrücklichen Bestandsaufnahme in Frankreich am 12. Januar 2006 kam die Kommission zu dem Schluss, dass Frankreich zwar Fortschritte gemacht hat, dem Urteil des Gerichtshofs aber noch nicht vollständig nachgekommen ist. Die Kommission ist der Überzeugung, dass Frankreich in der Lage ist, dem Urteil bis Juli in vollem Umfang nachzukommen, und wird alles in ihrer Macht Stehende tun, um Frankreich hierbei zu unterstützen. Das Zwangsgeld wird zusätzlich zu einem Pauschalbetrag von 20 Mio. Euro fällig, der wegen der Nichtdurchführung des Urteils von 1991 durch dasselbe Gerichtsurteil verhängt worden war und den Frankreich bereits gezahlt hat. Die Bestimmungen über finanzielle Sanktionen wurden mit dem Vertrag von Maastricht eingeführt. Sie sollen die Mitgliedstaaten dazu anhalten, die gemeinschaftlichen Rechtsvorschriften in vollem Umfang zu beachten.

Quelle: Mitteilung der Europäischen Kommission, http://ec.europa.eu/fisheries/

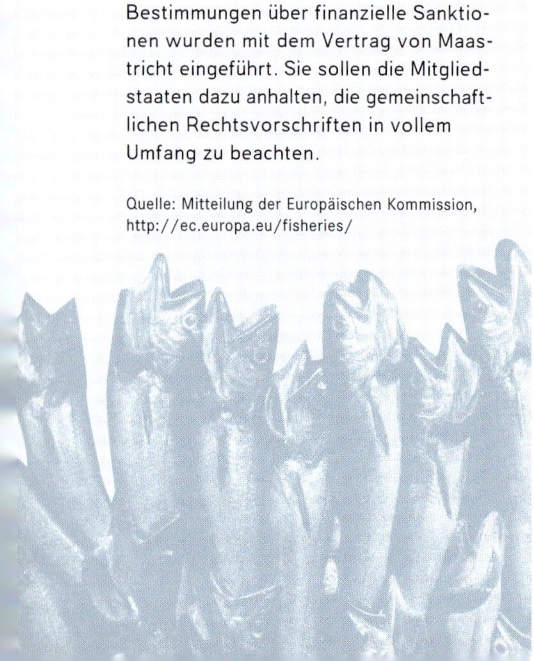

Der EuGH fällt drei Arten von Urteilen: Das sind zunächst die Nichtigkeitsurteile. Jemand – eine europäische oder nationale Institution, eine Firma oder eine Privatperson – fühlt sich von der Maßnahme eines EU-Organs negativ betroffen und klagt darauf, die entsprechende Entscheidung aufzuheben.

1997 hat die EU beschlossen, Tabakwerbung in Zeitungen, Zeitschriften, im Radio und Internet zu verbieten, um vor allem junge Menschen nicht zum Rauchen zu verleiten und so ihre Gesundheit zu ruinieren. Die deutsche Regierung hat dagegen geklagt, weil sie der Ansicht war, dass ein solches Verbot nicht in die Zuständigkeit der Europäischen Union gehöre. Im Frühsommer 2006 kündigte sich jedoch an, dass die Bundesrepublik Deutschland diesen Prozess verlieren wird. Das Bundeskabinett hat daher beschlossen, die Richtlinie nunmehr umzusetzen.

Zweitens behandelt der EuGH Vertragsverletzungsklagen, wenn sich ein europäisches Organ oder auch ein Mitgliedsland nach Auffassung der anderen nicht an die getroffenen Regelungen hält.

So hat es beispielsweise Frankreich jahrelang versäumt, seine Bestimmungen für die Fischerei europäischen Standards anzupassen. Der EuGH hat das Land zu einer halbjährlichen Strafzahlung von über 57 Millionen Euro verurteilt, die so lange fällig ist, bis der Mangel abgestellt wird.

Die dritte Art von Urteilen des EuGH sind Vorabentscheidungen. Hierbei handelt es sich um Urteile, die der Gerichtshof auf Anforderungen eines nationalen Gerichts trifft. Wenn beispielsweise ein deutsches Gericht nicht sicher ist, ob ein Sachverhalt, über den es zu urteilen hat, mit dem europäischen Recht übereinstimmt, bittet es den EuGH um sein Urteil, bevor es dann selbst entscheidet.

Diese Vorabentscheidungen sind sehr wichtig, um den einheitlichen Rechtsraum der Europäischen Union – also einheitliches Recht und einheitliche Rechtsprechung in allen Mitgliedsstaaten der EU – zu erhalten. Das wäre schließlich nicht möglich, wenn jedes nationale Gericht seine eigene Auslegung des europäischen Rechts verfolgen würde.

Wenn's ums Geld geht: Die Europäische Zentralbank (EZB)

Die fünfte wichtige EU-Institution ist die Europäische Zentralbank, die Notenbank für den Euro. Sie legt die Geldpolitik für den Euro-Raum fest und achtet darauf, dass die Inflation in den Euro-Staaten gering bleibt. Wünschenswert ist eine Inflation von unter zwei Prozent, und diesem Ziel ist die Europäische Zentralbank verpflichtet. Sie steuert die Geldmenge, also die Summe des Geldes, das in der Euro-Währungszone im Umlauf ist, sei es als Papiergeld oder als sogenanntes Buchgeld, das zwar auf dem Kontoauszug erscheint, aber für das es keine Scheine gibt. Außerdem legt die Zentralbank die Zinsen fest, die die Geschäftsbanken zahlen müssen, wenn sie bei ihr Geld aufnehmen. So kann die Zentralbank das Zinsniveau des Euro-Raums steuern. Droht Inflation, also die Gefahr, dass zu viel Geld im Umlauf ist, werden die Zinsen angehoben. Dadurch werden Kredite teurer, weniger Geld kommt in den Wirtschaftskreislauf.

Dem Zentralbankrat gehört je ein Vertreter aller Euro-Staaten an, nämlich die Präsidenten der Nationalbanken. Der EZB-Rat besteht also derzeit aus 13 Personen plus den sechs Mitgliedern des Direktoriums, die verschiedenen Ländern entstammen. Das Direktorium ist gewissermaßen der Vorstand der Europäischen Zentralbank. Es führt die laufenden Geschäfte und setzt die Beschlüsse des EZB-Rates um. An die Unabhängigkeit des Di-

www.digitalstock.de

Das Gebäude der Europäischen Zentralbank in Frankfurt am Main

rektoriums sind höchste Anforderungen zu stellen. Seine Mitglieder werden einstimmig von den Staats- und Regierungschefs ernannt, nachdem diese sowohl den EZB-Rat als auch das Europäische Parlament angehört haben. Die Direktoriumsmitglieder werden für acht Jahre berufen. Sie können nicht erneut nominiert werden. Kein Direktoriumsmitglied könnte also durch Anpassung an die Wünsche des Europäischen Rates oder eines einzelnen Landes irgendetwas gewinnen. Bei der Gründung der Europäischen Zentralbank wurden die ersten Direktoriumsmitglieder für unterschiedlich lange Zeiträume berufen, sodass die jetzigen Mitglieder des Direktoriums nicht alle zur gleichen Zeit ausscheiden, sondern immer eines nach dem anderen.

Auch ein Deutscher ist im Direktorium: Jürgen Stark, vorher Vizepräsident der Deutschen Bundesbank, wurde 2006 als Nachfolger des Deutschen Ottmar Issing in den engsten EZB-Führungszirkel berufen. Präsident der Europäischen Zentralbank ist der Franzose Jean-Claude Trichet. Er folgte dem – inzwischen verstorbenen – niederländischen Gründungspräsidenten Wim Duisenberg.

Wer hat die Macht in Europa?

Rat, Kommission, Parlament, dazu Gerichtshof und Zentralbank: Wer hat nun eigentlich die Macht in Europa?

Eine solche Frage lässt sich nur in Diktaturen mit einem Satz oder gar Wort beantworten. In demokratischen Strukturen ist die Willensbildung und Entschei-

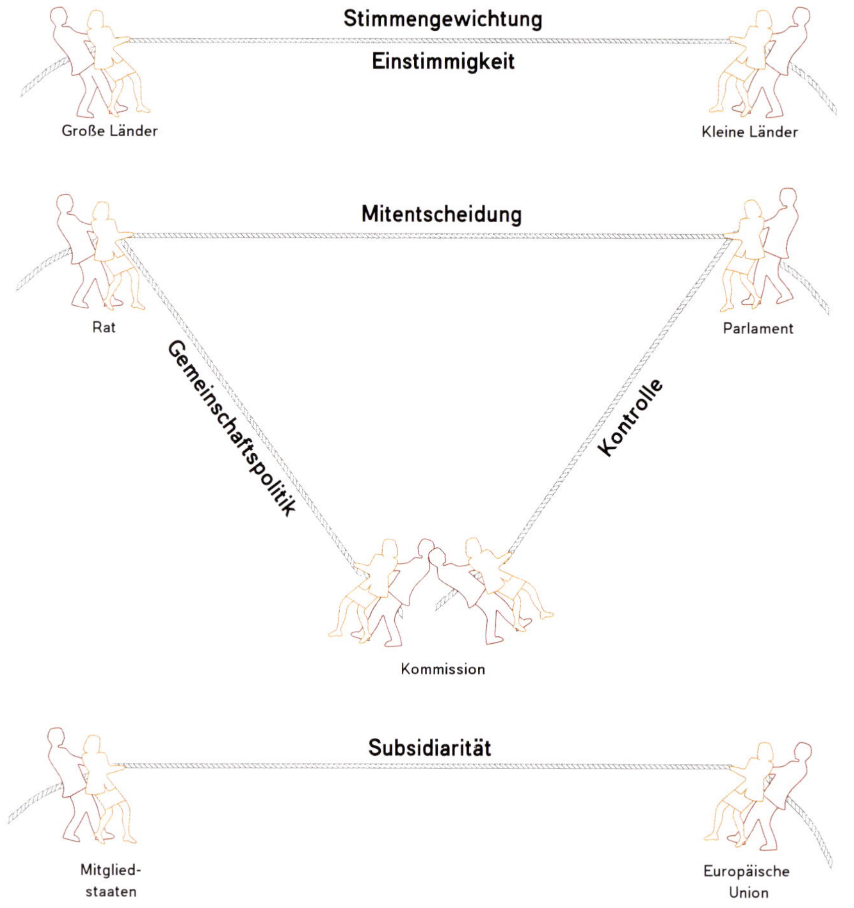

dungsfindung vielschichtiger. Sie spielt sich zwischen den genannten Institutionen ab. Jede hat Macht und Einfluss, die aber immer von den Entscheidungskompetenzen der anderen Institutionen auch wieder eingeschränkt werden. Das institutionelle Miteinander ist kompliziert, und die Abstimmung innerhalb der jeweiligen Gremien ist es auch. Dahinter steht der Versuch, verschiedene Fragen befriedigend zu lösen.

Zum einen die, wie man große und kleine Länder angemessen an der Beschlussfassung beteiligen kann, und zwar so, dass die Großen mehr Einfluss haben, die Kleinen aber dabei nicht untergehen – zumal es eine ganze Reihe von EU-Staaten gibt, die insgesamt weniger Bürger haben als die deutsche Hauptstadt allein.

Zum anderen muss man die Gewichte zwischen den Institutionen austarieren. Wie viel Macht kommt dem Rat zu, in dem die nationalen Interessen direkt aufeinanderprallen, wie viel dem Europäischen Parlament, das eher nach politischen Gründen entscheidet als nach nationalen?

Und schließlich: Wie viel Einfluss bekommt die Europäische Kommission, die die europäischen Interessen vertreten soll, aber natürlich auch ein bürokratisches Eigenleben entwickelt und ihre Macht sicherlich gerne ausweiten würde, wenn sie könnte.

Subsidiarität

Schließlich müssen die Kompetenzen zwischen den Mitgliedstaaten einerseits und der EU andererseits verhandelt werden. Der Grundsatz der Subsidiarität, dem die EU sich verpflichtet fühlt, legt fest, dass die EU nur dann etwas entscheiden soll, wenn eine solche Regelung auf europäischer Ebene besser getroffen werden kann als von den einzelnen Nationalstaaten.

Das ist ein klares und einfaches Prinzip – allerdings nur auf dem Papier. In der Praxis gibt es immer wieder heftige Diskussionen darüber, ob diese oder jene Frage besser auf europäischer oder auf nationaler (oder auf regionaler) Ebene gelöst werden kann.

Gesetze für Europa

Um den Mitgliedstaaten so viel Spielraum wie möglich zu lassen, verfügt die EU über unterschiedliche Beschlussarten. Es gibt Verordnungen und Richtlinien. Das mag im ersten Augenblick ziemlich ähnlich klingen, ist aber ein großer Unterschied.

Eine Verordnung ist ein europäisches Gesetz. Das heißt, dass sie in dem Augenblick, in dem sie beschlossen (und im Amtsblatt veröffentlicht) worden ist, in

© European Community, 2007

VIII. NUR WENN EUROPA ES BESSER KANN

Maßnahmen der Gemeinschaft sind nur gerechtfertigt, wenn beide Bedingungen des Subsidiaritätsprinzips erfüllt sind: Die Ziele der in Betracht gezogenen Maßnahmen können nicht ausreichend durch Maßnahmen der Mitgliedstaaten im Rahmen ihrer Verfassungsordnung erreicht werden und können daher besser durch Maßnahmen der Gemeinschaft erreicht werden.

Folgende Leitlinien sollten bei der Prüfung der Frage, ob die genannte Voraussetzung erfüllt ist, befolgt werden:

> Der betreffende Bereich weist transnationale Aspekte auf, die durch Maßnahmen der Mitgliedstaaten nicht ausreichend geregelt werden können,

> alleinige Maßnahmen der Mitgliedstaaten oder das Fehlen von Gemeinschaftsmaßnahmen würden gegen die Anforderungen des Vertrags (beispielsweise Erfordernis der Korrektur von Wettbewerbsverzerrungen, der Vermeidung verschleierter Handelsbeschränkungen oder der Stärkung des wirtschaftlichen und sozialen Zusammenhalts) verstoßen oder auf sonstige Weise die Interessen der Mitgliedstaaten erheblich beeinträchtigen,

> Maßnahmen auf Gemeinschaftsebene würden wegen ihres Umfangs oder ihrer Wirkungen im Vergleich zu Maßnahmen auf der Ebene der Mitgliedstaaten deutliche Vorteile mit sich bringen.

Auszug aus dem Subsidiaritätsprotokoll des Vertrages von Amsterdam 1997
Quelle: http://eurlex.europa.eu/de/treaties/dat/11997D/htm/11997D.html#0105010010

der gesamten Europäischen Union gilt, ohne dass die Mitgliedstaaten diese nochmals in nationales Recht umwandeln müssen.

Sehr oft wird auf europäischer Ebene aber eine Richtlinie verabschiedet, also ein Europäisches Rahmengesetz. Darin werden nur Ziele festgelegt und ein Zeitraum definiert, bis zu dem die Mitgliedstaaten durch nationale Rechtsetzung dieses Ziel erreicht haben müssen. Damit bleibt den Mitgliedsländern wesentlich mehr Spielraum, eine Regelung in der einen oder anderen Weise abzufassen. Sie können beispielsweise auch über die Ziele der Richtlinie hinausgehen, nur dahinter zurückbleiben dürfen sie nicht.

^ Jeder, was er besser kann: Der damalige Amsterdamer Bürgermeister Schelto Patijn nimmt Kommissionsmitglied Hans van den Broek auf dem Fahrrad mit, 1997.

SUBSIDIARITÄT

Darf die Gemeinschaft tätig werden?

> Die Gemeinschaft kann nur handeln, wenn ihr ausdrücklich die Befugnis dazu erteilt wurde.

> Sie ist an den Aufgabenkatalog und die Ziele des EG-Vertrags gebunden.

nach Artikel 5 des EG-Vertrags

Wenn ja, _soll_ sie tätig werden?

> Die Gemeinschaft soll nur tätig werden, wenn ein Ziel auf europäischer Ebene besser erreicht werden kann als auf der Ebene der einzelnen Mitgliedstaaten. (Subsidiaritätsprinzip)

> Die Beschränkung gilt jedoch nicht für Bereiche, die laut EG-Vertrag in die alleinige Zuständigkeit der Gemeinschaft fallen.

Wenn ja, in welchem Umfang und auf welche Weise?

> Die von der Gemeinschaft eingesetzten Mittel müssen in einem angemessenen Verhältnis zu den angestrebten Zielen stehen.

> Das heißt z. B.: Verzicht auf übertriebenen Finanz- und Verwaltungsaufwand, Beschränkung auf europäische Rahmen- vorschriften und Mindestnormen.

Quelle: Erich Schmidt Verlag, Zahlenbilder 714025

IX. HEFTIGE DEBATTE IN DER UNION ÜBER NEUE DISKRIMINIERUNGSVERBOTE

In der Union gibt es Irritationen über die Koalitionsabsprachen zur Umsetzung der EU-Antidiskriminierungsrichtlinien. Vor einer CDU-Präsidiumssitzung war zunächst zweifelhaft, ob die Absprache der großen Koalition im Bundesrat die Zustimmung aller unionsgeführten Bundesländer erhalten wird. Im Anschluss an die Sitzung signalisierten die Länder dann Zustimmung.

Unionsgeführte Länder gegen geplantes Verbandsklagerecht

Mehrere unionsgeführte Länder hatten Kritik an dem Kompromiss der Regierungskoalition geübt. Ein Punkt war, dass Betriebsräten ein Klagerecht eingeräumt werden soll, damit sie gegen Benachteiligungen von Arbeitnehmern vorgehen können. Thüringens Ministerpräsident Dieter Althaus (CDU) sagte der „Welt am Sonntag", für das geplante Verbandsklagerecht sehe er „keine Notwendigkeit". Sachsens Justizminister Geert Mackenroth (CDU) sagte: „Wir verhindern Diskriminierung nicht durch noch mehr Rädchen im Laufwerk unserer Rechtsordnung, die dadurch immer schwerfälliger und störanfälliger wird." Die scheinbare Veredelung von EU-Vorgaben sei „Gift für unsere Bemühungen um Deregulierung".

Hinausgehen über EU-Vorgaben in der Kritik

Union und SPD hatten sich auf die Grundzüge eines Gleichbehandlungsgesetzes geeinigt, das über die EU-Richtlinie hinaus auch Diskriminierung wegen Religion oder Weltanschauung sowie wegen Behinderung, Alter oder sexueller Identität verbietet. Für die zusätzlichen Vereinbarungen erntete die große Koalition heftige Kritik. Das CDU/FDP-regierte Nordrhein-Westfalen warnte die Bundesregierung vor einem Bruch der Koalitionsvereinbarung. Saarlands Ministerpräsident Peter Müller (CDU) sagte der „Welt am Sonntag", gemäß Koalitionsvertrag wolle die Bundesregierung EU-Recht künftig nur noch eins zu eins umsetzen. Nach den bisher bekannten Planungen gehe das Gesetz aber über die EU-Richtlinie hinaus.

Pofalla will Kompromiss vor seiner Partei näher erläutern

Der drohende Krach in der CDU über das neue Antidiskriminierungsrecht ist nach der Präsidiumssitzung am 08.05.2006 vorerst abgewendet. Trotz massiver Bedenken akzeptierten die CDU-Länderchefs den von Bundeskanzlerin Angela Merkel mit ausgehandelten Kompromiss mit dem Koalitionspartner SPD. CDU-Generalsekretär Ronald Pofalla sagte, in der Präsidiumssitzung seiner Partei sei der Vorschlag aus dem Koalitionsausschuss als „im Kern richtig" gewertet worden. Es sei eine Selbstverständlichkeit, dass es im weiteren Verfahren noch zu Änderungen kommen könnte. Die Kritik in der Union hielt indes an. Aus den Ländern wurden weiterhin Nachbesserungen gefordert. Die FDP forderte die Länder auf, dem Gesetz im Bundesrat nicht zuzustimmen.

Grüne: Gesetz keine Gefahr für wirtschaftlichen Aufschwung

Die Parlamentarischen Geschäftsführer der Grünen im Bundestag, Volker Beck und Irmingard Schewe-Gerigk, sagten zu der Debatte in der Union: „Das Einzige, wo dieses Gesetz wirklich über die Richtlinie hinausgeht, ist beim Diskriminierungsschutz von Alten, Behinderten, Homosexuellen und religiösen Minderheiten. Es kann wohl keiner ernsthaft behaupten, dass der wirtschaftliche Aufschwung an der Möglichkeit zur Diskriminierung dieser Gruppen hängt."

Quelle: beck-aktuell-Redaktion, Verlag C. H. Beck, 8. Mai 2006 (dpa)

Die Diskriminierungsverbote sollen unter anderem die Gleichbehandlung von Behinderten und Homosexuellen in der Arbeitswelt und im Alltag sichern.

> Die gedruckte Form des „Vertrags über eine Verfassung für Europa" wurde im April 2005 an die Wählerinnen und Wähler in Frankreich per Post verschickt. Sie sollten sich vor dem Referendum am 29. Mai selbst eine Meinung bilden können.

AP/Franck Prevel

Im Jahr 2006 hat die Bundesrepublik Deutschland beispielsweise die Antidiskriminierungsrichtlinie in nationales Recht umgesetzt. Das war längst überfällig, es hätte nämlich schon bis Ende 2003 geschehen müssen. Dann wurden aber noch andere Diskriminierungsgründe als die von der EU genannten in den Gesetzentwurf eingefügt, was zu hitzigen Diskussionen innerhalb Deutschlands geführt hat.

Richtlinien lassen also im Gegensatz zu Verordnungen Spielraum, auch zeitlichen. Deshalb ist es leider keine Seltenheit, dass ein Mitgliedsland die Vorgaben nicht fristgerecht umsetzt. Die Europäische Kommission oder die anderen Länder können dagegen, wie bereits erwähnt, vor dem Europäischen Gerichtshof klagen, was auch regelmäßig geschieht. Ende 2004 liefen vor dem Gerichtshof insgesamt 4489 Vertragsverletzungsverfahren, davon 412 gegen Deutschland.

Insgesamt 73 Verfahren, davon fünf gegen Deutschland, waren nach Art. 228 EG eröffnet, richteten sich also dagegen, dass die Mitgliedstaaten sich nicht an das Urteil des Europäischen Gerichtshofs gehalten haben. Im Mai 2006 waren insgesamt annähernd 100 Vertragsverletzungsverfahren gegen Deutschland anhängig.

In der EU sind bisher zahlreiche Richtlinien und Verordnungen erlassen worden, die das Zusammenleben regeln. Ende 2002 belief sich dieser Bestand des sogenannten sekundären Rechts auf etwa 14 500 Rechtsakte.

Die Unvollendete: Die Europäische Verfassung als Strukturreform

Dass vieles in der EU unübersichtlich ist, hat allerdings auch damit zu tun, dass die EU eine Institution ist, die sich seit ihrer Gründung sehr stark verändert hat. Vieles, was heute Realität ist, haben sich die Gründungsväter – damals waren die handelnden Politiker alle Männer – nicht einmal im Wunschtraum vorstellen können. Das gilt für die gemeinsame Währung genauso wie für den völligen Wegfall von Grenzkontrollen innerhalb der EU (und die Erteilung gemeinsamer Visa für Besucher aus Drittstaaten), eine gemeinsame Außenpolitik oder gar eine Europäische Sicherheits- und Verteidigungspolitik. Auch dürften Persönlichkeiten wie Robert Schuman oder Konrad Adenauer nicht wirklich geglaubt haben, dass es gelingen würde, die Länder Mittelosteuropas oder gar Teile der Sowjetunion in die Gemeinschaft aufzunehmen.

Das heißt andererseits, dass es für die Entwicklung der Europäischen Gemeinschaft/Europäischen Union keinen Bauplan gab, sondern dass sie sich Stück für Stück, durchaus unsystematisch, weiterentwickelt hat. Es ist den Mitgliedstaaten nicht gelungen, die Strukturen der Europäischen Union entsprechend den Veränderungen anzupassen. Bis heute funktioniert die EU im Grundsatz so wie die alte Sechsergemeinschaft der Gründerstaaten. Wenn ein Land dazukam, wurden die Institutionen einfach erweitert. Nicht nur der Rat der EU wurde größer, denn mit jedem neuen Mitgliedsland gehörten auch eine weitere Ministerin oder ein weiterer Minister ihm an, sondern auch die Kommission und das Parlament wurden entsprechend erweitert. Man kann sich das vorstellen wie einen kleinen Verkaufsladen, der sich zu einem großen Kaufhaus entwickelt, aber immer noch die Leitungsstruktur aus der Gründerzeit hat, obwohl Personaleinsatz, Logistik und die Marktsituation ganz neue Anforderungen stellen.

Deshalb war vielen in der EU klar, dass es die große Erweiterung, die 2004 stattfand, nur geben kann, wenn vorher die Institutionen reformiert und der neuen Situation angepasst werden. Diese institutionelle Reform wollten alle, aber man konnte sich nicht darauf einigen, wie sie aussehen sollte. Dabei darf man nicht aus dem Auge verlieren, dass institutionelle Fragen immer Machtfragen sind. Wenn ein Staat oder eine Institution mehr Gewicht bekommt, bedeutet das eben, dass andere Einfluss verlieren – und das will natürlich niemand gern.

Um das Problem, das vor der Erweiterung in der Sache nicht gelöst werden konnte, wenigstens anschließend anzupacken, entstand die Idee, nicht nur die Funktionsweise der verschiedenen EU-Organe neu zu regeln, sondern das Ganze in eine europäische Verfassung zu packen. Diese sollte auch einen Beitrag zur Transparenz leisten. Bisher sind die Regelungen über die Wirkungsweise der EU nämlich in zwei verschiedenen Verträgen, dem EG-Vertrag und dem EU-Vertrag, geregelt, zu denen zudem jede Menge Protokolle, Erklärungen und Sonderregelungen gehören.

Der Verfassungskonvent

Es wurde ein Konvent eingesetzt, der einen Verfassungsentwurf erarbeiten sollte. Dieses Verfahren war schon die erste große Neuerung. In dem Konvent waren nämlich nicht nur die verschiedenen Regierungen vertreten, wie das im Rat der Fall ist, sondern auch Abgeordnete aus den nationalen Parlamenten und aus dem Europaparlament. Auch die Europäische Kommission nahm teil. Die Beitrittsländer waren gleichberechtigte Mitglieder des Konvents, hätten aber durch ihr Veto einen Beschluss der anderen nicht verhindern können. Nicht nur die zehn Staaten, die 2004 beigetreten sind, gehörten dem

DIE NEUE EU-VERFASSUNG – KERNPUNKTE

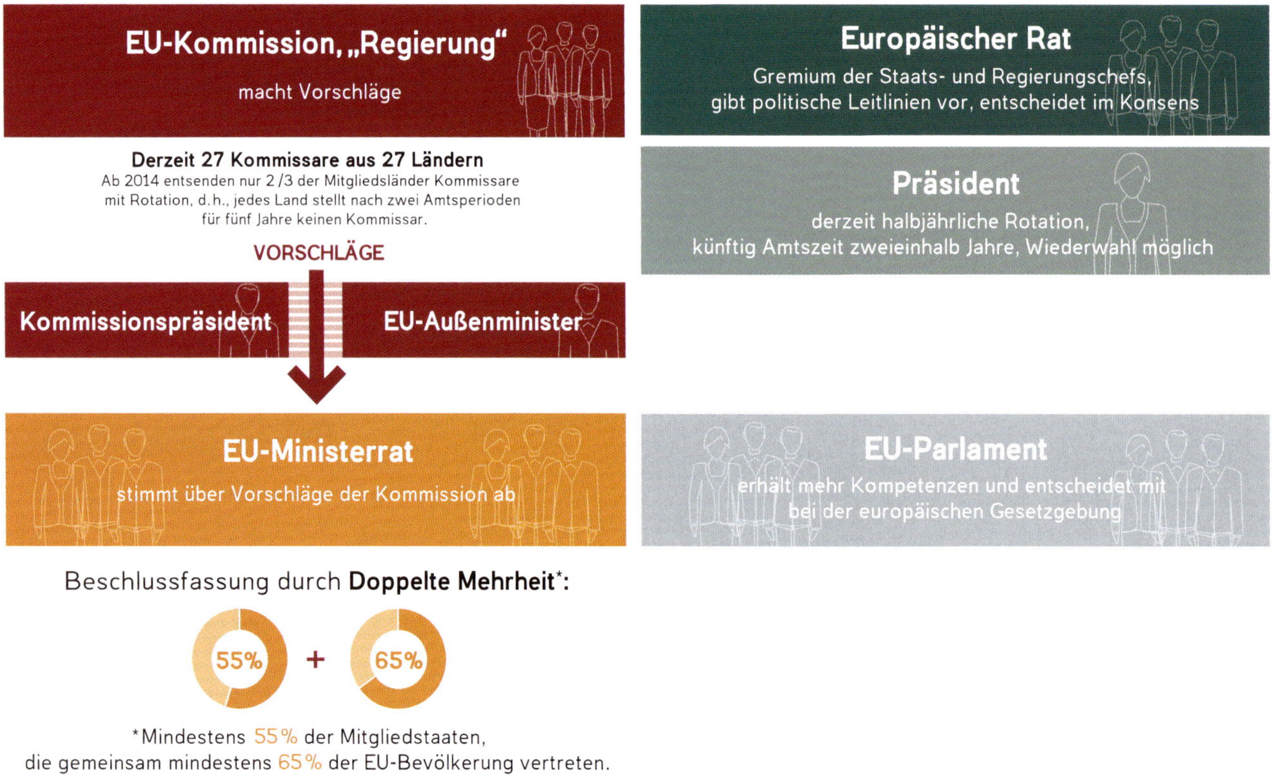

Mindestens vier Länder sind nötig, um einen Beschluss zu blockieren.
Das Veto-Recht gilt bei Entscheidungen über Steuer-, Außen- und Sicherheitspolitik.
Ebenfalls erschwert sind Mehrheitsentscheidungen bei Innen- und Justizpolitik.

Quelle: dpa-Grafik 9604

2002 zusammengetretenen Konvent an, sondern auch Bulgarien, Rumänien und die Türkei. Alles in allem saßen so 105 Mitglieder und dieselbe Anzahl von Stellvertretern für knapp eineinhalb Jahre, von Februar 2002 bis Juli 2003, zusammen und erarbeiteten einen Text für eine europäische Verfassung. Alle Sitzungen des Konvents waren öffentlich und wurden im Internet dokumentiert – auch das war etwas Neues, nicht nur für die EU, sondern auch für die meisten ihrer Mitgliedstaaten.

Die deutschen Repräsentanten waren der damalige Außenminister Joschka Fischer für die Bundesregierung, der damalige Abgeordnete Professor Jürgen Meyer für den Deutschen Bundestag und der damalige baden-württembergische Ministerpräsident Erwin Teufel für den Bundesrat. Auch drei der 16 Vertreterinnen und Vertreter des Europäischen Parlaments waren Deutsche: der frühere Präsident des Europäischen Parlaments, Professor Klaus Hänsch, der Vorsitzende des Auswärtigen Ausschusses des Europäischen Parlaments, Elmar Brok, und die jetzige Vizepräsidentin des Europaparlaments Dr. Sylvia-Yvonne Kaufmann.

Der Konvent, der unter dem Vorsitz des früheren französischen Präsidenten Valéry Giscard d'Estaing tagte, legte ein umfangreiches Werk vor – vielleicht ein zu umfangreiches. Der Entwurf für eine europäische Verfassung, offiziell „Vertrag über eine Verfassung für Europa", umfasst 448 Artikel. Er unterteilt sich in vier Abschnitte:

› Der institutionelle Rahmen
› Die Grundrechtecharta
› Die Politiken der Europäischen Union und
› Übergangs- und Schlussbestimmungen.

Einfachere Entscheidungsfindung

Durch die europäische Verfassung würden die Entscheidungsstrukturen etwas einfacher. Gemäß dem Verfassungsentwurf bekommt der Europäische Rat, also die Versammlung der Staats- und Regierungschefs, einen Präsidenten, den die Staats- und Regierungschefs für zweieinhalb Jahre (mit der Möglichkeit der Wiederwahl, also längstens für fünf Jahre) wählen würden. Damit wäre im Europäischen Rat das bisherige Prinzip der halbjährlichen Rotation, also dass alle sechs Monate ein anderer Staats- oder Regierungschef die Geschäfte führt (sog. EU-Ratspräsidentschaft), abgelöst. Des Weiteren ist das Amt eines Europäischen Außenministers vorgesehen, den es in der Form des Hohen Repräsentanten für die Außen- und Sicherheitspolitik, Javier Solana, zwar faktisch schon gibt, der aber dann stärker nach außen auftreten könnte. Der Europäische Außenminister soll auch dem Außenministerrat vorsitzen. Er wird vom Europäischen Rat im Einvernehmen mit dem Kommissionspräsidenten bestimmt. Gleichzeitig ist er Vizepräsident der Europäischen Kommission. Die bisherige Doppelstruktur, dass es sowohl im Rat als auch in der Kommission eine(n) Verantwortliche(n) für die Außenpolitik gibt, wäre damit beseitigt.

Die Arbeit der Räte würde also mehr Kontinuität erreichen und nicht mehr davon beeinflusst werden, dass die Präsidentschaft jedes halbe Jahr wechselt und neue Schwerpunkte setzt. Im Rat soll mit doppelter Mehrheit abgestimmt werden. Diese Regelung hat zwar auch, wie oben im Abschnitt über den Rat dargestellt, ihre Haken und Ösen, aber sie ist dennoch übersichtlicher als das jetzige Verfahren.

Ein weiterer wichtiger Punkt bezieht sich auf die Rechte des Europäischen Parlaments, des einzigen von den Bürgern direkt gewählten europäischen Organs. Diese Rechte wurden im Verfassungstext ausgeweitet, indem mehr Bereiche in das Verfahren der Mitentscheidung einbe-

› Die Füllfederhalter zur feierlichen Unterzeichnung der Verfassung durch die Staats- und Regierungschefs und Außenminister am 29. Oktober 2004 in Rom

Karwasz/teamwork

Im deutschen Bundestag wurde die Europäische Verfassung in einer namentlichen Abstimmung am 5. Dezember 2005 angenommen, also ratifiziert.

zogen wurden. So würde das Parlament zum Beispiel in fast allen Fällen neben dem Ministerrat zu einem echten Mitgesetzgeber werden. Das soll dann in Zukunft „ordentliches Gesetzgebungsverfahren" heißen, zu dem es nur wenige Ausnahmen gibt, in denen das Parlament lediglich konsultiert werden wird.

Die Europäische Kommission soll, wie bereits dargestellt, verkleinert werden, sodass nicht mehr jede Nation ein Mitglied stellt. So will man die Arbeit effektiver gestalten und gleichzeitig herausstellen, dass die EU-Kommissare nicht der verlängerte Arm der Nationalregierungen sind.

Grundrechte für Europas Bürger

Der zweite Teil besteht aus der Grundrechtecharta, die bereits von einem früheren Konvent erarbeitet wurde und die den gemeinsamen Grundrechtebesitzstand in der Europäischen Union wiedergibt. Diese Charta war auf der Konferenz von Nizza Ende 2000 feierlich unterzeichnet worden, ist allerdings bislang nicht rechtsverbindlich. Daher ruft der zweite Teil der Verfassung eigentlich keine Opposition hervor. Die Charta garantiert die Menschen- und Grundrechte der Bürger der EU. Ihr erster Artikel lautet: „Die Würde des Menschen ist unantastbar. Sie ist zu achten und zu schützen." Diese Formulierung ist dem deutschen Grundgesetz nachempfunden. Dort heißt es in Artikel 1: „Die Würde des Menschen ist unantastbar. Sie zu achten und zu schützen ist Verpflichtung aller staatlichen Gewalt." Das ist insofern kein Zufall, als der Präsident des Grundrechtekonvents der frühere Bundespräsident Roman Herzog war.

Die Politikbereiche der Union

Im dritten Teil des Verfassungsvertrages, der mit 342 Artikeln der längste ist, werden die Politikbereiche der EU beschrieben. Hier ändert sich im Grunde kaum etwas gegenüber der jetzigen Situation. Das Neue sind nicht die Inhalte der Artikel, sondern die systematische Darstellung der Politikbereiche. Insofern ist es erstaunlich, dass viel Kritik an der Verfassung geübt wurde, sie sei zu marktwirtschaftlich und zu wenig sozial, wird doch mit wenigen Ausnahmen alles, was sie festlegt, bereits praktiziert.

Fragen der Umsetzung

Im vierten Teil sind dann die Fragen geregelt, die sich ergeben, wenn die Verfassung in Kraft tritt und damit gleichzeitig der EG-Vertrag und der EU-Vertrag nicht mehr gültig sind. Daher bezieht sich dieser Teil vorwiegend auf die rechtstechnische Umsetzung der Verfassung. Allerdings enthält der Teil IV auch Bestimmungen, denen zufolge es in Zukunft leichter wäre, den Abschnitt des Teils III der Verfassung, der die internen Politikbereiche beschreibt, zu ändern, sodass nicht immer Vertragsänderungen durchgeführt werden müssten, die in allen Mitgliedstaaten der Ratifizierung bedürfen. Außerdem soll der Europäische Rat einstimmig beschließen können, dass in einem Politikbereich oder auch in einem Einzelfall in Zukunft Beschlüsse mit Mehrheit (also nicht mehr einstimmig) gefasst werden können. Auch dies wird in einigen Mitgliedstaaten kritisiert.

Europäischer Hürdenlauf: Die Ratifizierung der Verfassung

Bevor die Verfassung aber Gültigkeit erlangen kann, muss sie in allen Mitgliedstaaten die politische Zustimmung erhalten, also ratifiziert werden. Diese Ratifizierung, die auch für andere Verträge, z. B. Beitrittsverträge mit neuen Mitgliedern, nötig ist, wird anhand der nationalen Vorschriften durchgeführt – sei es durch eine Abstimmung im Parlament, sei es durch ein Votum der Bevölkerung. 18 der 27 Mitgliedsländer haben die Verfassung bereits ratifiziert, darunter auch die Bundesrepublik Deutschland. Bulgarien und Rumänien haben dem Verfassungsvertrag bereits vor ihrem Beitritt in die EU die Zustimmung erteilt.

Im Jahr 2005 ist diese Ratifizierung jedoch in Frankreich und in den Niederlanden in Referenden gescheitert. Dadurch hat die Europäische Union in ihrem Prozess der Neustrukturierung einen herben Rückschlag erlitten. Allerdings sind die Gründe für die Ablehnung der Verfassung durch die Bevölkerung in den Niederlanden und Frankreich unklar. Es gilt als wahrscheinlich, dass die Mehrheit der Wähler, die gegen die Verfassung gestimmt haben, gar nichts an diesem Vertrag auszusetzen hatten, sondern vielmehr eine allgemeine Unzufriedenheit über die EU und ihre angestrebte Zukunft zum Ausdruck gebracht haben.

Frankreich, April 2005: Plakate rufen die Bevölkerung zum „Non" gegen die Europäische Verfassung auf. Die Volksabstimmungen zur Ratifizierung der Verfassung im Juni 2005 scheitern nicht nur in Frankreich, sondern auch in den Niederlanden.

Der litauische Staatspräsident Valdas Adamkus (r.) mit dem deutschen Bundespräsidenten Horst Köhler im Oktober 2005

picture-alliance/dpa

X. DEN BLICK NACH VORNE RICHTEN

Wenn einige Länder meinen, dass sie weiter über den Verfassungsvertrag nachdenken müssen, dann sollen sie das tun. Das hat keinen Einfluss auf uns, weil wir noch immer die positiven Seiten der Mitgliedschaft sehen. Dies gilt genauso für unsere Unternehmen, denen sich ein Markt mit 450 Millionen Verbrauchern erschlossen, aber auch unsere jungen Mitbürger, denen sich eine neue Welt eröffnet hat, nicht zuletzt an den Hochschulen der anderen Mitgliedsländer. All diese positiven Erfahrungen bringen uns dazu, den Blick nach vorne zu richten.

Der litauische Staatspräsident Valdas Adamkus im Interview mit der Frankfurter Allgemeinen Zeitung im Juni 2006

Quelle: FAZ vom 17.06.2006

Der deutschen Präsidentschaft des ersten Halbjahres 2007 ist von den anderen Staaten aufgegeben worden, den Verfassungsprozess wieder flottzumachen. Dabei gilt es nicht nur, den Widerstand in den Niederlanden und in Frankreich zu überwinden. Auch in einigen anderen Staaten hält sich die Begeisterung in Grenzen. Im ersten Halbjahr 2007 soll die deutsche Präsidentschaft einen Bericht vorlegen, wie es weitergehen kann mit der Verfassung. Das Problem soll dann spätestens in der zweiten Hälfte des Jahres 2008 gelöst sein. Bis die Verfassung in Kraft tritt, gelten die bisherigen Regelungen, die letztmalig im Vertrag von Nizza Ende 2000 verändert wurden und 2003 Gültigkeit erlangten.

Union der Staaten und der Bürger

Manches in der EU ist anders als in den Nationalstaaten, zum Beispiel in Deutschland, und wirkt dadurch weniger vertraut. Man muss dabei aber berücksichtigen, dass es sich bei der EU eben nicht um einen Staat handelt, dass sie aber auch mehr ist als ein internationales Bündnis wie die Vereinten Nationen. Die EU ist eine Union der Staaten und der Bürger. Dieser Doppelcharakter drückt sich auch in den Institutionen aus. Übrigens: Wenn man sich das politische System der Bundesrepublik Deutschland genau anschaut, wird man auch viele Regelungen finden, die alles andere als einfach sind. Aber man hat das Gefühl, dass man im Prinzip weiß, wie die Willensbildung abläuft. Wenn es andererseits um die EU geht, hat man oft die Vorerwartung, diese sei sowieso unendlich kompliziert, weswegen man sich nicht bemüht, die wichtigsten Regelungen kennenzulernen.

Pakete packen für Europa: Die Kompromisssuche

Allerdings wird die Sache in Europa insofern noch unüberschaubarer, als oftmals Beschlüsse zusammengebunden werden, die eigentlich nichts miteinander zu tun haben. Das sind die sogenannten package deals, also die Paketlösungen. Dahinter steht folgende Situation: Die EU ist ein Zusammenschluss von kleinen und von großen Staaten, von sehr hoch entwickelten und wirtschaftlich weniger starken, von nordeuropäischen und von südeuropäischen, um nur einige Unterschiede zu benennen. Da gibt es nicht für jede Frage eine Lösung, die alle befriedigt. Also muss man mehrere Punkte zusammennehmen und in dem einen dem Land A entgegenkommen und im anderen dem Land B. Das kann man sich vorstellen wie ein Weihnachtspaket, in dem für jeden etwas drin ist: Für den Großvater gibt es eine Zigarre, für die Großmutter ein Buch, die Mutter bekommt ein Hörbuch, der Vater eine Musik-CD, die Tochter eine Puppe und der Sohn ein Spielzeugauto. Keiner kann mit dem Geschenk des anderen etwas anfangen, aber alle freuen sich auf das Paket.

In der europäischen Politik werden Lösungen nach demselben Prinzip gesucht. Es müssen so lange verschiedene Punkte zusammengebunden werden, bis man einen Strauß von Lösungen hat, in dem für jeden etwas dabei ist. Und so finden sich – als Beispiel – die Ausweitung der Kompetenzen des Europäischen Parlaments, die Erhöhung der Milchquote für Italien, der Ausbau des Flughafens von Lissabon und Maßnahmen des Küstenschutzes in Polen alle in einem Entscheidungspaket wieder. Der Außenstehende schüttelt da manchmal den Kopf und fragt sich, was das alles miteinander zu tun habe. Die Erklärung liegt nicht in der Sache, sondern im Prinzip: Die Europäische Union ist eine große Konsensmaschine, sie kann sich nur weiterentwickeln, wenn alle sich mit ihren Interessen berücksichtigt sehen. So kommt es zum Beispiel dazu, dass ein Land einen Vorschlag eines anderen Landes nur akzeptiert, wenn sein eigener Vorschlag zu einem anderen Thema ebenfalls akzeptiert wird. Dies macht Kompromisse nötig – und eben das Schnüren von Paketen.

www.digitalstock.de

www.digitalstock.de

Europäische Union: Große Nähe bei gefühlter Ferne

Die Europäische Union begegnet uns in unserem Leben täglich, und sie bestimmt dieses Leben mit. Darauf wurde schon hingewiesen. Erstaunlich ist, dass sie dennoch für viele Bürger, keineswegs nur in Deutschland, weit weg zu sein scheint. Viele haben den Eindruck, die EU sei irgendwie ein entferntes Land, mit dem man sich nicht beschäftigen müsse.

Hierfür gibt es sicherlich mehrere Gründe. Der erste ist durch das Vorgenannte sicherlich deutlich geworden: Die EU ist ein kompliziertes Gebilde. Sie ist in ihrer Struktur einmalig. Die EU ist ein Zusammenschluss der Staaten und der Völker. Sie ist daher in ihrem Aufbau weder einem Staat vergleichbar noch einer internationalen Organisation. Juristen behelfen sich, wenn sie etwas nicht einordnen können, gerne mit dem lateinischen „sui generis". Das heißt, die EU ist eine Organisation „eigener Art", also etwas Besonderes, das sich mit anderen bekannten Strukturen nur bedingt vergleichen lässt. Da die EU nach dem Grundsatz der Subsidiarität aufgebaut ist, werden Entscheidungen auf der niedrigstmöglichen Ebene getroffen, und die EU trifft vor allem die Entscheidungen, die für die Erfahrungswelt der Bürger am weitesten entfernt sind, auch wenn sie die Bürger am meisten beeinflussen. Zwar wird das Leben der Menschen in einem Dorf von der Geldpolitik der Europäischen Zentralbank stärker berührt als von der Aufstellung eines Denkmals für einen umstrittenen Heimatdichter. Während aber der letztgenannte Konflikt leicht zu fassen und zu verstehen ist, bleiben geldpolitische Entscheidungen auf der gesamtwirtschaftlichen Ebene für die meisten doch abstrakt. Die EU wird als oberste Ebene der staatlichen oder quasistaatlichen Organisation immer weiter vom Bürger entfernt sein als die eigene Wohngemeinde, das Bundesland oder auch der Nationalstaat.

FreeLens pool/Martin Egbert

‹ Im Europäischen Parlament arbeiten unzählige Dolmetscher, die alles Gesagte simultan in andere Amtssprachen übersetzen.

› Eine Anzeigetafel im Parlament informiert über die Funkkanäle der verschiedenen Übersetzungssprachen.

Hinzu kommt, zweitens, dass Europa nicht mit einer Zunge spricht. Nach dem Beitritt von Rumänien und Bulgarien im Jahr 2007 hat die EU 23 Amtssprachen, einschließlich Maltesisch und Irisch (Gälisch). Nur die Belgier, die zu Hause Französisch, Niederländisch und Deutsch sprechen, die Luxemburger, die Deutsch und Französisch so fließend beherrschen, dass sie darauf verzichtet haben, Luxemburgisch zur offiziellen Sprache zu machen, die Österreicher, die Deutsch sprechen, und die Zyprer, deren Muttersprache Griechisch ist, haben keine eigene Sprache in die EU eingebracht. Alle rechtlich bedeutenden Dokumente werden in alle Amtssprachen übersetzt, im Europäischen Parlament werden alle Sprachen gesprochen genauso wie beim Europäischen Rat.

In der Europäischen Kommission gibt es für das tägliche Miteinander drei Arbeitssprachen: Englisch, Französisch und Deutsch. Zwar setzt sich auch in der EU das Englische schleichend als Kommunikationssprache durch, aber die gemeinsame europäische Sprache gibt es nicht. Da niemand 23 Sprachen beherrschen kann, schafft das auch ein Stück Distanz zwischen den Bürgern und Europa, auch wenn es andererseits Nähe dadurch herstellt, dass sich jeder in seiner Muttersprache an die Organe der EU wenden kann und auch in dieser Sprache (früher oder später) eine Antwort erhält.

photothek.net/Thomas Koehler

Der dritte Grund für mangelnde Nähe ist die relative Unbekanntheit der europäischen Politiker. Während die nationalen Politiker doch den allermeisten Bürgerinnen und Bürgern vertraut sind, weil diese auch regelmäßig in den Medien – von der Talkshow bis zur Zeitungskolumne – zu Wort kommen, sind die europäischen Politiker kaum zu sehen. Hier spielt natürlich wieder die Sprache eine Rolle, aber auch die Größe der Union – und ihre Struktur. Wenn es die Verbesserungen der Verfassung gäbe – einen Präsidenten des Europäischen Rates für zweieinhalb oder fünf Jahre, einen europäischen Außenminister –, wenn der Präsident der Europäischen Kommission vom Parlament gewählt würde und die Parteien mit ihren Kandidaten werben würden, wäre dies vielleicht anders.

Auch die Europaabgeordneten sind kaum sichtbar. Kein Wunder: Auf die Bundesrepublik Deutschland entfallen 99 Mitglieder des Europaparlaments. Die Europaparlamentarier sind von Montag bis Freitag entweder zu Ausschusssitzungen in Brüssel oder zu Plenarsitzungen in Straßburg. Sie haben für die Arbeit in ihren zum Teil sehr großen Wahlkreisen also nur das Wochenende, an dem man sich aber auch erholen und vielleicht einmal um die Familie kümmern sollte. Zum Vergleich: Im Deutschen Bundestag sitzen rund 600 Abgeordnete, die sich die Wahlkreisarbeit in Deutschland teilen können.

Dass die EU entfernter von den Bürgern wirkt, dass es schwerer ist, eine(n) Europaabgeordnete(n) auf der Straße zu treffen als ein Mitglied des Deutschen Bundestages, sollte daher nicht zu dem Trugschluss verleiten, die EU sei für die Bürgerinnen und Bürger in den Mitgliedsländern nicht so bedeutsam. Von der Wirkung her ist die EU nämlich ganz nah am Bürger.

XI. DER TAG EINES EUROPAABGEORDNETEN

Frage: Wie sieht ein Arbeitstag im Leben des Europaabgeordneten Matthias Groote aus?

Ein Arbeitstag in Brüssel beginnt um 6.45 Uhr, wenn der Wecker klingelt. Ab 7.45 Uhr bin ich dann im Parlament. Nach dem Frühstück in der Kantine geht es dann an den Schreibtisch, um Post zu beantworten, Arbeitsdokumente zu lesen, Telefonate zu führen und mit den Mitarbeitern den Tagesablauf zu besprechen.

In Ausschusswochen stehen zum Beispiel ab 10.00 Uhr Abstimmungen auf der Tagesordnung. Oft tagt auch die Gruppe der 23 SPD-Abgeordneten im Europäischen Parlament in den Mittagsstunden, um sich über aktuelle Themen und Entwicklungen auszutauschen. Es folgen wieder Ausschusssitzungen. Am Ende des Tages schließe ich mich noch mit meinen Mitarbeitern im Wahlkreis und in Brüssel über die laufenden Dossiers kurz.

Auszug aus einem Interview mit dem Europaabgeordneten Matthias Groote

Quelle: www.spd-europa.de/index.php?news_id=5&pageId=23&sstr=>

Europäisches Parlament, Informationsbüro für Deutschland

KAPITEL 5

Illustration: Martin Haußmann

Die EU unterstützt und ergänzt die Politik der Mitgliedstaaten, aber sie

Europäische Union – Was macht die eigentlich?

Die Vorurteile über die Europäische Union sind sehr unterschiedlich. Während die einen sagen, die EU tue ja nichts und sei deshalb auch zu nichts nutze, sagen die anderen, die EU ziehe alles an sich und wolle alles regeln.

Beide Auffassungen sind falsch. In diesem Kapitel werden die wichtigsten Politikbereiche der Europäischen Union skizziert. Dabei wird auch deutlich, wofür die Europäische Union Geld ausgibt, und es wird dargestellt, wie sie es einnimmt. Es zeigt sich, dass sich in der Europäischen Union eine Menge tut, dass dies aber in Absprache mit den Mitgliedstaaten geschieht und nicht, um diesen das Wasser abzugraben.

ersetzt sie nicht.

DIE DREI SÄULEN DER EUROPÄISCHEN UNION

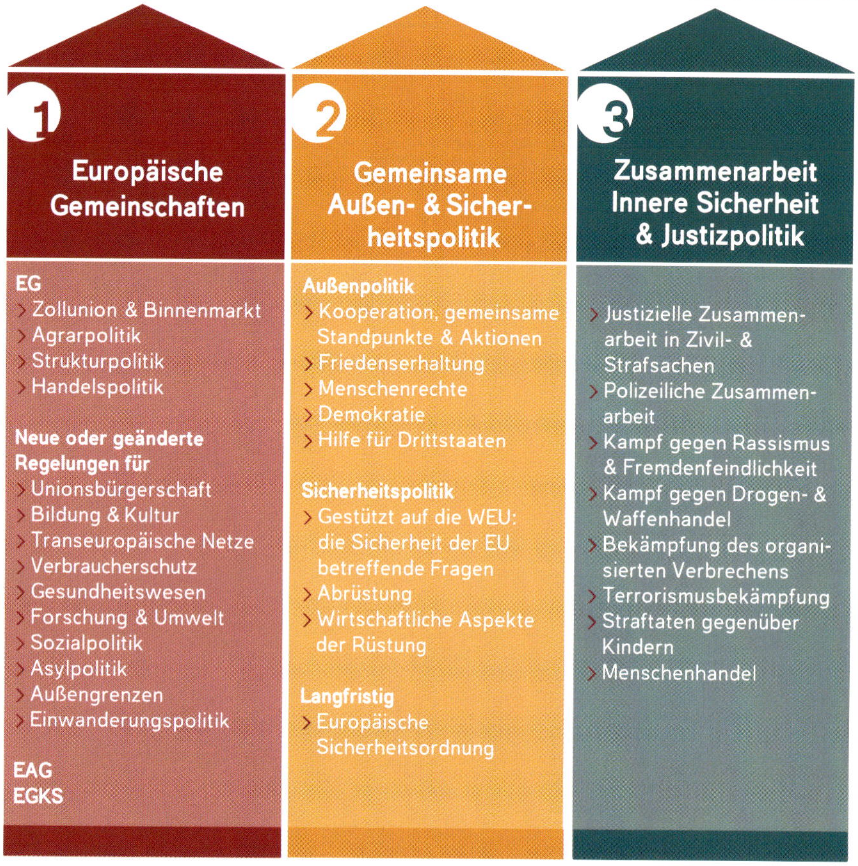

In der ersten Säule befinden sich die Europäischen Gemeinschaften. Die 1952 gegründete **EGKS** (Europäische Gemeinschaft für Kohle und Stahl) war die einzige Gemeinschaft mit einer festgelegten Laufzeit von 50 Jahren. Sie wurde 2002 aufgelöst und in die Europäischen Gemeinschaften überführt.

Bei der **EAG** handelt es sich um die Europäische Atomgemeinschaft, die die friedliche Nutzung der Kernenergie koordinieren sollte, aber nie große Wirkung entfaltet hat.

Die Teile der Rechts- und Innenpolitik, die vergemeinschaftet wurden, also nicht mehr von den Regierungen allein bestimmt werden, wurden von der dritten Säule in die erste verschoben (Asylpolitik, Schutz der Außengrenzen, Einwanderungspolitik).

Die **WEU** (Westeuropäische Union) wurde 1954 von Frankreich, Großbritannien, Belgien, den Niederlanden, Luxemburg, der Bundesrepublik Deutschland und Italien als kollektiver Beistandspakt gegründet.

Quelle: http://europa.eu.int/eur-lex/de/about/abc/abc_12.html

www.digitalstock.de

Die Tätigkeiten der Europäischen Union, man spricht von den „Politiken", unterteilen sich in drei große Felder:

› Wirtschafts- und Sozialpolitik,
› Gemeinsame Außen- und Sicherheitspolitik, die in Kapitel 6 behandelt wird, und
› Rechts- und Innenpolitik.

Diese drei Tätigkeitsfelder nennt man auch die Säulen der Europäischen Union. So kommt es, dass Politiker und Wissenschaftler immer von der ersten Säule sprechen, wenn sie die Wirtschafts- und Sozialpolitik meinen, und sich entsprechend auf die zweite Säule oder die dritte Säule beziehen.

Die Europäischen Gemeinschaften

Die erste Säule ist der Hauptstützpfeiler der EU. Das ist der Bereich der alten Europäischen Gemeinschaft. Auf den ersten Blick verwirrend ist, dass es diese Europäische Gemeinschaft noch gibt, dass sie aber seit 1993, dem Vertrag von Maastricht, durch die anderen beiden Säulen ergänzt wird. Diese drei Pfeiler zusammen tragen die Europäische Union. Rechtlich gesehen ist also die Europäische Gemeinschaft ein Teil der Europäischen Union, auch wenn wir umgangssprachlich seit 1993 nur von der EU sprechen.

Das Herzstück der Wirtschafts- und Sozialpolitik ist der Binnenmarkt, der durch die Einheitliche Europäische Akte, einen 1987 in Kraft getretenen Vertrag der Mitgliedstaaten, geschaffen wurde. Binnenmarkt heißt, dass die ganze EU ein großer und einheitlichen Regeln unterworfener Markt ist, wie wir ihn von unserem eigenen Land kennen. Innerhalb Deutschlands ist das selbstverständlich. Jeder kann in Leipzig oder in Rostock oder in Flensburg oder in München arbeiten, jeder kann wohnen, wo er will, kann seine Sachen kaufen, wo er will, und kann auch sein Geld dort anlegen, wo er möchte. Wenn also die Sparkasse in Stuttgart attraktivere Zinsen bietet als die in Kiel, kann ein Kieler Bürger sein Geld dort aufs Konto bringen. Daran sind wir alle so gewohnt, dass wir gar nicht darüber nachdenken.

Dieses Prinzip ist nun auf die ganze EU ausgeweitet. Der Binnenmarkt garantiert EU-weit die sogenannten Vier Freiheiten, also die Freizügigkeit von Arbeit (d. h. Arbeitskräften), von Kapital (also Investitionen), Waren und Dienstleistungen. Ein Deutscher kann in Frankreich ein Auto kaufen, er kann in Irland ein Reisebüro aufmachen, oder er kann nach Griechenland zum Arbeiten gehen, und er kann sein Geld in Spanien anlegen oder dort einen Kredit aufnehmen.

Das klingt sehr einfach, war aber schwierig zu erreichen. Jedes Land hat ja traditionell darauf geachtet, dass wirtschaftliche Vorteile nicht verloren gehen, hat sich selbst gegen ausländische Arbeitskräfte abgeschirmt, wollte lieber, dass die Bürgerinnen und Bürger heimische Produkte kaufen, und hat anderen Ländern mit ihren Standards nicht so richtig getraut. Ein französischer Arzt in Deutschland? Hat der überhaupt die gleiche gute Ausbildung wie bei uns? Kann eine portugiesische Firma wirklich bei uns bauen? Da waren viele Dinge zu regeln.

Bis zum Inkrafttreten des Binnenmarktes Ende 1992 wurden nahezu 280 Rechtsakte verabschiedet, um Handelshemmnisse abzuschaffen und eine Öffnung der nationalen Märkte zu erreichen. Es gibt immer noch einige Bereiche, in denen die Prinzipien des Binnenmarktes nicht voll verwirklicht sind, z. B. im Dienstleistungssektor, dessen Integration besonders wichtig für den Binnenmarkt ist und der nun durch die umstrittene Dienstleistungsrichtlinie geregelt wird. Bei der Dienstleistungsrichtlinie wurde lange um die Frage gerungen, welche Vorschriften für einen Dienstleister gelten sollen, der seine Leistungen grenzüberschreitend anbietet, also beispielsweise in Polen niedergelassen ist, aber in Deutschland seine Leis-

Karwasz / teamwork

Über die „Brücke der Freundschaft" zwischen Frankfurt /Oder und Slubice (Polen) pendeln täglich viele Menschen zu Fuß, mit dem Rad oder mit dem Auto, um in der anderen Stadt und somit im anderen Land zu arbeiten, zu studieren oder einzukaufen.

DIE VIER FREIHEITEN IM BINNENMARKT DER EU

1 Freier Personenverkehr
- Wegfall von Grenzkontrollen
- Harmonisierung der Einreise-, Asyl-, Waffen-, Drogengesetze
- Niederlassungs- und Beschäftigungsfreiheit für EG-Bürger
- Verstärkte Außenkontrolle

2 Freier Dienstleistungsverkehr
- Liberalisierung der Finanzdienste
- Harmonisierung der Banken- und Versicherungsaufsicht
- Öffnung der Transport- und Telekommunikationsmärkte

3 Freier Warenverkehr
- Wegfall von Grenzkontrollen
- Harmonisierung oder gegenseitige Anerkennung von Normen und Vorschriften
- Steuerharmonisierung

4 Freier Kapitalverkehr
- Größere Freizügigkeit für Geld- und Kapitalbewegungen
- Schritte zu einem gemeinsamen Markt für Finanzleistungen
- Liberalisierung des Wertpapierverkehrs

Quelle: Erich Schmidt Verlag, Zahlenbilder 715320

I. GÜNTER VERHEUGEN ÜBER DIE ENTBÜROKRATISIERUNG DER EU

Caro/Teich

Unsere Initiative zur Entbürokratisierung wird nicht von Bürokraten, sondern von der politischen Spitze vorangetrieben. Wir haben eine Gesetzesfolgenabschätzung für Unternehmen berücksichtigt. Zudem prüfen wir alle Maßnahmen streng nach dem Raster: Muss es wirklich eine europäische Vorschrift geben?

Quelle: Zitat der Woche der EU-Nachrichten, Nr. 30 vom 27.07.06, www.eu-kommission.de

tungen verkauft. Jetzt ist klar geregelt, dass immer die Vorschriften des Landes gelten, in dem die Leistung angeboten wird. Ein Dienstleistungsunternehmen kann also nicht dadurch einen Marktvorteil erzielen, dass es Arbeitsschutzvorschriften missachtet oder gesetzliche Mindestlöhne unterschreitet – soweit es die in der EU gibt.

Die starke Rechtsunsicherheit der Unternehmen in Bereichen, in denen keine eindeutigen EU-Vorschriften bestehen, beeinflusst die ökonomische Entwicklung negativ, da Unternehmer zurückhaltend reagieren, wenn sie die Erfolgschancen nicht einschätzen können. Bis Mitte 2006 sind etwa 1 600 Regelungen erlassen worden, um den Binnenmarkt zu schaffen.

EU: Das Diktat der Bürokraten?

An der Europäischen Union wird oft kritisiert, sie sei zu bürokratisch. Und gerade die deutsche Bundesregierung hat sich den „Bürokratieabbau" auf die Fahnen geschrieben. Nun ist es generell so, dass alle administrativen Systeme zur Bürokratie neigen, weswegen es – nicht nur auf europäischer Ebene – sinnvoll ist, von Zeit zu Zeit die Gesetze und Verordnungen danach zu durchforsten, ob sie wirklich alle nötig sind. Gegen dieses Vorhaben ist also nichts zu sagen, ganz im Gegenteil.

Ein wesentlicher Teil der Kritik an der EU ist aber ungerecht. Wer kennt nicht die Schmähungen, die EU wolle den Krümmungsgrad der Salatgurken regulieren und überhaupt alles reglementieren. Tatsächlich schreibt die EU natürlich nicht vor, wie krumm eine Gurke sein darf. Aber sie legt Handelsklassen und Anforderungen dafür fest. Dies ist auch notwendig. Nehmen wir einen Gemüsehändler in Deutschland, der in Spanien Gurken kaufen will. Der deutsche Händler kann ja nicht jede Woche nach Valencia fliegen und die Gurken persönlich auswählen. Er bestellt vielmehr nach Handelsklassen. Und er muss sich darauf verlassen können, dass eine Gurke der Handelsklasse I eine bestimmte Größe und Qualität hat. Mit Prädikaten wie „lecker", „supergut" und „exzellent" kann er zwar etwas anfangen, wenn er für das Produkt wirbt, aber nicht, wenn er woanders Waren kaufen und auf die Qualität vertrauen will. Auch die Krümmung der Gurken ist übrigens ein Qualitätsmerkmal. Je weniger gebogen eine Gurke ist, desto leichter und vollständiger lässt sie sich maschinell verarbeiten. Das spielt zwar keine Rolle, wenn man sich zu Hause einen Salat zubereitet, aber durchaus in Kantinen, Restaurants und anderen Betrieben, die Nahrungsmittel in großen Mengen verarbeiten.

Das Gleiche gilt zum Beispiel für Sicherheitsstandards. Jeder Staat will und muss seine Bürger beschützen, und zwar nicht nur gegen militärische Angriffe oder Kriminalität, sondern auch im täglichen

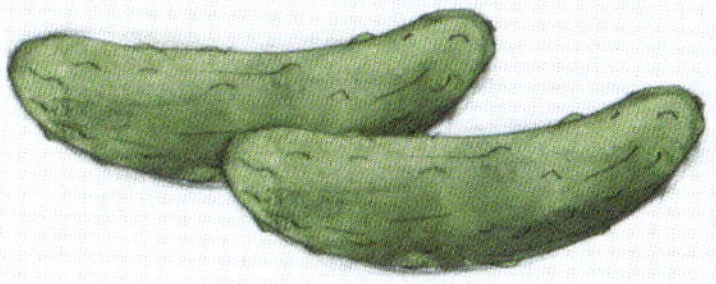

II. RUND UM DIE GURKE: DIE EUROPÄISCHE QUALITÄTSNORM FÜR GURKEN

I. BEGRIFFSBESTIMMUNG

Diese Norm gilt für Gurken der aus „Cucumis sativus L." hervorgegangenen Anbausorten zur Lieferung in frischem Zustand an den Verbraucher. Gurken für die industrielle Verarbeitung und Einlegegurken (Cornichons) fallen nicht darunter.

II. BESTIMMUNGEN BETREFFEND DIE GÜTEEIGENSCHAFTEN

Die Norm bestimmt die Güteeigenschaften, die die Gurken nach Aufbereitung und Verpackung aufweisen müssen.

A. Mindesteigenschaften

In allen Klassen müssen die Gurken vorbehaltlich besonderer Bestimmungen für jede Klasse und der zulässigen Toleranzen sein:

- ganz,
- gesund; ausgeschlossen sind Erzeugnisse mit Fäulnisbefall oder anderen Mängeln, die sie zum Verzehr ungeeignet machen,
- von frischem Aussehen,
- fest,
- sauber, praktisch frei von sichtbaren Fremdstoffen,
- praktisch frei von Schädlingen,
- praktisch frei von Schäden durch Schädlinge,
- nicht bitter (vorbehaltlich der für die Klasse II im Abschnitt „Toleranzen" zugelassenen Sonderbestimmungen),
- frei von anomaler äußerer Feuchtigkeit,
- frei von fremdem Geruch und /oder Geschmack.

Die Gurken müssen genügend entwickelt, die Kerne jedoch noch weich sein.

Der Zustand der Gurken muss so sein, dass sie

- Transport und Hantierung aushalten und
- in zufriedenstellendem Zustand am Bestimmungsort ankommen.

B. Klasseneinteilung

Gurken werden in vier nachstehend definierte Klassen eingeteilt:

i) Klasse Extra

Gurken dieser Klasse müssen von höchster Qualität sein und müssen alle sortentypischen Merkmale aufweisen. Sie müssen:

- gut entwickelt sein,
- gut geformt und praktisch gerade sein (maximale Krümmung: 10mm auf 10 cm Länge der Gurke),
- eine für die Sorte typische Färbung haben,
- frei von Fehlern sein, einschließlich aller Formfehler, insbesondere solcher, die auf die Samenentwicklung zurückzuführen sind.

ii) Klasse I

Gurken dieser Klasse müssen von guter Qualität sein. Sie müssen:

- genügend entwickelt sein,
- ziemlich gut geformt und praktisch gerade sein (maximale Krümmung: 10 mm auf 10 cm Länge der Gurke).

Sie dürfen folgende Fehler aufweisen:

- einen leichten Formfehler, der jedoch nicht auf die Samenentwicklung zurückzuführen sein darf,
- eine geringe Abweichung in der Färbung, insbesondere eine hellere Färbung des Teils der Gurke, der während des Wachstums mit dem Boden in Berührung war,
- leichte Schalenfehler, die auf Reibung, Hantierung oder niedrige Temperaturen zurückzuführen sind, sofern sie vernarbt sind und die Haltbarkeit des Erzeugnisses nicht beeinträchtigen.

iii) Klasse II

Zu dieser Klasse gehören Gurken, die nicht in die höheren Klassen eingestuft werden können, die aber den vorstehend definierten Mindesteigenschaften entsprechen. Sie dürfen jedoch folgende Fehler aufweisen:

- Formfehler, die nicht auf eine fortgeschrittene Samenentwicklung zurückzuführen sind,
- Farbfehler auf nicht mehr als einem Drittel der Oberfläche; bei Gurken aus geschütztem Anbau sind starke Farbfehler jedoch nicht zulässig,
- vernarbte Risse,
- leichte Schäden, die durch Reibung oder Hantierung entstanden sind, sofern sie die Haltbarkeit und das Aussehen der Erzeugnisse nicht wesentlich beeinträchtigen.

Gerade und leicht gebogene Gurken dürfen alle vorgenannten Fehler aufweisen.

Krumme Gurken hingegen sind nur zulässig, wenn sie außer leichten Farbfehlern keine anderen Fehler sowie keine andere Verformung als ihre Krümmung aufweisen.

Leicht gebogene Gurken können eine maximale Krümmung von 20 mm auf 10 cm Länge der Gurke aufweisen.

Krumme Gurken können eine größere Krümmung aufweisen, sie müssen getrennt aufgemacht werden.

III. BESTIMMUNGEN BETREFFEND DIE GRÖSSENSORTIERUNG

Die Größensortierung erfolgt nach dem Stückgewicht;

i) Das Mindestgewicht für Gurken aus dem Freilandanbau beträgt 180 g; das Mindestgewicht für Gurken aus geschütztem Anbau beträgt 250 g.

ii) Unter einem Schutzdach angebaute Gurken der Güteklasse Extra und I müssen u. a.

- mindestens 30 cm lang sein, wenn sie 500 g und mehr wiegen,
- mindestens 25 cm lang sein, wenn sie 250 bis 500 g wiegen.

iii) Die Größensortierung ist obligatorisch für Gurken der Klassen Extra und I. Der Gewichtsunterschied zwischen der schwersten und der leichtesten Gurke in einem Packstück darf nicht größer sein als:

- 100 g, wenn die leichteste Gurke 180 bis 400 g wiegt,
- 150 g, wenn die leichteste Gurke mindestens 400 g wiegt.

iv) Die vorstehenden Bestimmungen gelten nicht für „Kurze Gurken".

IV. BESTIMMUNGEN BETREFFEND DIE TOLERANZEN

Güte- und Größentoleranzen sind in jedem Packstück für Erzeugnisse zulässig, die nicht den Anforderungen der angegebenen Klasse genügen.

A. Gütetoleranzen

i) Klasse Extra

5 Prozent nach Anzahl Gurken, die nicht den Eigenschaften der Klasse entsprechen, die aber denen der Klasse I – in Ausnahmefällen einschließlich der Toleranzen der Klasse I – genügen.

ii) Klasse I

10 Prozent nach Anzahl Gurken, die nicht den Eigenschaften der Klasse entsprechen, die aber denen der Klasse II – in Ausnahmefällen einschließlich der Toleranzen der Klasse II – genügen.

iii) Klasse II

10 Prozent nach Anzahl Gurken, die weder den Eigenschaften der Klasse noch den Mindesteigenschaften entsprechen; ausgenommen sind jedoch Erzeugnisse mit Fäulnisbefall oder anderen Mängeln, die sie zum Verzehr ungeeignet machen. Im Rahmen dieser Toleranz dürfen höchstens 2 Prozent nach Anzahl Gurken an den Enden einen bitteren Geschmack aufweisen.

Quelle: http://europa.eu.int/eur-lex/de/consleg/pdf/1988/de_1988R1677_do_001.pdf

picture-alliance/dpa

> Die Sicherheitsstandards aller Fahrzeuge sind auf EU-Ebene vereinheitlicht. Ein italienisches Auto muss demnach genauso sicher sein wie ein tschechisches.

> Die Freizügigkeit der Arbeitskräfte macht's möglich: Spezielle Agenturen und Institutionen vermitteln Arbeitnehmer ins europäische Ausland.

˅ Das deutsche Reinheitsgebot für Bier gibt es seit 1516. Erst eine Bestimmung des EuGH von 1997 erlaubt, dass in Deutschland auch Bier verkauft werden darf, das diesem Gebot nicht entspricht.

Leben. Ein Auto, das in Deutschland fährt, soll so verkehrssicher sein, dass die Unfallgefahr gering ist und dass Unfälle, sollten sie denn geschehen, so glimpflich wie möglich abgehen. Das hat sicherlich mit der Fahrweise der Bürgerinnen und Bürger zu tun, aber eben auch mit den Sicherheitsstandards der Fahrzeuge. Wenn wir nun in der EU freien Handel haben, jeder Deutsche sich also ein französisches oder italienisches oder tschechisches Auto kaufen kann, muss man sich europaweit auf bestimmte Standards einigen.

Die EU hat eine Reihe solcher Standards entwickelt, um die Konsumenten zu schützen und die Waren im Hinblick auf ihre Sicherheit und ihren Gesundheitsschutz vergleichbar zu machen. Das „CE"-Zeichen an einem Computerbildschirm sagt beispielsweise, dass der Monitor im Hinblick auf die mögliche Strahlung die europäische Sicherheitsanforderung erfüllt. CE heißt Conformité Européenne, also Übereinstimmung mit den europäischen Normen.

www.BilderBox.com/Wodicka

Warenverkehrsfreiheit gegen faule Tricks der Marktabschottung

Nur, wenn es gemeinsame Normen und Standards gibt, kann das Prinzip der sogenannten Warenverkehrsfreiheit durchgesetzt werden. Dieser Grundsatz besagt, dass jedes Produkt, das in einem Land legal in den Verkehr gebracht worden ist, auch in allen anderen EU-Staaten verkauft werden kann. Italien könnte also nicht verhindern, dass seine Bürger deutsche Autos kaufen, indem es sagt: „Bei uns gelten andere Sicherheitsstandards, denen der deutsche Pkw nicht entspricht." Solche Regelungen, man spricht von nichttarifären Handelshemmnissen, wurden in der Vergangenheit gerne als Vorwand genutzt, um den eigenen Markt gegen ausländische Produkte zu schützen. Auch Deutschland hat das versucht und wurde dabei vom Europäischen Gerichtshof gestoppt.

In einer Grundsatzentscheidung, die schon 1979 gefällt wurde, ging es darum, dass eine deutsche Handelskette einen Johannisbeerlikör aus Frankreich importierte und verkaufte. Dieser Likör hatte einen Alkoholgehalt von 16 bis 22 Prozent. Das deutsche Branntweinmonopolgesetz – so etwas gibt es wirklich – schrieb aber vor, dass Likör einen Alkoholgehalt von 25 Prozent haben müsse. Aus diesem Grund sollte der Handelskette der Vertrieb des französischen Likörs in Deutschland verboten werden. Der Europäische Gerichtshof hat dieser Beschränkung ein Ende gesetzt und festgestellt, dass Unterschiede bei Regelungen über die Vermarktung von Produkten hingenommen werden müssten, um den freien Handel nicht zu beschädigen. Wenn die Franzosen Likör mit geringerem Alkoholgehalt „überleben", warum sollten die Deutschen das nicht? Das Urteil der europäischen Richter ging als „Cassis-de-Dijon-Entscheidung" in die Rechtsgeschichte ein – „Cassis de Dijon" heißt der Likör.

Ein anderer Streit bezog sich auch auf ein alkoholisches Getränk. Das älteste deutsche Lebensmittelgesetz ist das Reinheitsgebot für Bier aus dem Jahre 1516. Herzog Friedrich Wilhelm IV. hatte damals für alle bayerischen Städte dekretiert, dass Bier nur aus Hopfen, Malz und Wasser bestehen dürfe. Diese Bestimmung hat sich über das Deutsche Kaiserreich und die Weimarer Republik bis in die Bundesrepublik Deutschland gerettet. Ausländischen Bieren, die beispielsweise auch Gerste, Mais oder Reis enthalten, war somit der Marktzugang nach Deutschland versperrt. Der Europäische Gerichtshof hob diese Bestimmung 1997 auf. Seitdem darf der deutsche Kunde selbst entscheiden, welches Bier er trinken möchte.

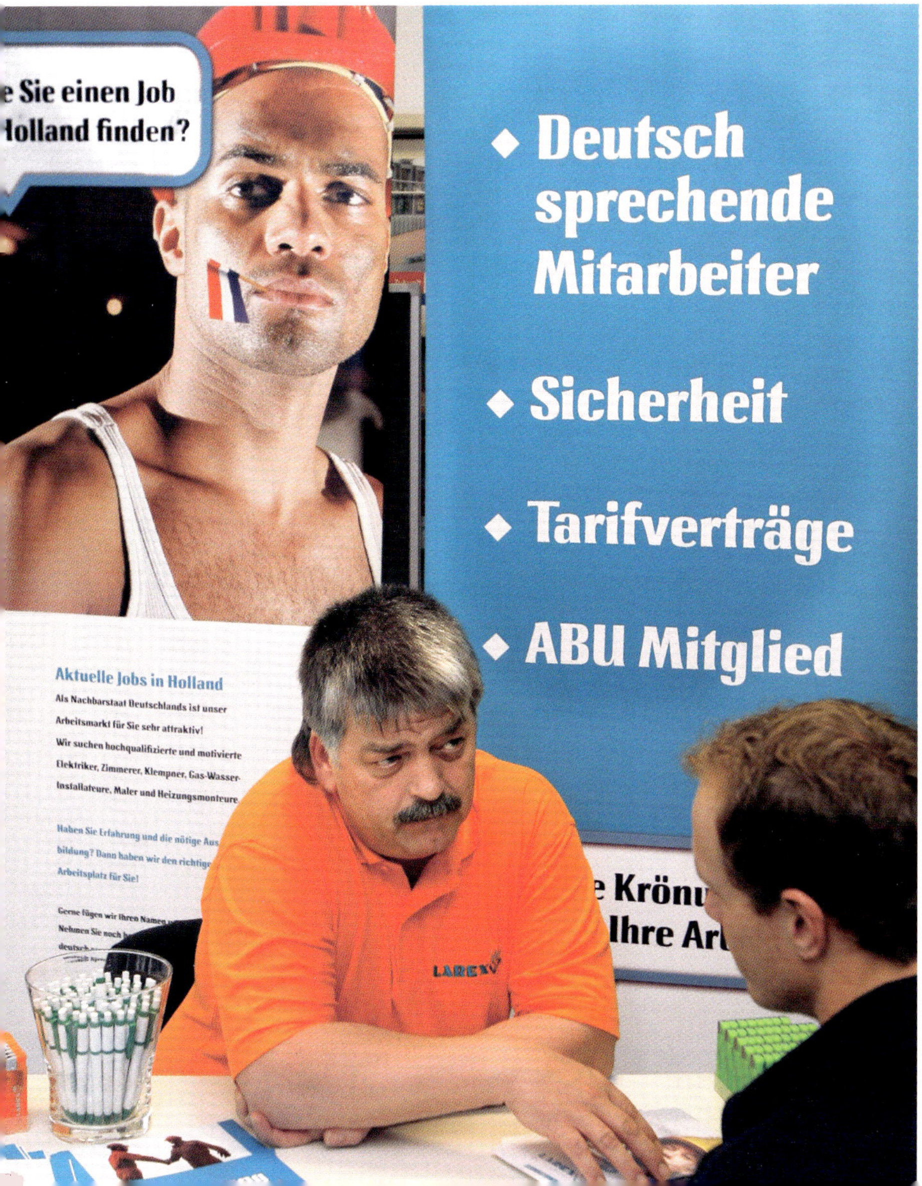

Arbeitsmarkt Europa: Die Freizügigkeit

Genau so wichtig wie die Freizügigkeit der Waren ist die der Arbeitskräfte. Jeder EU-Bürger darf überall in der EU arbeiten. Staatsangehörige der Mitgliedstaaten der Europäischen Union und des Europäischen Wirtschaftsraums brauchen keine Arbeitserlaubnis und können jeder beliebigen Beschäftigung nachgehen. Seit 2006 benötigen sie auch keine Aufenthaltserlaubnis mehr für ein anderes EU-Land. Sie müssen sich lediglich gemäß den nationalen Vorschriften anmelden.

Ob eine Italienerin also in Rom oder Berlin arbeiten möchte, ob ein Deutscher lieber in Erfurt oder in Kopenhagen beruflich tätig sein will, entscheiden die Menschen selbst. Aber diese Freizügigkeit zieht viele weitere Fragen nach sich. Nehmen wir eine junge Deutsche, die ein paar Jahre in Italien arbeitet, dann zurückkehrt nach Deutschland, anschließend in Großbritannien berufstätig ist, um sich schließlich in Portugal niederzulassen. Wenn sie sich zur Ruhe setzt, hat sie in vier Ländern in die Rentenkasse eingezahlt und in keinem Land die Mindestzahl an nötigen Arbeitsjahren erreicht, die die Rentenversicherung vorschreibt. Nur wenn sie ihre Rentenansprüche mitnehmen kann, hat sie die Möglichkeit, die Freizügigkeit wirklich in Anspruch zu nehmen. Ansonsten müsste sie sagen: Ich darf zwar in verschiedenen Ländern arbeiten, aber ich kann es mir nicht leisten, weil ich sonst im Alter mittellos sein werde.

Im Rahmen der EU ist geregelt, dass ihre Ansprüche aus den verschiedenen Ländern erhalten bleiben. Wenn unsere Beispielperson in vier Ländern gearbeitet hat, bekommt sie dort, wo sie ihren Ruhestand genießt, eine Rente, die sich aus Leistungen der vier Rentenversicherungsträger zusammensetzt. Ob sie die Rente nun von einer Stelle erhält, die die verschiedenen Ansprüche zusammenführt, oder aus verschiedenen Kassen, ist von Land zu Land unterschiedlich. Das ist für die Betroffene letztlich auch gleichgültig,

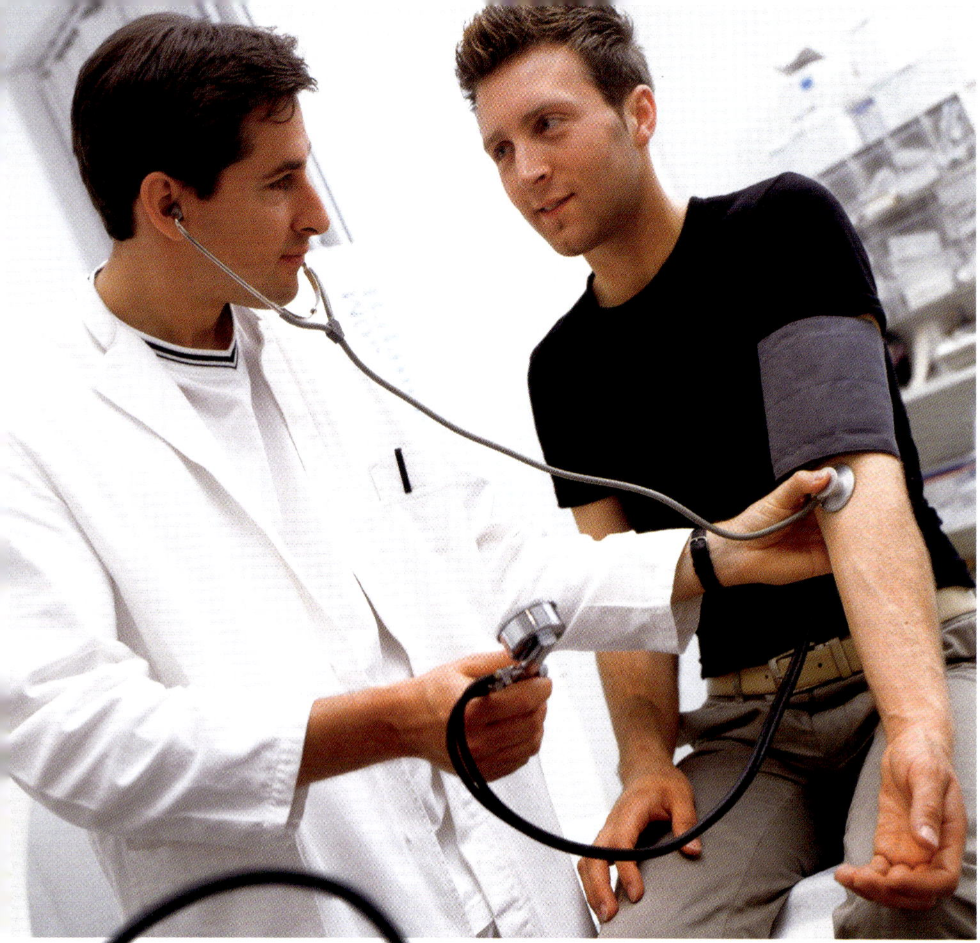

Kraus/F1 online

^ Wer im EU-Ausland arbeitet, ist auch dort sozial abgesichert, zum Beispiel im Krankheitsfall.

Hauptsache sie kann alle erworbenen Ruhestandsansprüche auch geltend machen. Den sozialen Schutz, den unsere Beispielperson ansonsten benötigt (also Krankenversicherung, Betriebsunfallschutz etc.), hat sie jeweils in dem Land, in dem sie arbeitet, nach den dort geltenden Regelungen. Nur dadurch ist es möglich, die Freizügigkeit wirklich in Anspruch zu nehmen.

Europäische Sozialpolitik

Lange Zeit war in der EU umstritten, ob die Sozialpolitik über den Schutz der „Wanderarbeiter", also der Menschen, die in einem anderen EU-Land arbeiten, hinaus eine Aufgabe der EU ist oder ob diese vollständig in der Hand der Mitgliedstaaten bleibt. Im Zusammenhang mit der Schaffung des Binnenmarktes einigte man sich jedoch darauf, dass auch die EU sich um den sozialen Schutz ihrer Bürger bemühen solle. 1989 wurde eine „Gemeinschaftscharta zum Schutz der sozialen Grundrechte der Arbeitnehmer" (Sozialcharta) verabschiedet, durch die die Europäische Kommission aufgefordert ist, neben den Mitgliedstaaten ebenfalls durch Vorschläge und Aktionsprogramme auf diesem Feld aktiv zu werden.

Schritt für Schritt gelangte die Sozialcharta, die erst einmal eine unverbindliche Empfehlung war, in den Vertrag über die Europäische Gemeinschaft. Voraussetzung war damals, dass Großbritannien, welches die Sozialcharta nicht mitgetragen hatte, nach einem Regierungswechsel seinen Widerstand aufgab. Heute heißt es im Artikel 137 des EG-Vertrags, die Gemeinschaft „unterstützt und ergänzt" die Tätigkeit der Mitgliedstaaten unter anderem auf folgenden Gebieten:

- Verbesserung der Arbeitsumwelt zum Schutz der Gesundheit und der Sicherheit der Arbeitnehmer
- Arbeitsbedingungen
- soziale Sicherheit und sozialer Schutz der Arbeitnehmer
- Schutz der Arbeitnehmer bei Beendigung des Arbeitsvertrags (also Kündigungsschutz)
- Mitbestimmung
- Chancengleichheit von Männern und Frauen und deren Gleichbehandlung am Arbeitsplatz
- Bekämpfung der sozialen Ausgrenzung und
- Modernisierung der Systeme des sozialen Schutzes.

Die Formulierung, dass die EU die Mitgliedstaaten „unterstützt und ergänzt", heißt, dass die Sozialpolitik grundsätzlich Sache der Mitgliedstaaten bleibt. Ziel der EU-Sozialpolitik ist auch nicht eine Vereinheitlichung der Regelungen, sondern die Festlegung gewisser Mindeststandards, die nicht unterschritten werden dürfen. Damit soll gewährleistet werden, dass die abhängig Beschäftigten angemessen von dem wirtschaftlichen Fortschritt der EU profitieren. Außerdem soll ein Stück Wettbewerbsgleichheit hergestellt werden. Unternehmen, die ihre Arbeitnehmer schlecht behandeln, das heißt gering bezahlen, lange arbeiten lassen und kein Geld für Arbeitssicherheit ausgeben, hätten ja niedrigere Lohnkosten und könnten so ihre Waren billiger anbieten. Sie hätten damit von der schlechten Behandlung ihrer Mitarbeiter noch einen zusätzlichen Gewinn.

Aber, wie gesagt, das bedeutet nicht, dass in Zukunft ein europäischer Einheitslohn eingeführt wird. Es gibt wirtschaftlich stärkere und schwächere Länder in der EU, und das wird auf lange Zeit so bleiben. Die schwächeren Staaten profitieren auch davon, dass bei ihnen die Löhne geringer sind als bei den führenden Wirtschaftsmächten, da sie so einen Fuß auf den europäischen Markt bekommen. Die Sozialpolitik der EU setzt dieser Entwicklung aber nach unten eine Grenze. Das ist im Interesse aller Arbeitnehmer in Europa, die einerseits vor Ausbeutung und andererseits vor unfairer Konkurrenz geschützt werden.

Ein wichtiger Grundsatz der europäischen Sozialpolitik ist, wie schon erwähnt, die Gleichheit von Männern und Frauen bei der Berufsausübung. Diese war in Deutschland bis Ende der 90er-Jahre des letzten Jahrhunderts in einem wichtigen Bereich nicht gewährleistet, nämlich bei der Bundeswehr. Dort durften außer beim Musikcorps und den Sanitätern nur Männer Dienst tun. Eine junge Elektronikerin, Tanja Kreil, wollte das nicht einsehen. Sie bewarb sich 1996 bei der Bundeswehr und wollte dort gerne im Bereich Instandhaltung tätig sein. Die Bundeswehr lehnte sie ab, weil sie eine Frau war und das Grundgesetz vorschrieb, dass Frauen der Dienst an der Waffe verboten sei. Die damals 23-Jährige ging vor Gericht. Das Verwaltungsgericht Hannover legte den Fall dem Europäischen Gerichtshof in Luxemburg vor, weil es eine Klärung herbeiführen wollte, ob diese Ungleichbehandlung mit den europäischen Standards vereinbar sei. Und der EuGH sagte „Nein!“. Im Urteil heißt es unter anderem: „Auf die Vorlagefrage ist somit zu antworten, dass die Richtlinie der Anwendung nationaler Bestimmungen entgegensteht, die wie die des deutschen Rechts Frauen allgemein vom

Classen/vario images

^ Der EG-Vertrag will die Arbeitsumwelt zum Schutz der Gesundheit und der Sicherheit der Arbeitnehmer verbessern.

III. VERBESSERUNGEN IM SOZIALEN BEREICH

Die Verwirklichung des Binnenmarktes soll allen Arbeitnehmern der Europäischen Gemeinschaft Verbesserungen im sozialen Bereich, vornehmlich hinsichtlich der Freizügigkeit, der Lebens- und Arbeitsbedingungen, des Gesundheitsschutzes und der Sicherheit in der Arbeitsumwelt, des sozialen Schutzes sowie der allgemeinen und beruflichen Bildung, bringen.

Auszug aus der Gemeinschaftscharta der sozialen Grundrechte der Arbeitnehmer, die der Europäische Rat 1989 beschlossen hat.

Quelle: www.fh-fulda.de/CuRs/normenarchiv/internationalrecht/arbeitnehmersozialegrundrechte.htm

Dienst mit der Waffe ausschließen und ihnen nur den Zugang zum Sanitäts- und Militärmusikdienst erlauben."[5] Im Januar 2000 gewann Tanja Kreil also ihren Prozess. Sie rückte dennoch nicht als erste Soldatin in die Bundeswehr ein, da sie ihre Bewerbung nicht aufrechterhielt. Aber mit dem von ihr erwirkten Urteil schrieb sie auch Rechtsgeschichte. Mittlerweile sind Frauen bei der Bundeswehr eine Selbstverständlichkeit.

Der lange Weg zur Gemeinschaftswährung

Lange Zeit wurde in der Europäischen Gemeinschaft diskutiert, ob zu einem Gemeinsamen Markt, also einer Zollunion, oder sogar einem Binnenmarkt nicht auch eine gemeinsame Währung gehören müsse. Seit Gründung der Europäischen Wirtschaftsgemeinschaft gab es Überlegungen, eine solche gemeinsame Währung zu schaffen – nicht unbedingt durch die tatsächliche Einführung eines gemeinsamen Geldes, sondern unter Umständen dadurch, dass man die verschiedenen Währungen der Mitgliedstaaten unauflösbar aneinanderkoppelt, also das Austauschverhältnis zwischen der deutschen Mark, dem französischen Franc und der italienischen Lira ein für alle Mal festschreibt. Tatsächlich wurde 1972 ein erster Versuch gestartet, die europäischen Währungen in einer „Schlange" zusammenzuhalten. Die Ölkrise 1973 und internationale Währungsturbulenzen bereiteten diesem Projekt jedoch ein schnelles Ende.

1979 wurde auf deutsche und französische Initiative ein europäisches Währungssystem geschaffen, das die Währungen zwar nicht völlig fixierte, aber eine Schwankungsbandbreite von 2,25 Prozent nach oben und nach unten festlegte. Für die Wirtschaft sind solche festen Wechselkurse ein großer Vorteil. Wenn ein deutsches Unternehmen in Großbritannien Maschinenteile kauft, die es innerhalb der nächsten zwölf Monate bezieht, wird dafür ein Preis festgelegt, mit dem das Unternehmen kalkuliert. Wenn jetzt die Teile auf einmal teurer werden, weil die Währung, in der der Preis festgelegt ist, also in unserem Beispiel das britische Pfund,

^ Rekrutinnen legen gemeinsam mit ihren männlichen Kollegen im November 2004 ihr Gelöbnis bei der Bundeswehr in Berlin ab.

IV. DIE WAFFENSCHWESTERN

Vor fünf Jahren: Erstmals Frauen in Kampfeinheiten der Bundeswehr

Tanja Kreil ist Egoistin. So nennt sie sich selbst. Die ehrgeizige Auszubildende in Anlagenelektronik will „was erreichen, meine Zukunft gestalten". Weil ihr Arbeitgeber sie Mitte der neunziger Jahre nicht übernehmen will, wirft sie sich auf den Arbeitsmarkt. Auch bei der Abteilung Waffenelektronik der Bundeswehr bewirbt sie sich. Dort landet ihre Bewerbungsmappe sofort im Papierkorb. Denn Kreil darf nicht das, was sie gerne will. Ausgerechnet das Grundgesetz verbietet ihr den gewünschten Lebensweg. „Frauen dürfen auf keinen Fall Dienst an der Waffe leisten", steht da in Artikel 12 a, Absatz 4, im zweiten Satz. Eine Frau soll Leben schenken, meinen die zumeist männlichen Politiker des deutschen Bundestages, nicht im Auftrag des Staates die Demokratie verteidigen und gegebenenfalls sogar töten dürfen. Eine Karriere als Waffenelektroniker aber setzt eine normale Soldatenlaufbahn voraus.

Kreil will sich damit nicht zufriedengeben. Die selbstbewusste junge Frau geht durch alle Instanzen. Bis zum Europäischen Gerichtshof bringt sie ihre Klage. Der entscheidet, dass das Grundgesetz gegen die Gleichstellung von Mann und Frau verstoße. Seitdem dürfen Frauen nicht nur in der teurer wird, geht die ganze Rechnung nicht auf. Die Teile kosten dann mehr als veranschlagt, dadurch wird das Endprodukt teurer und vielleicht auf dem internationalen Markt nicht mehr konkurrenzfähig. Mit festen Wechselkursen kann das nicht passieren – und mit einer gemeinsamen Währung erst recht nicht.

Trotz dieser Vorteile gelang es viele Jahre nicht, sich tatsächlich auf eine gemeinsame Währung zu einigen. Den Ausschlag gaben schließlich nicht wirtschaftliche Überlegungen, sondern politische. Nach dem Fall der Berliner Mauer zeichnete sich schnell die Vereinigung Deutschlands ab. Damit wurde Deutschland der weitaus größte EU-Staat. Der Abstand zum nächstgrößten, nämlich Frankreich, betrug und beträgt immer noch mehr Einwohner, als Belgien, die Niederlande und Luxemburg gemeinsam haben. Bei den europäischen Partnern löste diese Tatsache nicht nur Freude aus, denn das größte Land verfügte auch über die stärkste Währung, die D-Mark, mit der es auf andere Staaten erheblichen Druck ausüben konnte.

Schon einen Monat nach dem Mauerfall kam man im Dezember 1989 bei einem Gipfel der EG-Staats- und Regierungschefs überein, nun mit der gemeinsamen Währung Ernst zu machen. Dafür sprachen viele wirtschaftliche Überlegungen, aber auch der Wunsch, das große Deutschland fest in den europäischen Verbund zu integrieren. Die damalige Bundesregierung unter Helmut Kohl sowie die überwältigende Mehrheit des Deutschen Bundestages hat diesen Zusammenhang klar gesehen und auch aus politischen Gründen der Währungsunion zugestimmt.

Mit dem 1993 in Kraft getretenen (aber bereits 1991 ausgehandelten) Vertrag von Maastricht war es dann so weit. Der Euro wurde geschaffen. Am 1. Januar 1999 wurde er die Gemeinschaftswährung von damals elf Staaten: Italien, Deutschland und Frankreich, Belgien, Niederlande und Luxemburg, Irland, Spanien und Portugal, Österreich und Finnland. Die Situation war in mehrfacher Hinsicht einmalig. Nicht nur, dass es nie zuvor so eine große Währungsunion gegeben hatte – eine kleine bestand schon zwischen Belgien und Luxemburg –, man konnte das neue Geld auch nicht anfassen. Zwar wurden die Konten in Euro geführt, zwar fand der Aktienhandel in Euro statt, aber es gab noch keine Scheine und Münzen. Die wurden erst am 1. Januar 2002 eingeführt. Vorher wurden noch die nationalen Währungen benutzt, die aber nur ein anderer Ausdruck der neuen Gemeinschaftswährung waren. Man hatte also ein Zweimarkstück in der Hand, rechtlich war das aber ein Euro (ganz genau waren es ein Euro und zwei Cent). Viele Menschen sind in den ersten Stunden des neuen Jahres 2002 von der Silvesterfeier direkt zu einem Geldautomaten gegangen, um die ersten Euroscheine ihres Lebens in Empfang zu nehmen.

Bis zum Zeitpunkt der Bargeldeinführung des Euro war auch Griechenland zur Eurogruppe gestoßen. Und seit dem 1. Januar 2007 hat die Eurogruppe mit Slowenien ein 13. Mitglied.

Sanitätsabteilung der Bundeswehr Verbände wechseln oder in der Militärkapelle spielen, wie es bereits seit 1975 nach einer Initiative von Verteidigungsminister Georg Leber (SPD) der Fall gewesen war. Seitdem dürfen sie auch Dienst an der Waffe leisten. Nun lautet der entsprechende Satz im Artikel 12 a des Grundgesetzes: „Frauen dürfen auf keinen Fall zum Dienst an der Waffe verpflichtet werden“ – ein Satz, der seinerseits wehrpflichtige Männer an der Gleichstellung von Mann und Frau zweifeln lässt.

So oder so: Am 2. Januar 2001 meldeten sich die ersten Frauen zur Offizierslaufbahn an.

Die Ironie der Geschichte will, dass Tanja Kreil nie zur Abteilung Waffenelektronik stößt. Als sie gewonnen hat, will sie gar nicht mehr zur Bundeswehr. Sie hat längst in einem anderen Unternehmen einen lukrativen Job gefunden.

Quelle: „Stichtag“: 2. Januar 2006, Kalenderblatt des Westdeutschen Rundfunks, www.wdr.de

^ Sonderbriefmarke der Deutschen Post zur Einführung des Euro im Januar 2002

Archiv space5/Kathrin Härtlein

V. NUR SO GELANGT MAN IN DEN EURO-RAUM: DIE STABILITÄTSKRITERIEN

Preisstabilität
Der Vertrag bestimmt: „[Die] Erreichung eines hohen Grades an Preisstabilität [wird] ersichtlich aus einer Inflationsrate, die der Inflationsrate jener – höchstens drei – Mitgliedstaaten nahekommt, die auf dem Gebiet der Preisstabilität das beste Ergebnis erzielt haben."

Konkret bedeutet dies, dass die Inflationsrate eines gegebenen Mitgliedstaats nicht um mehr als 1,5 Prozentpunkte über der Inflationsrate der drei Mitgliedstaaten liegen darf, die in dem Jahr vor der Prüfung der Lage des Mitgliedstaats auf dem Gebiet der Preisstabilität das beste Ergebnis erzielt haben.

Finanzlage der öffentlichen Hand
Der Vertrag legt fest: „Eine auf Dauer tragbare Finanzlage der öffentlichen Hand [wird] ersichtlich aus einer öffentlichen Haushaltslage ohne übermäßiges Defizit ..."
In der Praxis prüft die Kommission bei der Ausarbeitung ihrer jährlichen Empfehlung an den Rat der Finanzminister die Einhaltung der Haushaltsdisziplin anhand von zwei Referenzwerten:

> Das jährliche öffentliche Defizit: Das Verhältnis des jährlichen öffentlichen Defizits zum Bruttoinlandsprodukt (BIP) darf am Ende des vorausgehenden Haushaltsjahres 3 Prozent nicht überschreiten, es sei denn, dass entweder das Verhältnis erheblich und laufend zurückgegangen ist und einen Wert in der Nähe von 3 Prozent erreicht hat (Tendenz gemäß Artikel 104 Absatz 2) oder der Referenzwert nur ausnahmsweise und vorübergehend überschritten wird und das Verhältnis in der Nähe von 3 Prozent bleibt.

> Der öffentliche Schuldenstand: Das Verhältnis des öffentlichen Schuldenstands zum BIP darf am Ende des vorausgehenden Haushaltsjahres 60 Prozent nicht überschreiten, es sei denn, dass das Verhältnis hinreichend rückläufig ist und sich rasch genug dem Wert von 60 Prozent nähert (Tendenz gemäß Artikel 104 Absatz 2).

Wechselkurs
Der Vertrag sieht vor: „Einhaltung der normalen Bandbreiten des Wechselkursmechanismus des europäischen Wechselkurssystems seit mindestens zwei Jahren ohne Abwertung gegenüber der Währung eines anderen Mitgliedstaats."

Der Mitgliedstaat muss in den letzten zwei Jahren vor der Prüfung seiner Lage am Wechselkursmechanismus des Europäischen Währungssystems teilgenommen und die normalen Bandbreiten ohne starke Spannungen eingehalten haben. Außerdem darf der Mitgliedstaat seine Währung (d. h. den bilateralen Leitkurs seiner Währung gegenüber der Währung eines anderen Mitgliedstaats) innerhalb des gleichen Zeitraums nicht von sich aus abgewertet haben. Seit dem Übergang zur dritten Stufe der WWU [1] ist das Währungssystem durch den neuen Wechselkursmechanismus (WKM 2 [2]) ersetzt worden.

Langfristige Zinssätze
Der Vertrag legt fest: „[Die] Dauerhaftigkeit der von dem Mitgliedstaat erreichten Konvergenz [...] [kommt] im Niveau der langfristigen Zinssätze zum Ausdruck."

In der Praxis dürfen die langfristigen Nominalzinssätze um nicht mehr als 2 Prozentpunkte über dem entsprechenden Satz in jenen – höchstens drei – Mitgliedstaaten liegen, die auf dem Gebiet der Preisstabilität das beste Ergebnis erzielt haben (und die somit denen entsprechen, an denen sich das Kriterium der Preisstabilität ausrichtet). Dabei wird der Zeitraum von einem Jahr vor der Prüfung der Lage des Mitgliedstaats zugrunde gelegt.

Quelle: Tätigkeitsbereiche der Europäischen Union – Zusammenfassung der Gesetzgebung, http://europa.eu/scadplus/leg/de/lvb/l25014.htm

1 Die dritte Stufe der Wirtschafts- und Währungsunion (WWU) bezeichnet die Einführung des Euro als Gemeinschaftswährung.
2 Der Wechselkursmechanismus 2 (WKM 2) regelt das Verhältnis zwischen dem Euro und anderen Währungen von EU-Mitgliedstaaten, wie dem zyprischen Pfund, dem litauischen Litas oder der dänischen Krone. Die Währungen dürfen nur um 2,25 Prozent nach oben oder unten schwanken. Der WKM 2 ist eine Vorbereitung auf die Einführung des Euro. Jedes Land, das den Euro übernehmen will, muss zwei Jahre lang dem WKM 2 angehört haben.

Auch andere EU-Staaten wollen den Euro übernehmen. Dazu müssen sie aber einige Kriterien erfüllen, durch die sichergestellt werden soll, dass die Länder die nötige Währungsstabilität aufweisen. Der Antrag Litauens, auch zum 1. Januar 2007 den Euro einführen zu dürfen, wurde abgelehnt, weil der baltische Staat noch nicht alle Kriterien vollständig einhalten konnte.

Der auf Druck Deutschlands zustande gekommene Stabilitätspakt, der das regelt und der Teil der Euro-Gesetzgebung ist, legt auch fest, dass die Mitgliedsländer die Kriterien nach dem Beitritt zum Euro-Raum weiterhin erfüllen müssen. Leider war es gerade Deutschland, das dann über mehrere Jahre hinweg die Regeln verletzte, indem es eine zu hohe Staatsverschuldung aufwies. Erst als die Europäische Kommission drohte, ein Strafverfahren gegen Deutschland einzuleiten, das zu hohen Zahlungen hätte führen können, änderte sich die deutsche Haushaltspolitik. Die Verletzung der Stabilitätskriterien tat weder dem Stabilitätspakt noch dem Ansehen Deutschlands gut. Letztendlich hat sich aber in diesem wie in anderen Fällen, die es durchaus gab und gibt, das Stabilitätsdenken durchgesetzt. Insofern hat der Stabilitätspakt eine positive Wirkung auf die Teilnehmerländer des Euro.

13 der 27 Länder haben also zum 1. Januar 2007 den Euro als gemeinsame Währung. Elf weitere Länder wollen ihn früher oder später ebenfalls einführen. Lediglich für Großbritannien und Dänemark gibt es Ausnahmeregelungen, die es ihnen gestatten, außerhalb des Währungsverbundes zu bleiben. Die dänische Bevölkerung hatte den Vertrag von Maastricht damals in einem Referendum abgelehnt, und auch Großbritannien wollte dem Zwang zu einer Währungsunion nicht zustimmen. Daher wurde für die beiden Länder die sogenannte Opt-out-Klausel in den Vertrag genommen, die kurz gefasst sagt, dass die Briten und die Dänen in die Währungsunion eintreten

können, es aber nicht müssen. Für Schweden gibt es zwar rechtlich eine solche Extrawurst nicht, aber das Land tut so, als habe es auch eine Ausnahmegenehmigung. Im September 2003 sprach sich die schwedische Bevölkerung in einer Volksabstimmung gegen den Euro aus. In allen drei Ländern ist die Skepsis gegenüber dem Euro nach wie vor groß. Man hat Angst, zu viel nationale Souveränität aufzugeben, wenn man nicht mehr über eine eigene Währung verfügt. Tatsächlich ist diese Eigenständigkeit allerdings – vor allem im Fall der beiden relativ kleinen skandinavischen Länder – nicht groß, da sie ihre Währungsentscheidungen sowieso am Euro ausrichten müssen. Der hat sich mittlerweile nach dem US-Dollar zur zweitwichtigsten Währung der Welt entwickelt und seine erste Bewährungsprobe beim Zusammenbruch der Aktienkurse nach den terroristischen Anschlägen vom 11. September 2001 gegen die USA schon bestanden. Vermutlich werden die Euroskeptiker in London, Kopenhagen und Stockholm handeln, wie meistens in solchen Fällen: Sie werden abwarten, wie sich die Sache entwickelt, und dann auf den Zug aufspringen.

Solange sie dies nicht tun, können sie allerdings über die gemeinsame Währung nicht mitbestimmen. Die währungspolitischen Entscheidungen, vor allem über die Menge des umlaufenden Geldes und die Höhe der Zinsen, trifft nämlich die Europäische Zentralbank, die Notenbank des Euro, die im dritten Kapitel schon näher beschrieben wurde. Der Zentralbankrat der EZB legt Zinsen und Geldumlauf fest. Und wer nicht mitmacht, kann auch nicht mitreden.

Seit der Einführung des Euro ist die Geldentwertung im Euro-Raum so niedrig wie selten zuvor in den Mitgliedsländern. Die Inflationsrate lag in den letzten Jahren immer bei etwa zwei Prozent. Das ist ziemlich genau der Wert, den die Ökonomen gerne haben wollen, weil er die Währung stabil hält, aber dennoch etwas Spielraum für monetäre Bewegungen gibt.

ANSTIEG DER VERBRAUCHERPREISE IN DEUTSCHLAND: EURO GLEICH TEURO? ANGABEN IN %

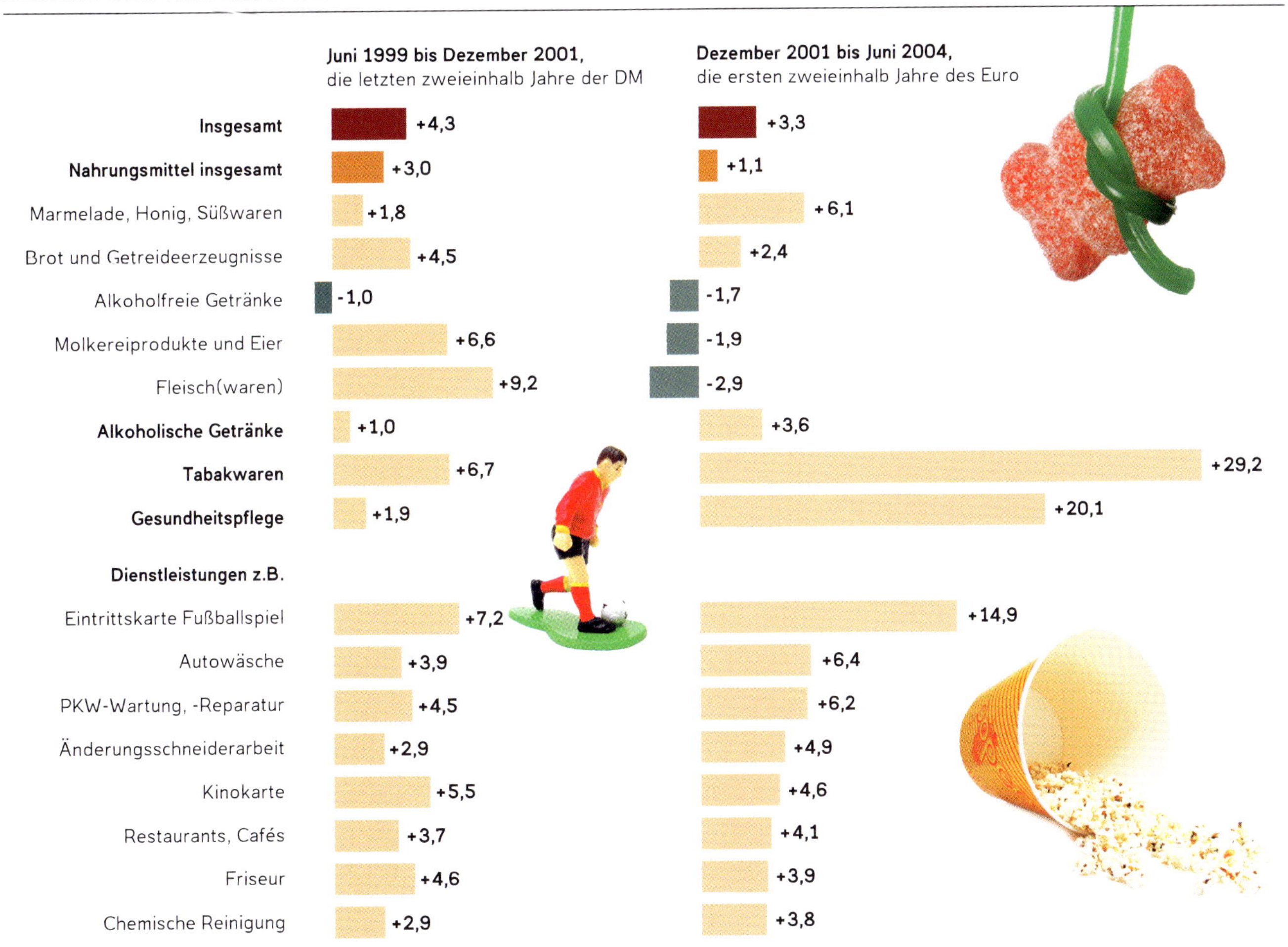

Quelle: Globus Infografik 9378 (Daten: Statistisches Bundesamt)

> Die EU-Agrarsubventionen führten zu Überproduktionen von beeindruckenden Ausmaßen. Weihnachtsbutter in der Butterabsatzzentrale in Hannover, Dezember 1984

Die europäische Landwirtschaftspolitik

Eine heftig umstrittene Politik ist die Agrarpolitik. Sie ist die älteste Gemeinschaftspolitik und wurde bereits Anfang der 60er-Jahre eingeführt. Damals sollten zwei Ziele erreicht werden: Man wollte die Bevölkerung, gerade mal 15 Jahre nach dem verheerenden Weltkrieg, ausreichend mit Nahrungsmitteln versorgen und gleichzeitig den Landwirten ein kalkulierbares Einkommen sichern. Deshalb schirmte die damalige Europäische Wirtschaftsgemeinschaft ihren Agrarmarkt gegenüber Drittländern, also Staaten, die nicht zur EWG gehörten, ab und garantierte den Bauern gleichzeitig die Abnahme ihrer Produkte zu einem festen Preis.

Diese Marktordnungen waren und sind das Gegenteil von Marktwirtschaft. Wenn in der Marktwirtschaft ein Unternehmen ein Produkt herstellt und es dann auf dem Markt zu verkaufen sucht, muss es das Verhältnis von Angebot und Nachfrage in Rechnung stellen. Wenn nämlich das Angebot an Waren dieser Art groß ist, sinkt der Preis oder der Produzent bleibt sogar ganz auf seiner Ware sitzen. Dieses Risiko hatte die EWG den Bauern vollständig abgenommen. Was sie produzierten, wurde auch gekauft, und wenn nicht von den Verbrauchern, dann von der EWG. Diese lagerte die Produkte dann ein. So entstanden in Europa der Milchsee, der Weinsee und der Butterberg, um nur einige Beispiele zu nennen. Denn die Bauern produzierten natürlich, begünstigt durch bessere Technik und guten Dünger, so viel wie möglich und immer mehr. Für sie war das ohne Risiko. Jedes Kilogramm Rindfleisch, das sie auf den Markt brachten, wurde auch verkauft und vergrößerte ihre Einnahmen. Wenn es keiner aß, kam es ins Kühlhaus. Oder die EWG zahlte den Firmen, die mit landwirtschaftlichen Produkten handelten, eine Exportprämie, sodass diese die europäischen Nahrungsmittel billiger im Ausland verkaufen konnten.

Im Jahr 1992, 30 Jahre nachdem die ersten Marktordnungen das Licht der Welt erblickt hatten, riss die EU das Ruder herum. Die Agrarpolitik wurde reformiert. Die garantierten Preise wurden für verschiedene landwirtschaftliche Güter gesenkt oder die Abnahmeverpflichtung ganz aufgehoben. Damit die Landwirte dadurch aber wirtschaftlich nicht schlechter gestellt werden, erhalten sie seitdem Ausgleichszahlungen, die die Preissenkungen kompensieren.

Mittlerweile versucht man auch mit anderen Mitteln, die Überproduktion zu stoppen. Ein Beispiel sind die Stilllegungsprämien, die Bauern erhalten, wenn sie eine Fläche brachliegen lassen, wenn sie also nichts produzieren. Eine andere Maßnahme sind Quoten, wie es sie beispielsweise bei der Milch gibt. Egal wie viel Milch ein landwirtschaftlicher Be-

picture-alliance/dpa

trieb gewinnt, er kann sie an die Molkereien nur insoweit verkaufen, als er auch über die entsprechende Milchquote verfügt, die ihm als Teil der Quote seines Landes zugeteilt worden ist. Geht ein Bauer aufs Altenteil oder gibt aus anderen Gründen die Landwirtschaft auf, hat er zwar keine Kühe mehr, aber immer noch seine Quote. Die kann er nun an jemand anderen verkaufen oder vermieten, der zwar Kühe besitzt, aber eben nicht über eine Quote verfügt. „Sofamelker" werden diese Leute genannt, die mit der Vermarktung einer Milchquote Geld machen.

Die Bauern verdienten nach der Agrarreform von 1992 also weniger Geld über den (garantierten) Verkauf, bekamen aber eine Prämie, die den Verlust ausglich. Auch diese Prämie war an die Kennzahlen des landwirtschaftlichen Betriebs gekoppelt. Also: Wer viel produzierte, bekam viel Prämie. Die Überproduktion landwirtschaftlicher Güter konnte damit nicht gestoppt werden, sodass im Jahr 2003 eine weitere Reformphase eingeleitet worden ist. Jetzt sollen die Prämien entkoppelt werden. Das bedeutet: Ein landwirtschaftlicher Betrieb bekommt auf der Basis der Prämien, die er in den Vorjahren produktionsbezogen erhalten hatte, eine Prämie, egal was er anbaut oder züchtet. So soll verhindert werden, dass die Bauern wegen der Prämie Güter produzieren, die keiner braucht und keiner kauft. Diesen Ansatz nennt man „Entkoppelung", weil die Prämie von der Produktion abgekoppelt worden ist. Allerdings wird sie nicht vollständig durchgeführt, sondern nur zu circa 75 Prozent. Das nennt sich dann „Teilentkoppelung".

Im Einzelnen ist die Agrarpolitik wirklich kompliziert und wenig einleuchtend. Änderungen sind jedoch sehr schwer vorzunehmen. Zwar nimmt die Landwirtschaft in der EU keine herausragende Stellung ein, aber in einigen Ländern ist sie immer noch sehr wichtig. Das betrifft nicht nur die ärmeren Länder im Süden und Osten Europas, sondern auch Frankreich. Außerdem sind die Bauern politisch gut organisiert, und in manchen Staaten sind die politischen Mehrheiten knapp. Das führt dazu, dass es statt einer Reform aus einem Guss immer wieder Kompromisse gibt, die der Öffentlichkeit oftmals nicht einleuchten.

Dabei ist der Betrag, der in der EU für die Agrarpolitik ausgegeben wird, nicht unbedeutend. Fast die Hälfte des gesamten Etats der EU, rund 50 Milliarden Euro, fließt in die Landwirtschaft. Tatsächlich ist sie für den Bürger allerdings noch teurer, da die Marktordnungen die Preise für landwirtschaftliche Produkte innerhalb der EU künstlich hoch halten. Der Bürger zahlt also zweimal für die EU-Landwirtschaftspolitik, einmal, wenn er seine Steuern abführt, und das zweite Mal, wenn er ein Stück Butter kauft.

www.digitalstock.de

VI. DIE EUROPÄISCHE LANDWIRTSCHAFT

Ziel der Gemeinsamen Agrarpolitik ist die Sicherung eines angemessenen Lebensstandards der Landwirte, die Versorgung der Verbraucher mit hochwertigen Nahrungsmitteln zu vernünftigen Preisen und die Erhaltung unseres ländlichen Erbes. Inzwischen hat sich die Politik gewandelt, um den veränderten Bedürfnissen der Gesellschaft gerecht zu werden. Lebensmittelsicherheit, Schutz der Umwelt, Kosten-Leistungsverhältnis und die Nutzung von Kulturpflanzen als Energieträger sind immer stärker in den Mittelpunkt gerückt.

Auszug aus einer Internet-Publikation der Europäischen Kommission über die Gemeinsame Agrarpolitik

Quelle: http://europa.eu/pol/agr/overview_de.htm

BEDEUTUNG DER AGRAR- UND ERNÄHRUNGSWIRTSCHAFT IM EU-VERGLEICH

IN %

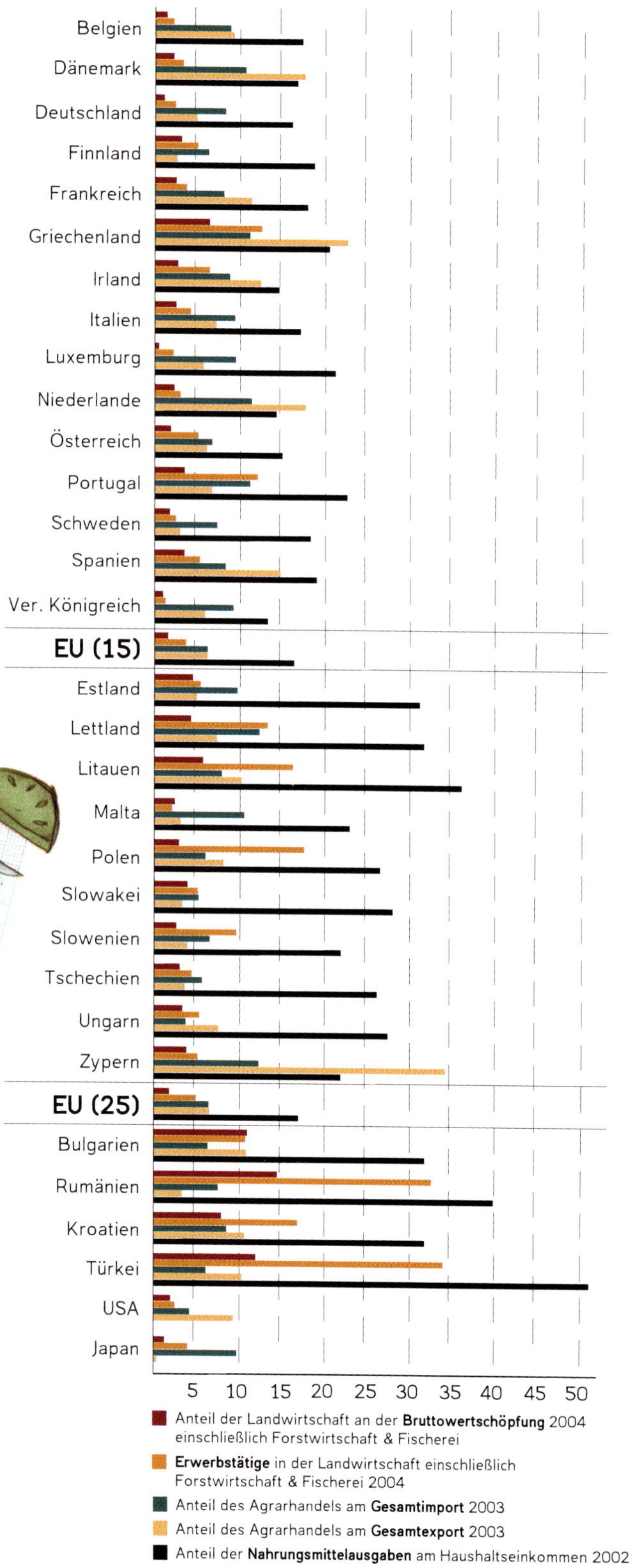

Quelle: Situationsbericht des Deutschen Bauernverbandes (Daten: Statistisches Bundesamt, Europäische Kommission), www.situationsbericht.de

Die Befürworter der EU-Agrarpolitik weisen darauf hin, dass das „europäische Modell der Landwirtschaft“ dazu führe, dass der Verbraucher Lebensmittel von hoher Qualität erhalte und gleichzeitig ein bestimmtes Landschaftsbild erhalten werde. Anders als beispielsweise in den USA gebe es bei uns keine durch Großbetriebe verursachten landschaftlichen Einöden, sondern eine abwechslungsreiche Felder- und Grünlandstruktur. Die Landwirte seien auch Landschaftspfleger, und das liege im Interesse aller.

Die Osterweiterung der EU um zehn Länder, in denen Landwirtschaft überwiegend eine noch größere Bedeutung hat als in der alten EU, erzeugt allerdings zusätzlichen Reformdruck. Denn bei dem jetzigen System bedeutet ja die Vergrößerung der Zahl der Landwirte auch eine Ausweitung der Subventionen.

Die erste Reaktion darauf war der Beschluss, die Agrarausgaben zu „deckeln“, also festzulegen, dass in den Jahren 2007 bis 2013, der nächsten Finanzplanungsperiode der EU, inflationsbereinigt nicht mehr Geld für die Landwirtschaft ausgegeben wird als in der Phase vorher. Der zweite Schritt bestand darin, den Beitrittsländern die Prämienzahlungen vorzuenthalten und erst bis 2013 Schritt für Schritt zu gewähren. Damit wurde für eine weitere Agrarreform zwar Zeit gewonnen, aber es hat eine solche Umgestaltung des Systems nicht überflüssig gemacht. Sicherlich wird das Thema nach den französischen Präsidentenwahlen 2007 wieder auf die Tagesordnung kommen, da politische Beobachter vom jetzigen Präsidenten keine Bereitschaft mehr erwarten, Kompromisse einzugehen.

> Türkische Saisonarbeiter bei der Tabakernte in Bergedorf bei Hamburg, 2003

Elleringmann/laif

Im Jahr 2010 findet auch eine andere Absurdität ihr Ende. Die EU, die sich sehr stark im Kampf gegen das Rauchen engagiert und gerade ein Werbeverbot für Tabakwaren durchgesetzt hat, subventioniert den Anbau von Tabak. Während die EU-Gesundheitspolitiker die Risiken des Tabakkonsums in den Mittelpunkt stellen, haben die Agrarpolitiker lange Zeit Tabakpflanzen genauso behandelt wie Roggen, Mais oder Oliven. Damit ist bald Schluss.

Die EU-Strukturpolitik

Der zweite große Ausgabeposten für die EU ist die Strukturpolitik, deren Ziel es ist, Wachstum und Kohäsion in der EU zu schaffen. Mit Kohäsion ist gemeint, dass die Wohlstandsschere zwischen den verschiedenen Regionen in der EU nicht auseinandergehen, sondern sich schließen soll. Deshalb wird den Regionen in Europa geholfen, die deutlich ärmer sind als der Durchschnitt der EU. Diese Regionen

WIRTSCHAFTLICHE BEDEUTUNG DER LANDWIRTSCHAFT IN DEN EU-LÄNDERN NACH ANTEIL AM BRUTTONATIONALPRODUKT UND AN DEN BESCHÄFTIGTEN, 2004 IN %

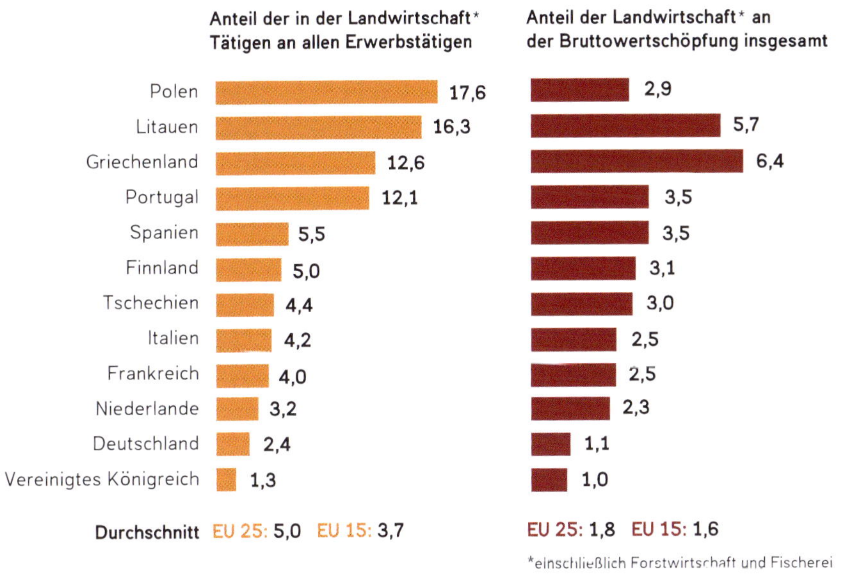

Quelle: Situationsbericht des Deutschen Bauernverbandes 2007 (Daten: Europäische Kommission), www.situationsbericht.de

VII. SUBVENTION GESTRICHEN

Tabakpflanzer in der Europäischen Union bekommen von 2010 an keine Subventionen mehr. Darauf verständigten sich die EU-Landwirtschaftsminister. Die Vereinbarung ist Teil einer umfassenden Agrarreform, nach der sich EU-Agrarbeihilfen nicht mehr an der produzierten Menge orientieren, sondern an dem Prinzip „Klasse statt Masse“. Die deutsche Agrarministerin Renate Künast begrüßte die Tabak-Regelung, vor allem im Zusammenhang mit dem Kampf gegen das Rauchen: „Das entspricht unserem gesundheitspolitischen Ziel, den Nikotin-Missbrauch zu bekämpfen.“ Das frei werdende Geld soll in die Entwicklung des ländlichen Raums investiert werden. Bislang hat die EU den Tabakbauern jährlich rund eine Milliarde Euro bezahlt. In Deutschland gibt es in dem Sektor nach Angaben des Bauernverbandes 1 025 Betriebe mit 3 500 Arbeitsplätzen und weiteren 10 000 Saisonarbeitern. Die Hauptanbaugebiete liegen in Rheinland-Pfalz und Baden-Württemberg.

Die Welt vom 23.04.2004, www.welt.de

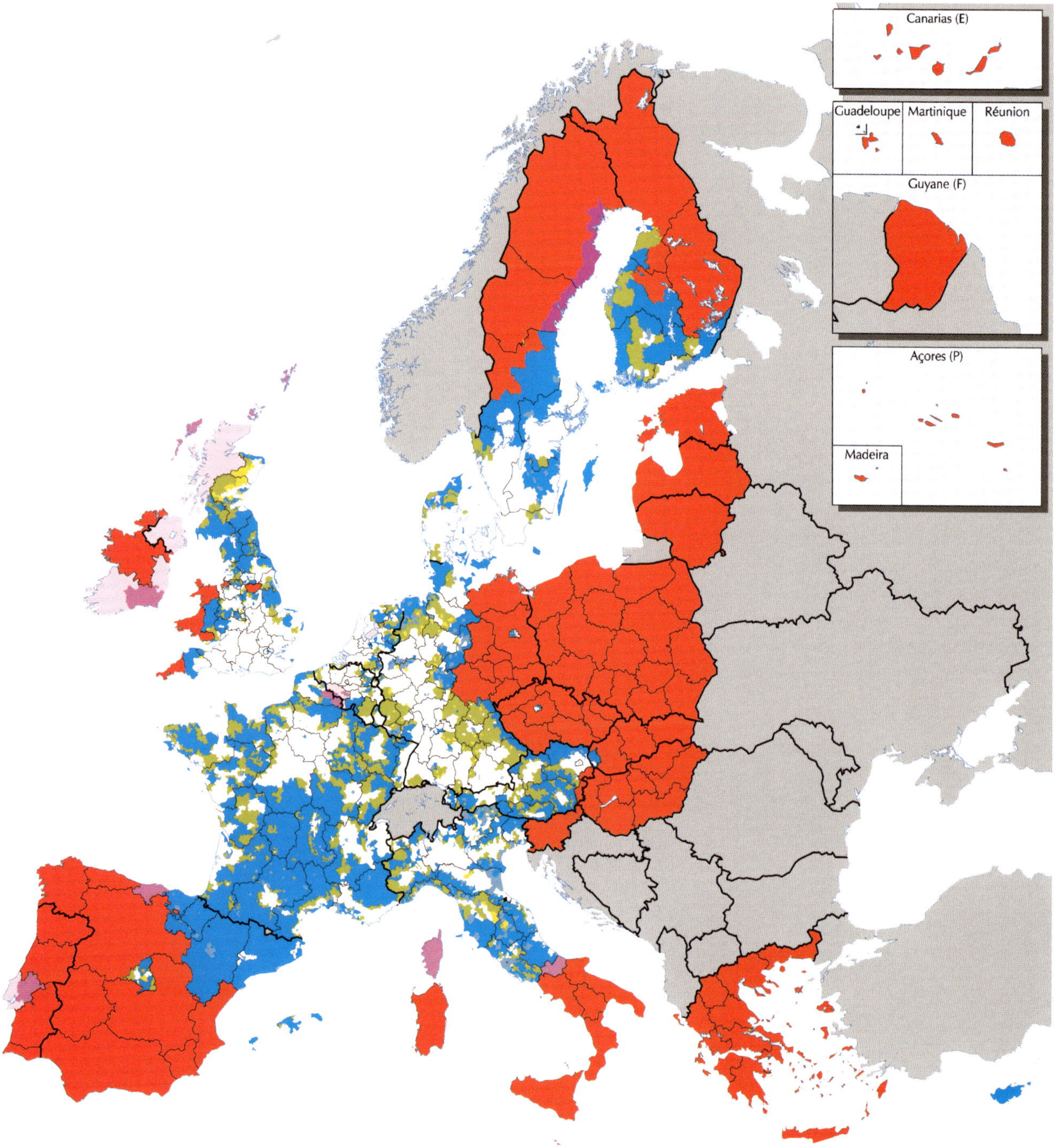

Die europäischen Strukturfonds 2004 – 2006

Ziel 1 (Gebiete mit Entwicklungsrückständen)
- Ziel 1
- Regionen mit Übergangsunterstützung (bis 31.12.2005)
- Regionen mit Übergangsunterstützung (bis 31.12.2006)
- Sonderprogramme

Ziel 2 (Gebiete in wirtschaftlicher und sozialer Umstellung)
- Ziel 2
- Ziel 2 teilweise
- Regionen mit Übergangsunterstützung (bis 31.12.2005)
- Regionen mit Übergangsunterstützung (teilweise bis 31.12.2005)

Quelle: Europäische Kommission, Juni 2006, http://ec.europa.eu/regional_policy/atlas/germany/factsheets/pdf/fact_de_de.pdf

Roemers/laif

› Die Landstraße E79 in der Nähe der Stadt Dupnitsa in Bulgarien wurde 2002 mit EU-Geldern saniert. Ein Schild informiert über das Projekt und seine Finanzierung.

werden nur aufholen können, wenn sie ein wirtschaftliches Wachstum generieren, das über dem Durchschnitt der EU liegt. Die Strukturpolitik fördert nicht ganze Mitgliedstaaten, sondern einzelne Regionen.

Sie unterscheidet drei Förderungsziele: Ziel 1 sind Regionen mit Entwicklungsrückstand, die weniger als 75 Prozent des durchschnittlichen Wohlstands der EU aufweisen. Gemessen wird mittels des Bruttoinlandsprodukts pro Einwohner. Nun sind in Europa nicht nur die Einkommen unterschiedlich, sondern auch die Preise. 1 000 Euro sind ja viel mehr wert, wenn die Miete für eine Wohnung nur 100 Euro kostet, als wenn man dafür 800 Euro aufwenden muss. Um diese Unterschiede auszugleichen, wird das Bruttoinlandsprodukt in Kaufkraftparitäten gemessen, es wird also nicht einfach der Geldbetrag verglichen, sondern das, was man im jeweiligen Land dafür kaufen kann.

Die Ziel-1-Regionen sind demnach die ärmsten Gebiete in der Europäischen Union. Bis zum Ende der laufenden Finanzperiode 2000 bis 2006 gehörten dazu auch die deutschen neuen Bundesländer, viele Regionen in Irland, Griechenland, Portugal, Spanien, Italien und die überseeischen Gebiete Frankreichs. Durch die Erweiterung 2004 verändert sich das Bild allerdings für die neue Planungsperiode ab 2007 bis 2013. Die neuen Mitgliedsländer sind mit Ausnahme von Zypern und Teilen Tschechiens und der Slowakei allesamt strukturschwach. Statistisch werden die Gebiete der alten EU durch die Beitritte der neuen insofern reicher, als der Durchschnitt sich nach unten verschiebt. So werden einige Regionen der alten EU in der nächsten Finanzperiode zugunsten der neuen Mitglieder keine oder eine geringere Förderung erhalten. Rund 70 Prozent der Strukturmittel der EU gehen in die Ziel-1-Gebiete.

Ziel 2 richtet sich an Regionen mit Strukturproblemen und soll ihnen die wirtschaftliche und soziale Umstellung ermöglichen. Dies sind beispielsweise Regionen, die sehr stark von einer Industrie dominiert werden, die in Probleme gerät oder ganz abgewickelt wird, wie das mit den Kohleregionen oder Gebieten mit viel Textilindustrie der Fall war. Diese Regionen erhalten ca. 11,5 Prozent der Mittel.

Ziel 3 adressiert nicht Regionen, sondern Probleme, nämlich die Anpassung und Modernisierung der Bildungs-, Ausbildungs- und Beschäftigungspolitiken der Mitgliedstaaten. Mit den 12,3 Prozent der Strukturmittel, die diesem Ziel zugeführt werden, sollen die EU-Länder dabei unterstützt werden, die Qualifizierung der Beschäftigten zu verbessern und die Menschen mit modernen Maßnahmen in Lohn und Brot zu bringen.

Neben diesen drei Hauptprogrammen gibt es noch einige sogenannte Gemeinschaftsinitiativen, die sich der Förderung des ländlichen Raums („Leader“), der Bekämpfung von Diskriminierungen („Equal“), der Zusammenarbeit über Grenzen hinweg („Interreg“) und der Wiederbelebung von Städten und Stadtteilen in Krisensituationen („Urban“) widmen. Gut 5 Prozent des EU-Strukturgeldes geht in diese Initiativen.

Ausgegeben wird das Geld über die Strukturfonds. Diese sind der Europäische Sozialfonds (ESF), der Europäische

picture-alliance/dpa

‹ Die Dozentin Izabela Ajdinovic unterrichtet im Gewerbeförderzentrum in Frankfurt /Oder Unternehmer und Gewerbetreibende in polnischer Sprache, November 2003. Der Kurs wird finanziell unterstützt vom Interreg-III-Programm der EU.

Fonds für Regionale Entwicklung (EFRE) und die Abteilung Ausrichtung des Europäischen Ausrichtungs- und Garantiefonds für die Landwirtschaft (EAGFL). Für die Ausrichtung der Fischerei gibt es einen eigenen Fonds.

Weiter zu nennen ist der Kohäsionsfonds. Er ist eingerichtet worden, um den wirtschaftlich schwächeren Ländern der alten EU zu helfen, die Bedingungen für die Einführung des Euro zu erfüllen. Um zu verhindern, dass die notwendigen Sparmaßnahmen, die die Kriterien des Euro-Stabilitätspakts erfordern, sich zu Lasten der Umwelt und der Verkehrsmaßnahmen auswirken, bekamen Spanien, Portugal, Griechenland und Irland diese Kohäsionsmittel. Nach der Euro-Einführung wurde der Kohäsionsfonds jedoch nicht aufgelöst. Da mittlerweile alle EU-Staaten förderfähig sind, sofern sie ein Pro-Kopf-Bruttoinlandsprodukt von weniger als 90 Prozent des EU-Durchschnitts aufweisen, sind nun auch alle zehn neuen EU-Mitglieder anspruchsberechtigt. Irland wächst allerdings mittlerweile aus dem Fonds hinaus.

In der Finanzperiode 2000 bis 2006 sind 195 Milliarden Euro für die Strukturpolitik der alten EU-Länder ausgegeben worden und weitere 40 Milliarden für die Beitrittsstaaten bzw. ab 2004 neuen Mitglieder. In der neuen Finanzperiode 2007 bis 2013 sind 308 Milliarden Euro vorgesehen. Allerdings bekommen die Mitgliedstaaten und ihre Regionen das Geld nicht einfach aufs Konto überwiesen. Sie müssen vielmehr genaue Planungen darüber vorlegen und mit der Europäischen Kommission abstimmen, was sie realisieren wollen. Außerdem müssen sie eigenes Geld beisteuern, und zwar mindestens ein Viertel, oftmals aber die Hälfte. Gleichzeitig müssen sie sicherstellen, dass das europäische Geld zusätzlich verwendet wird und nicht einfach nationale Anstrengungen ersetzt. Und schließlich berücksichtigt die EU-Strukturpolitik die Absorptionsfähigkeit der Mitgliedstaaten, das heißt, sie bekommen nur so viel Geld, wie sie auch sinnvoll einsetzen können. Die Grenze liegt bei vier Prozent des Bruttoinlandsprodukts (BIP).

Gerade die Strukturpolitik zeigt, dass die Solidarität ein Grundpfeiler der Europäischen Union ist. Das Geld, das die Mitgliedstaaten nach Brüssel überweisen, kommt ihnen – nach gemeinsam festgelegten Kriterien – wieder zugute.

Euros für Europa: Der EU-Haushalt

Insgesamt kann die Europäische Union im Jahr 2007 rund 128 Milliarden Euro ausgeben. Die tatsächliche Summe wird jedoch mindestens vier bis fünf Milliarden niedriger liegen, da nicht jede Verpflichtungsermächtigung auch zu einer Ausgabe führt. Eine Verpflichtungsermächtigung erlaubt der EU-Kommission das vorgesehene Geld auszugeben. Tatsächlich weiß man aber nicht immer genau, wie hoch eine Ausgabe ist. Projekte können billiger werden, oder es kann auch sein, dass es zu einer bestimmten Ausgabe in einem Haushaltsjahr gar nicht kommt, weil beispielsweise die Planungen noch nicht fertiggestellt waren. Deshalb liegen die Verpflichtungsermächtigungen immer höher als die schlussendlich getätigten Ausgaben.

Die beiden großen Ausgabeposten sind, wie bereits gezeigt, die Landwirtschaft (direkte Subventionen und Entwicklung des ländlichen Raums) und die Strukturpolitik (Wettbewerbsfähigkeit und Kohäsion). Die Annahme, die EU würde das meiste Geld für die Verwaltung verpulvern, ist falsch.

Die EU gibt nur das Geld aus, das sie hat. Sie darf keine Kredite aufnehmen und ist völlig schuldenfrei. Ihre Einnahmen bezieht sie aus hauptsächlich drei Quellen, die hier am Beispiel des Haushalts 2006 dargestellt werden:

DER HAUSHALT DER EU 2007

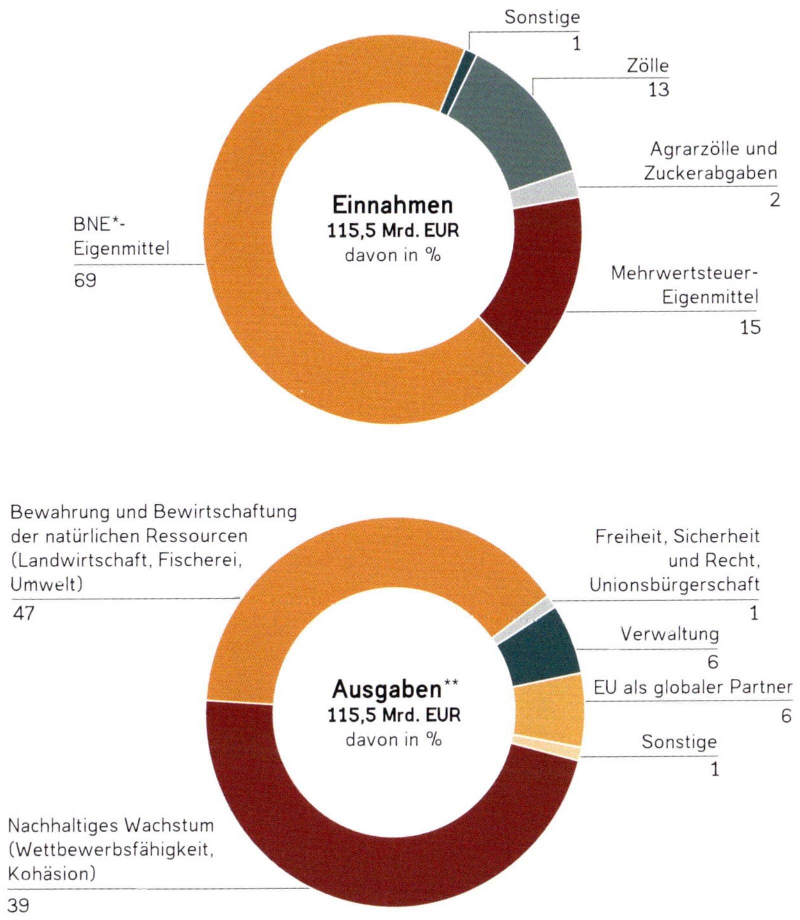

*Bruttonationaleinkommen
**Mittel für Zahlungen

Quelle: Erich Schmidt Verlag, Zahlenbilder 725250 (Daten: Europäische Kommission)

- Da sind zuerst die sogenannten traditionellen Eigenmittel, die aus den Zöllen zusammenkommen, die andere Staaten zahlen müssen, wenn sie Waren in die EU einführen. Diese Zölle machen ca. 12 Prozent der Einnahmen aus (ca. 13,44 Milliarden Euro).
- Zweitens erhält die EU einen Mehrwertsteuer-Anteil. Auf der Basis einer einheitlichen Berechnungsgrundlage bekommt die EU 0,31 Prozent der Mehrwertsteuer. Das bringt etwa 14 Prozent des Etats, in absoluten Zahlen ungefähr 15,68 Milliarden Euro.
- Der größte Brocken ist ein einheitlicher Anteil am Bruttonationaleinkommen der Mitgliedstaaten, von dem 0,73 Prozent an die EU abgeführt werden. Das macht 72 Prozent des Etats aus. In absoluten Zahlen waren das 2006 etwa 80,64 Milliarden Euro.

Zusätzlich fließen noch weitere Einnahmen in den EU-Haushalt, z. B. die Steuern der EU-Beamten oder Zahlungen von Drittstaaten, die an bestimmten Programmen teilnehmen. Diese Einnahmen summieren sich auf ca. ein Prozent (= 1,12 Milliarden Euro) genauso wie die Einnahmen aus Agrarzöllen und Zuckerabgaben.

Die Britische Premierministerin Margaret Thatcher eröffnet am 21. Mai 1984 die Wahlen zum Europäischen Parlament. Links: Sir Geoffrey Howe, damaliger Außenminister Großbritanniens.

AP/Dave Caulkin

Die Nettozahlerdebatte

Statistisch kostet die EU jeden Bürger täglich 64 Cent. In Wirklichkeit sind die Belastungen jedoch unterschiedlich, und das hat in den letzten Jahren für viel Streit gesorgt. Zum einen gibt es einen Beitragsrabatt für Großbritannien, der auf eine Entscheidung in den 80er-Jahren zurückgeht. Damals war das Vereinigte Königreich wirtschaftlich noch nicht so stark und profitierte zudem wenig von den EU-Programmen, vor allem der Agrarpolitik. Die anderen Staaten gewährten auf Drängen der damaligen Premierministerin Margaret Thatcher daher eine Ermäßigung. Ihre Forderung „I want

NETTOZAHLER UND -EMPFÄNGER IN DER EU 2005 IN MIO. EURO

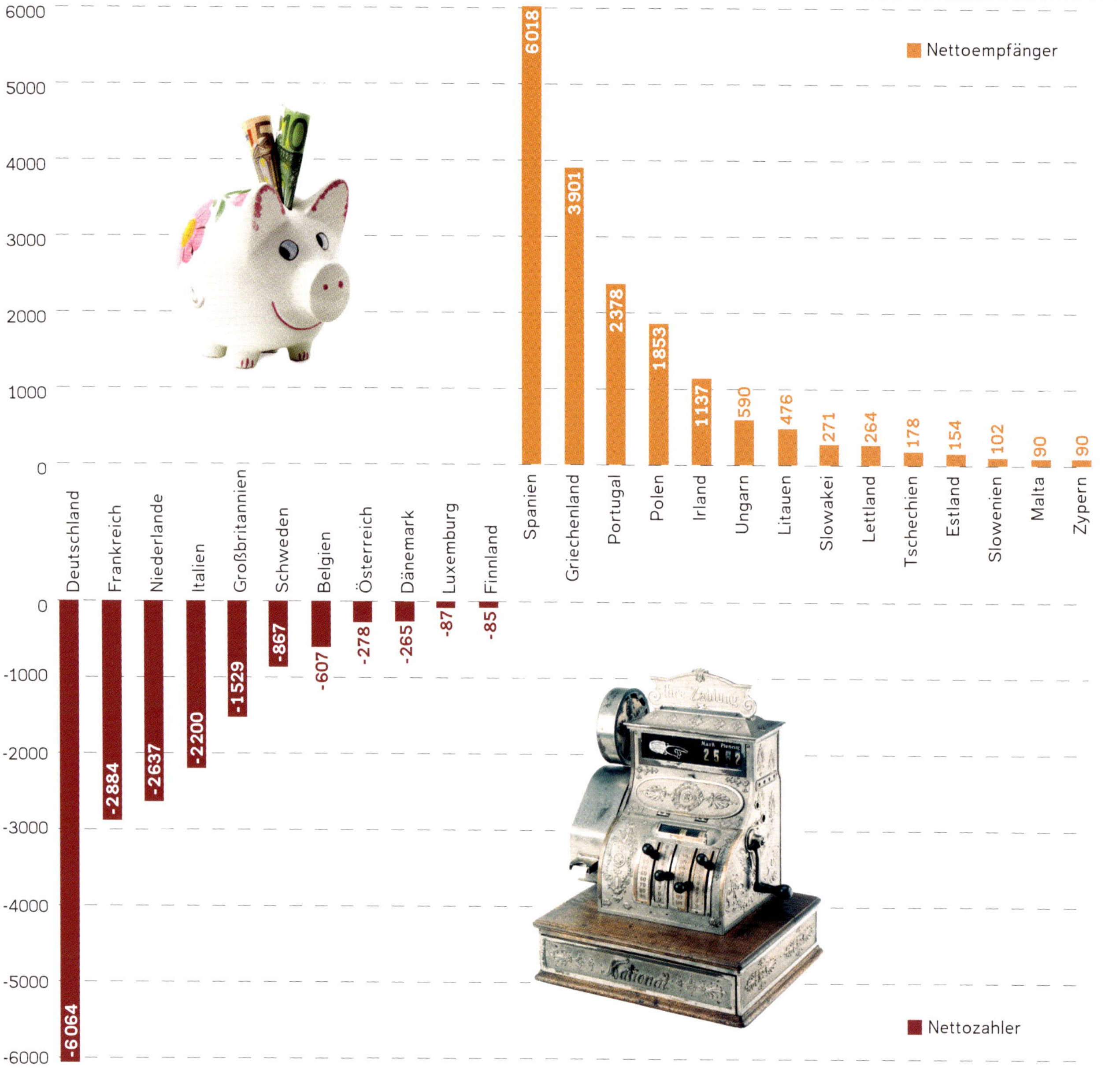

Quelle: EU-Kommission

my money back!" ist als Zitat in die EU-Geschichte eingegangen. Es ist jetzt sehr schwer und gelingt nur Stück für Stück, Großbritannien davon zu überzeugen, dass dieser Rabatt nicht mehr zeitgemäß ist.

Der große Streit im Hinblick auf die EU-Finanzen entzündet sich aber nicht an den Einnahmen, die – abgesehen von dem Britenrabatt – gerecht und gleichmäßig von allen erhoben werden, sondern an den Ausgaben. Da die EU ihre Mittel vor allem für die Landwirtschaft und die Strukturpolitik ausgibt, und zwar indem sie das Geld an die Mitgliedstaaten zurückreicht, profitieren vor allem die Staaten davon, die viel Landwirtschaft und große Strukturprobleme haben.

Während das Geld also gleichmäßig in die EU-Kasse hineinkommt, fließt es sehr ungleichmäßig wieder hinaus. Hieraus hat sich die Debatte über die Nettozahler entwickelt. Die Mitgliedstaaten haben ihren Zahlungen an die EU die Leistungen gegenübergestellt, die sie von der EU finanziert bekommen. Einige Staaten, darunter Deutschland, sind Nettozahler, sie überweisen also mehr nach Brüssel, als sie erhalten. Andere, beispielsweise Polen, erhalten mehr aus der europäischen Hauptstadt, als sie abliefern müssen, und sind somit Nettoempfänger.

Nun wäre das für eine breite Öffentlichkeit durchaus akzeptabel, wenn es dazu führte, dass die reichen Länder zahlen und die armen Staaten empfangen. So einfach ist es jedoch nicht. Dänemark, eines der reichsten Mitglieder der EU, ist beispielsweise erst seit 2001 und nur mit einem vergleichsweise kleinen Betrag Nettozahler, was mit seiner effektiven Landwirtschaft zu tun hat. Frankreich ist zwar Nettozahler, aber auch nur in einem geringeren Maße. Hier schlägt ebenfalls die Landwirtschaft, die in Frankreich eine wesentlich größere Rolle als in Deutschland spielt, zu Buche.

Das war der Grund, warum die letzten Finanzverhandlungen in der EU ausgesprochen unerfreulich verliefen und es lange dauerte, bis man zu einem Kompromiss fand. Die Staats- und Regierungschefs vereinbaren eine Finanzplanung jeweils für eine siebenjährige Periode. Die nächste Finanzielle Vorausschau beginnt 2007 und läuft bis 2013.

Diese Finanzielle Vorausschau ersetzt nicht den jährlichen Haushaltsplan, den der Rat der Europäischen Union und das Europäische Parlament gemeinsam beschließen müssen. Allerdings legen sie darin nur die Ausgaben fest, die Einnahmen sind schon vorgegeben.

Es wird immer wieder diskutiert, ob die EU nicht über eine eigene Steuer direkte Einnahmen erzielen solle. Das würde für die Bürger auch nicht teurer, da das Geld ja jetzt auch von ihnen aufgebracht wird. Es würde allerdings die Sichtbarkeit vergrößern, man wüsste, was man wofür zahlt. Eine Entscheidung über eine EU-Steuer steht zurzeit allerdings nicht auf der Tagesordnung.

FINANZIELLE VORAUSSCHAU DER EU 2007 BIS 2013 IN MRD. EURO

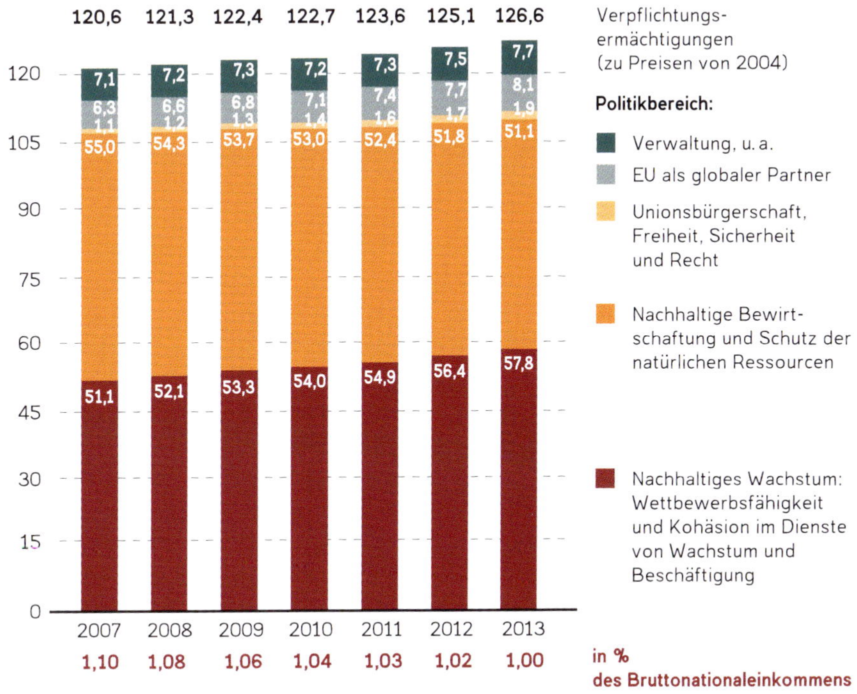

Quelle: Bundesministerium für Finanzen, Österreich, http://eu2006.bmf.gv.at

Freiheit in Sicherheit: Die Rechts- und Innenpolitik der Europäischen Union

Ein Bereich, der sich nicht stark im Haushalt niederschlägt, dennoch aber für die Europäische Union wichtig ist, ist die Zusammenarbeit im Bereich der Rechts- und Innenpolitik. Sie dient dazu, den „Raum der Freiheit, der Sicherheit und des Rechts" herzustellen, den die Europäische Union 1999 mit dem Amsterdamer Vertrag geschaffen hat. Damit ist gemeint, dass das gesamte Gebiet der Europäischen Union ein geografischer und politischer Raum ist, in dem die Bürgerinnen und Bürger sich frei bewegen und niederlassen können, denselben Rechtsschutz genießen und gegen Kriminalität und Terrorangriffe geschützt werden. Je stärker die Staaten der Europäischen Union zusammenwachsen, je mehr die Bürger in andere EU-Länder nicht nur als Touristen fahren, sondern um dort zu arbeiten, zu studieren oder einfach zu leben, je mehr EU-Bürger verschiedener Länder Geschäfte miteinander machen, sich kennenlernen, heiraten oder sich bedauerlicherweise auch wieder scheiden lassen, desto wichtiger ist es, dass die Europäische Union auch ein gemeinsamer Rechtsraum ist. Der Raum der Freiheit, der Sicherheit und des Rechts besteht, wie der etwas sperrige Name schon nahelegt, aus den drei Bereichen, die er im Titel führt.

Der Raum der Freiheit

Der Raum der Freiheit umfasst die Freizügigkeit der Bürger. Der EG-Vertrag bestimmt, „dass Personen, seien es Bürger der Union oder Staatsangehörige dritter Länder, beim Überschreiten der Binnengrenzen nicht kontrolliert werden" (Art.

62 EG-Vertrag). Franzosen oder Deutschen ist dies nicht neu. Sie konnten genauso wie Belgier, Niederländer oder auch Luxemburger bereits seit 1995 ohne Grenzkontrollen von einem dieser Länder in das andere reisen. Möglich war dies durch das Schengener Abkommen, das seit 1999 nun auch Teil des EU-Rechts ist.

Im Raum der Freiheit können nun alle Unionsbürger und auch Angehörige dritter Staaten mit Aufenthaltsgenehmigung von Sizilien bis nach Rovaniemi am Polarkreis reisen, ohne an den Landesgrenzen kontrolliert zu werden. Lediglich Großbritannien und Irland sind in diese Regelung auf eigenen Wunsch nicht eingeschlossen. Auch für die 2004 beigetretenen Mitglieder gilt „Schengen" noch nicht.

Da die Bewegung innerhalb des Schengen-Raums nicht kontrolliert wird und auch gar nicht mehr kontrolliert werden kann, weil es die Grenzkontrollstellen nicht mehr gibt, gilt ein Visum für ein Schengen-Land gleichzeitig auch für alle anderen Schengen-Staaten. Deutschland ist also gewissermaßen ein Mittelmeeranrainer, denn wer in Sizilien die EU betritt, bewegt sich damit in dem gemeinsamen Raum, zu dem auch unser Land gehört. Wenn ein französischer Konsul ein Visum für einen tunesischen Bürger ausstellt, lässt er ihn damit auch nach Berlin fahren. Genauso natürlich umgekehrt: Eine deutsche Konsulin in St. Petersburg ermöglicht durch das von ihr ausgestellte Visum auch den Besuch von Paris.

Dies bedeutet natürlich auch, dass ein Land nicht mehr im Alleingang Visumsfreiheit für die Bürger eines anderen Staates gewähren kann. Für die Bürger von Drittstaaten hat das die Einreise oftmals kompliziert. So benötigen beispielsweise Ukrainer jetzt ein Visum für Polen, Moldawier ein Visum für Rumänien. Das war vor einigen Jahren noch nicht der Fall, aber sowohl Polen als auch Rumänien haben damit die Voraussetzungen für den Beitritt zum Schengen-Raum geschaffen. Während die EU-Bürger sich über die unkontrollierte Reisefreiheit freuen, sprechen die Angehörigen von Drittstaaten gelegentlich von der „Festung Europa", die sich durch die Schengen-Regelung stärker abschotte.

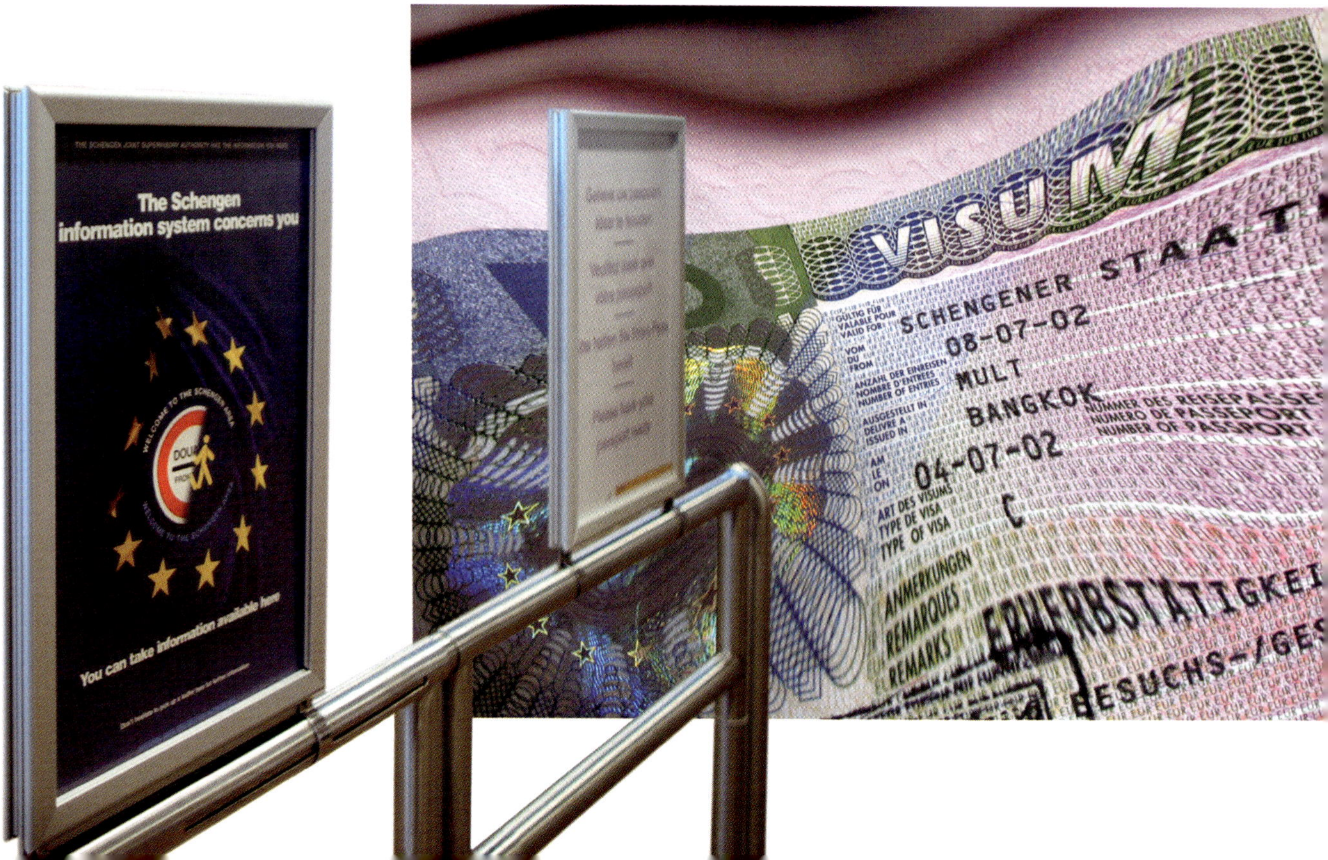

Eines für alle: Das Schengen-Visum gilt für alle Staaten, die das Schengener Abkommen unterzeichnet haben.

argus/Klaus Andrews

Ein einfaches Schild weist im Jahr 2003 Fußgänger auf die Grenze von Polen zum russischen Gebiet Kaliningrad und das Durchgangsverbot hin. Seit dem Beitritt Polens zur EU sind diese neuen Außengrenzen wesentlich stärker gesichert.

Die Unionsbürgerschaft

Seit dem Vertrag von Amsterdam 1999 gibt es die Unionsbürgerschaft der EU, die alle Angehörigen eines Mitgliedstaates zusätzlich zu ihrer nationalen Staatsbürgerschaft besitzen. Diese Unionsbürgerschaft garantiert die Freizügigkeit innerhalb der EU. Hierbei geht es um mehr als die oben beschriebene Möglichkeit, ohne Ausweiskontrolle durch Europa reisen zu können. Bei der Freizügigkeit geht es um das Recht, sich in der gesamten Europäischen Union aufhalten zu können. Dieses Recht existiert nicht nur für Touristen und Arbeitskräfte, sondern für jeden, der in einem anderen Land der EU leben möchte. Viele deutsche Ruheständler, die ihren Lebensabend auf Teneriffa oder Mallorca verbringen, wissen das zu schätzen.

Alle EU-Bürger sind in ihrem Gastland beschränkt wahlberechtigt. Bei Kommunal- und Europawahlen haben sie genauso eine Stimme wie jeder Einheimische. Lediglich bei den Wahlen zum nationalen Parlament (bei uns auch zu den Landtagen) sind sie nicht stimmberechtigt.

Wer im Ausland in Not gerät und seine Botschaft nicht erreichen kann, hat Anspruch darauf, dass jede andere Botschaft eines EU-Landes ihn unterstützt. So sind die EU-Bürger im Ausland auch dann nicht hilflos, wenn ihr eigenes Land dort keine diplomatische Vertretung unterhält.

Raum der Sicherheit

Raum der Sicherheit bedeutet vor allem die Kontrolle der Außengrenzen und den Schutz der Bürger vor Kriminalität und terroristischen Anschlägen. Der Wegfall der Kontrollen an den Binnengrenzen der EU bedingt den gemeinsamen Schutz der Außengrenzen, das heißt der Staatsgrenzen, die die EU von Nicht-EU-Staaten trennen (beispielsweise die Grenze zwischen Litauen und Weißrussland). Die Kontrollen an den EU-Außengrenzen werden nach wie vor von nationalen Grenzpolizisten vorgenommen. Diese greifen aber auf eine gemeinsame Datenbank, das Schengen-Informationssystem (SIS), zurück, in der alle zur Fahndung Ausgeschriebenen oder mit einer Einreisesperre Belegten erfasst sind.

Erst wenn die neuen Mitgliedstaaten ihre Außengrenze zuverlässig schützen können und an dieses SIS angeschlossen sind, werden auch bei Reisen zu und von ihnen die Grenzkontrollen aufgehoben. Im Verlaufe des Jahres 2008 soll es für die meisten Länder so weit sein. Die wirkliche Barriere ist dabei nicht länger der Grenzschutz der „Neuen“, der mittlerweile sehr effektiv ist. Das Problem liegt vielmehr darin, dass das neue Computerprogramm, das SIS II, nicht rechtzeitig fertig wird und installiert werden kann.

Zur Abwehr und Verfolgung von Straftaten arbeiten die Polizeibehörden der Mitgliedsländer immer stärker zusammen. Schon seit 1995 dürfen die Polizeibeamten eines EU-Staates Straftäter auch über Ländergrenzen hinweg verfolgen. Wenn also ein Bankräuber, der in Aachen eine Sparkasse überfallen hat, in die Niederlande flüchtet, kann er nicht darauf hoffen, dass die ihn verfolgende deutsche Polizei an der Grenze zu den Niederlanden stoppen und umkehren muss.

Zur Unterstützung und Koordination der Polizeiarbeit hat die EU ein Europäisches Polizeiamt geschaffen, Europol. Das ist keine Institution wie das amerikanische FBI, deren Vertreter mit gezogener Pistole eine illegale Spielhalle stürmen, aber eine Koordinierungsstelle, in der Ermittlungen und Erkenntnisse zusammengefasst werden und die die nationalen Polizeien mit Analysen und Informationen versorgt. Dabei geht es immer um Straftaten, bei denen Grenzen überschritten werden, entweder wenn die Straftat begangen wird oder bei der Flucht.

Europol ist also keine Superbehörde, die sich überall einmischt, sondern eine Unterstützung für die nationalen oder regionalen Polizeiorganisationen. Die Polizeibehörde befasst sich mit organisierter Kriminalität, Schleuserkriminalität, Menschenhandel, Straftaten gegen Kinder (einschließlich der Verbreitung von Kinderpornographie), illegalem Drogen- und Waffenhandel, Korruption und Terrorismus. Aufgebaut wurde Europol übrigens wesentlich von Jürgen Storbeck, einem Deutschen, der 1999 der erste Europol-Chef wurde. Auch sein Nachfolger, Max-Peter Ratzel, kommt aus dem Bundeskriminalamt. Der Sitz der europäischen Polizeibehörde ist in Den Haag.

Die EU hat dafür gesorgt, dass die jeweils anderen Mitgliedstaaten kein Ruheraum für Straftäter sind. Im Jahr 2002 hat sie einen Rahmenbeschluss zu einem Europäischen Haftbefehl erlassen, der von allen Mitgliedstaaten in nationales Recht umgesetzt werden sollte. Damit wird die Auslieferung von Straftätern erleichtert, die sich in einem Mitgliedsland der EU aufhalten, in einem anderen aber gesucht werden.

Das Bundesverfassungsgericht in Karlsruhe hat die deutsche Umsetzung dieses Rahmenbeschlusses im Jahr 2005 für verfassungswidrig erklärt. Geklagt hatte ein deutscher Staatsbürger syrischer Herkunft, der wegen des Verdachts des Terrorismus nach Spanien ausgeliefert werden sollte. Das Verfassungsgericht hat allerdings nicht den Rahmenbeschluss selbst kritisiert, sondern nur, was der Bundestag daraus gemacht hatte. Das deutsche Parlament sei bei der Umsetzung des Rahmenbeschlusses nicht „grundrechtschonend“ genug vorgegangen. Eine schnelle Neufassung des deutschen Gesetzes scheiterte an der 2005 erfolgten vorzeitigen Auflösung des Deutschen Bundestages.

> Wegen des Verdachts des illegalen Sprengstofftransports stoppen Sondereinsatzkräfte der Polizei am 12. April 2006 auf der A5 bei Darmstadt ein Auto und nehmen zwei Männer fest. Nach Angaben des hessischen Landeskriminalamtes in Wiesbaden hatte die europäische Polizeibehörde Europol den Hinweis auf ein Fahrzeug mit dänischem Kennzeichen gegeben, das vermutlich mit Sprengstoff unterwegs sei.

Im Übrigen bemüht man sich in der EU um eine schrittweise Angleichung der strafrechtlichen Vorschriften, um so sicherzustellen, dass ein Delikt in den verschiedenen Mitgliedstaaten gleich oder ähnlich bewertet wird. Dadurch wird die Zusammenarbeit natürlich gefördert. Ein beliebtes, von Juristen konstruiertes Beispiel in der Diskussion ist der Fall, in dem ein deutscher Mann während des Karnevals in Köln einer niederländischen Frau einen Zungenkuss aufnötigt. Nach deutschem Strafrecht ist das maximal sexuelle Belästigung, nach niederländischem Recht eine Vergewaltigung. Es ist offensichtlich, dass in solchen Fällen die Auslieferung eines Täters an einen anderen EU-Staat sehr schwierig ist. Dies gilt noch mehr für den Fall, in dem eine Tat in einem Land strafbar ist, in einem anderen aber nicht.

picture-alliance/dpa

Raum des Rechts

Die Justizbehörden haben ebenfalls eine Koordinierungsstelle, die ihre Zusammenarbeit regelt, nämlich Eurojust. Bei schweren Straftaten über Ländergrenzen hinweg fördert Eurojust die Ermittlung und die Strafverfolgung. Wenn zum Beispiel das BKA einem internationalen Drogenhändlerring auf der Spur ist, dessen Köpfe in Schweden, Spanien und Polen sitzen, und es eine gleichzeitige Festnahme dieser Personen erwirken möchte, dann wendet sich das BKA an Eurojust. Diese Behörde tritt dann an die schwedischen, spanischen und polnischen Vertreter von Eurojust heran, die ihrerseits die Verbindung zu den jeweiligen Polizeidienststellen herstellen. Der Einsatz kann beginnen!

Aber bei der justiziellen Zusammenarbeit geht es nicht nur um Kriminalität und Strafverfolgung, sondern auch um das Zivilrecht, das den Alltag der Menschen regelt. Hierzu ein Beispiel, auf das die EU 2006 mit einer Regelung des Verfahrens für geringfügige Forderungen reagiert hat: Ein deutscher Tourist kauft in Spanien für 900 Euro einen Teppich, bezahlt ihn und vereinbart, dass der Teppich zu ihm nach Hause geschickt wird. Er erhält den Teppich aber nicht. Jetzt hat er einen Anspruch gegen den Teppichhändler, der bislang jedoch kaum durchsetzbar ist, da sich das Verfahren so kompliziert und teuer gestaltet, dass der Tourist gut daran tut, den Teppich einfach abzuschreiben. In Zukunft soll ein europäisches Verfahren für geringfügige Forderungen dafür sorgen, dass „Streitigkeiten bei grenzüberschreitenden Sachverhalten mit geringem Streitwert unter Reduzierung der Kosten einfacher und schneller beigelegt werden können“[6].

www.digitalstock.de

Auch die Zusammenarbeit in anderen Fragen wird mittlerweile auf europäischer Ebene geregelt. Dazu gehören

Fejer/images.de

Kosovo-Flüchtlinge vor ihrer mit mathematischen Formeln verzierten Wohnbaracke in einem Übergangslager für Asylbewerber und geduldete Kriegsflüchtlinge in der Nähe von Budapest, Ungarn.

zum Beispiel Unterhaltsfragen, wenn ein binationales Paar mit gemeinsamen Kindern sich trennt und die ehemaligen Partner dann in verschiedenen Ländern wohnen.

Dass Scheidungen nicht einfach sind, wissen viele Menschen aus eigener Erfahrung. Das Letzte, was sie in einer solchen Situation gebrauchen können, sind zusätzliche rechtliche Unklarheiten. Die EU-Kommission bereitet eine Verordnung vor, der zufolge Scheidungswillige unterschiedlicher europäischer Nationalität zukünftig entscheiden können, nach welchem Scheidungsrecht sie sich trennen wollen. Zur Wahl stehen das Recht des Herkunftslandes, des Wohnorts oder eines anderen Landes, in dem sie länger als fünf Jahre gelebt haben. Ein deutsch-niederländisches Paar, das zehn Jahre in Belgien gelebt hat, dann aber nach Frankreich gezogen ist, wo die Ehe zerbrach, hat also die Wahl, nach deutschem, niederländischem, belgischem oder französischem Recht geschieden zu werden. Immerhin gibt es heute rund 350 000 sogenannte internationale Ehen pro Jahr – denen jährlich ca. 170 000 Scheidungen solcher Verbindungen gegenüberstehen.

Die justizielle Zusammenarbeit bezieht sich außerdem auf die Beweisaufnahme in Zivil- und Handelssachen, wenn man mit einer Firma rechtlich streitet, die ihren Sitz im EU-Ausland hat. Das Gleiche gilt im Falle des Konkurses einer Firma im EU-Ausland, mit der man in geschäftlichem Kontakt stand.

All diese Bereiche sind nicht spektakulär und machen deshalb keine Schlagzeilen; sie sind aber wichtig, wenn man die EU wirklich als einen einheitlichen Raum genießen will, in dem man sein Leben gestalten kann.

Asylpolitik

Auch auf einem ganz anderen Feld, das für Menschen von Bedeutung ist, die keinen EU-Pass besitzen, gibt es eine enge Zusammenarbeit: bei der Erteilung von Asyl. Die EU-Staaten gewähren verfolgten Menschen Schutz. Fünf Gründe für Asyl kennt das europäische Recht: die Verfolgung wegen der Rasse, der Religion, der Staatsangehörigkeit, der Zugehörigkeit zu einer bestimmten Gesellschaftsgruppe oder der politischen Überzeugung.

Wer aus einem Drittland in die EU kommt, um Schutz vor Verfolgung zu erhalten, muss seinen Antrag allerdings im ersten EU-Land stellen, in das er gelangt. Ein Asylbewerber kann beispielsweise nicht aus Afrika nach Italien flüchten, dann durch Italien und Österreich reisen, um schließlich in Deutschland Asyl zu beantragen. Eine gemeinsame Fingerabdruck-Datei (Eurodac) verhindert zudem, dass ein Asylbewerber in mehreren Mitgliedsländern parallel einen Antrag stellt und gegebenenfalls Leistungen in Anspruch nimmt.

Im Falle einer großen Anzahl von Flüchtlingen oder Asylbewerbern (wie während des Kosovo-Krieges) können diejenigen EU-Staaten, in die besonders viele Menschen flüchten, finanziell von der EU unterstützt werden. Dafür wurde der Europäische Flüchtlingsfonds eingerichtet. Darüber hinaus arbeiten die Mitgliedstaaten eng zusammen, um eventuell die Flüchtlinge auf andere EU-Staaten zu verteilen. Dies beruht jedoch auf freiwilligen Angeboten der Mitgliedstaaten.

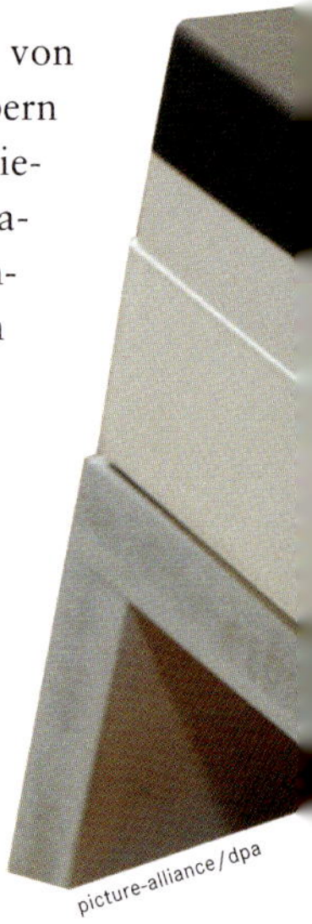

picture-alliance/dpa

Die Funktionsweise eines neuartigen Lesegerätes für Fingerabdrücke demonstriert ein Mann im Polizeipräsidium von Frankfurt am Main, März 2007.

Perspektiven

Die Zusammenarbeit der EU-Staaten in den Bereichen der Freiheit, der Sicherheit und des Rechts soll auch in den nächsten Jahren sehr intensiv weitergeführt werden. Die EU hat sich 2004 ein „Haager Programm" gegeben, das die weiteren Schritte bis 2010 festhält.

Es fällt den Mitgliedstaaten nicht immer leicht, die entsprechende nationale Entscheidungsgewalt an die EU zu übertragen. Dadurch dauern Fortschritte im Bereich der Rechts- und Innenpolitik manchmal länger, als es wünschenswert wäre. Dennoch wird der Raum der Freiheit, der Sicherheit und des Rechts für Europas Bürger immer erfahrbarer.

VIII. GRUNDRECHTE UND SICHERHEIT – DAS HAAGER PROGRAMM 2004

Ziel des Haager Programms ist die Verbesserung der gemeinsamen Fähigkeit der Union und ihrer Mitgliedstaaten zur Gewährleistung der Grundrechte, der Mindestnormen für Verfahrensgarantien und des Zugangs zur Justiz im Hinblick auf den Schutz von schutzbedürftigen Menschen in Übereinstimmung mit der Genfer Flüchtlingskonvention und anderen internationalen Verträgen, zur Regulierung von Wanderungsbewegungen und zur Kontrolle der Außengrenzen der Union, zum Kampf gegen organisierte grenzüberschreitende Kriminalität und zur Bekämpfung der Bedrohung durch den Terrorismus, zur Realisierung des Potenzials von Europol und Eurojust, zur Weiterentwicklung der gegenseitigen Anerkennung von Gerichtsentscheidungen und Urkunden sowohl in Zivil- als auch in Strafsachen sowie zur Beseitigung rechtlicher und gerichtlicher Hindernisse bei Rechtsstreitigkeiten in Zivil- und Familiensachen mit grenzüberschreitenden Bezügen. Dieses Ziel muss im Interesse unserer Bürger erreicht werden, indem eine gemeinsame Asylregelung festgelegt wird und der Zugang zu den Gerichten, die praktische Zusammenarbeit von Polizei und Justizbehörden, die Rechtsangleichung und die Ausarbeitung einer gemeinsamen Politik in verschiedenen Bereichen verbessert werden.

Auszug aus dem Haager Programm der EU von 2004

Quelle: Mitteilungen des Rates, 3.3.2005 C 53/1 Amtsblatt der Europäischen Union DE

EIN RAUM DER FREIHEIT, DER SICHERHEIT UND DES RECHTS – SCHWERPUNKTE UND MASSNAHMEN DES HAAGER PROGRAMMS (2004)

Stärkung der Freiheit	Stärkung der Sicherheit	Stärkung des Rechts
Initiativrecht für Unionsbürger	Verbesserter Informationsaustausch zwischen den Strafverfolgungsbehörden	Ausbau der Zusammenarbeit in der Strafjustiz
Gemeinsames Asylverfahren, einheitlicher Aufenthaltsstatus für Asylbewerber	In einem Land vorhandene Informationen (DNS, Fingerabdrücke, Kfz-Kennzeichen) sollen auch den anderen EU-Ländern zur Verfügung stehen	Angleichung von Strafbestimmungen
Besser koordinierte Zuwanderungs- und Integrationspolitik	Ausbau der Europäischen Polizeibehörde	Koordination staatsanwaltlicher Ermittlungen (Eurojust)
Aufbau eines Visa-Informationssystems (VIS)	Maßnahmen gegen Fälschungen, Betrug, Korruption, Terror	Gegenseitige Anerkennung von Gerichtsentscheidungen in Straf- und Zivilsachen
Inbetriebnahme des Schengener Informationssystems II (SIS II)	Verstärkte Anti-Terror-Maßnahmen	Mindeststandards im Verfahrensrecht
Abschaffung der Kontrollen an den Binnengrenzen der neuen Mitgliedstaaten	Integriertes EU-Krisenmanagement	Erleichterung grenzüberschreitender Zivilverfahren
		Europäisches Mahnverfahren

Grundlagen des Haager Programms: Die Europäische Charta der Grundrechte und der Beitritt der EU zur Europäischen Menschenrechtskonvention

Quelle: Erich Schmidt Verlag, Zahlenbilder 715100

Illustration: Martin

Der Weg zur EU-Mitgliedschaft ist lang. Die Kandidaten müssen viele Stufen

Europa – Wer kommt noch dazu?

Seit dem 1. Januar 2007 hat die EU 27 Mitglieder. Damit ist das Ende des Erweiterungsprozesses allerdings noch nicht erreicht. Denn es gibt weitere Interessenten an einer Mitgliedschaft – und es gibt auch weitere Beitrittszusagen.

Allerdings ist der Weg in die Mitgliedschaft lang, wie es sich an den Staaten des westlichen Balkans zeigt. Für andere Länder, die weiter östlich in Europa, im Kaukasus und am südlichen Rand des Mittelmeers liegen, gibt es eine andere Strategie der Einbeziehung, die Europäische Nachbarschaftspolitik (ENP). Innerhalb der Europäischen Union wird zurzeit auch über neue Formen nachgedacht, mittels derer man andere Staaten eng an die Union binden kann, ohne sie als Mitglied aufzunehmen.

überwinden.

Erweiterungsmüdigkeit

Mit zwei Ländern verhandelt die EU derzeit über eine künftige Mitgliedschaft, das sind die Türkei und Kroatien. Ein weiteres Land hat den Status eines Kandidaten, ohne bereits in Verhandlungen zu sein, nämlich die Republik Makedonien. Aber auch die anderen Staaten des Westbalkan: Albanien, Bosnien-Herzegowina, Serbien und Europas jüngster, 2006 selbstständig gewordener Staat Montenegro haben eine prinzipielle Beitrittszusage, die der Europäische Rat 2003 in Thessaloniki ausgesprochen hat. Darüber hinaus gibt es noch eine ganze Reihe weiterer Staaten, die gerne zur Europäischen Union gehören möchten. Dabei handelt es sich um die Ukraine, die Republik Moldau sowie die kaukasischen Republiken Georgien, Armenien und Aserbaidschan. Diesen Mitgliedschaftswünschen steht in der Europäischen Union jedoch eine große Erweiterungsmüdigkeit gegenüber.

Die Meinungsumfragen sprechen eine deutliche Sprache: 45 Prozent der EU-Bürger sind für zusätzliche Erweiterungen der EU, 42 Prozent dagegen. In den 15 alten EU-Staaten sind nur 41 Prozent der Bürger für zusätzliche Erweiterungen.[7] Wirklich interessant wird das Bild allerdings erst, wenn man genau hinschaut und fragt, um welchen Staat die Befürworter einer Erweiterung die Union denn vergrößert sehen möchten. Die Schweiz, Norwegen und Island sind in einer Umfrage von Ende 2005 mit 77 Prozent bis 68 Prozent die Spitzenreiter – sie streben eine Mitgliedschaft derzeit allerdings nicht an. Dann kommt Kroatien mit 51 Prozent, gefolgt von Bulgarien mit 48 Prozent. Das Schlusslicht ist die Türkei mit 31 Prozent Zustimmung.[8] Nach den osteuropäischen Staaten und den Ländern des Südkaukasus wurde nicht gefragt. Es ist anzunehmen, dass die Zustimmung hier noch geringer ausgefallen wäre.

EU-Mitglied Türkei?

Ein möglicher Beitritt der Türkei erhitzt die Gemüter in der EU mehr als jede andere anstehende Frage im Zusammenhang mit einer Erweiterung der Europäischen Union. Die Beziehung zwischen der EG/EU und der Türkei ist lang und kompliziert. Bereits 1963 schlossen die Europäische Wirtschaftsgemeinschaft und die Türkei ein Assoziierungsabkommen. Dieses regelte zwar einen späteren Beitritt der Türkei zur europäischen Integration nicht, aber es legte ihn doch in gewisser Weise nahe. Die Türkei war damals (auch in der NATO) ein gern gesehener Partner, was nicht zuletzt mit dem Ost-West-Konflikt zu tun hatte, da sie direkt an die Sowjetunion grenzte.

Allerdings verlief auch die innenpolitische Entwicklung am Bosporus stürmisch. Zweimal übernahm das Militär die Macht, und konstant wurden die Grundrechte, gerade gegenüber der Min-

UMFRAGE 2005: ZUSÄTZLICHE ERWEITERUNG DER EUROPÄISCHEN UNION NACH LÄNDERN IN %

Frage: „Sagen Sie mir bitte für jedes der folgenden Länder, ob Sie dafür oder dagegen wären, dass es Teil der Europäischen Union wird?"

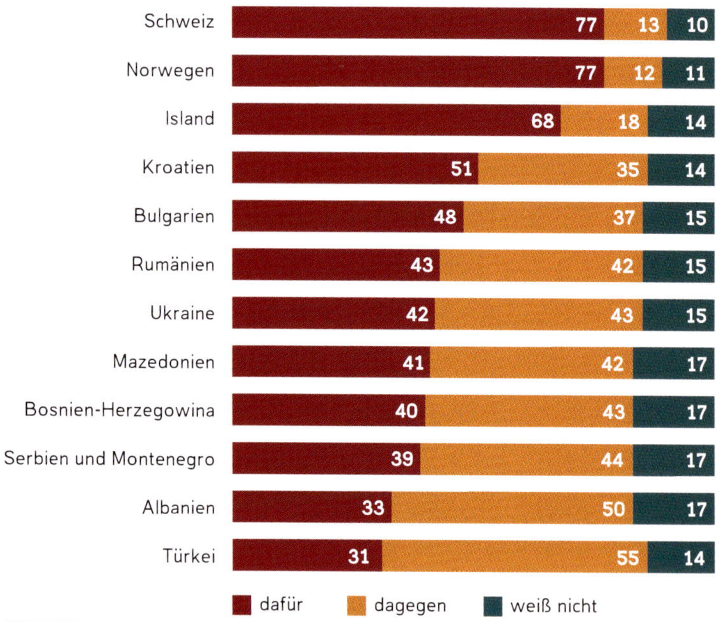

Quelle: Eurobarometer 64 – Die öffentliche Meinung in der Europäischen Union, Erste Ergebnisse, Befragung: Oktober/November 2005, Veröffentlichung: Dezember 2005, S. 30, http://ec.europa.eu/public_opinion/archives/eb/eb64/eb64_first_de.pdf

UMFRAGE 2006: ZUSÄTZLICHE ERWEITERUNG DER EUROPÄISCHEN UNION

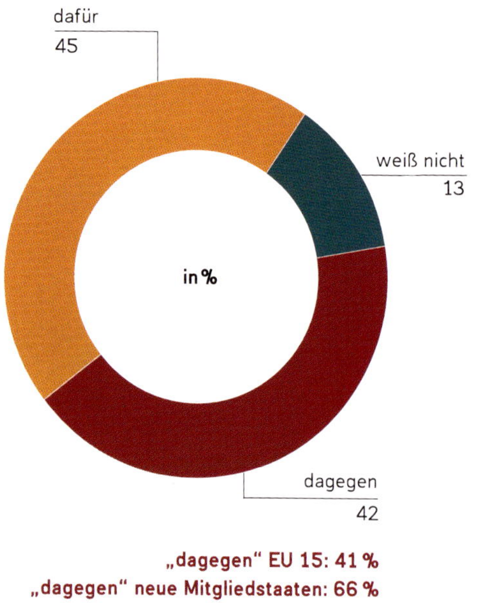

Quelle: Eurobarometer 65 – Die öffentliche Meinung in der Europäischen Union, Erste Ergebnisse, Befragung: März/April 2006, Veröffentlichung: Juli 2006, S. 26, http://ec.europa.eu/public_opinion/archives/eb/eb65/eb65_first_de.pdf

derheit der Kurden, nicht respektiert. So blieb die EU lange Zeit auf Distanz zur Türkei. 1996 wurde dann eine Zollunion zwischen den Vertragspartnern geschaffen. 1999 erhielt die Türkei den Status eines Kandidaten für die Mitgliedschaft, was jedoch erst einmal folgenlos blieb. Erst seit Oktober 2005 finden nun die Verhandlungen zwischen der EU und der Türkei statt.

Die Gespräche sind immer noch vom Zypern-Konflikt überschattet. Zypern ist seit 1974 in einen griechischen und einen türkischen Teil gespalten. Der griechische, die Republik Zypern, ist international anerkannt, der türkische, die Türkische Republik Nordzypern nur von der Türkei, die dort auch Truppen stationiert hat. Seit Jahren versuchen die Vereinten Nationen, den Konflikt friedlich beizulegen. Im Jahr 2004 schien es so weit zu sein. Es gab einen Plan zur Konföderation der Insel, der von UN-Generalsekretär Kofi Annan ausgearbeitet worden war und in beiden Teilen Zyperns zur Abstimmung stand. Die Bevölkerung Nordzyperns nahm diesen auch von der EU unterstützten Plan an, die Menschen im griechischen Südzypern lehnten ihn auf Anraten ihrer Regierung jedoch ab. Dies geschah wenige Tage vor dem Beitritt Zyperns zur EU.

Viele Politiker der Europäischen Union fühlten sich von diesem Vorgehen Südzyperns betrogen. Eigentlich hatte die EU Zypern ja auch erst nach einer Lösung des Konflikts aufnehmen wollen. Eine klare Erpressung durch Griechenland, der gesamten Erweiterung ohne den Einschluss Zyperns nicht zuzustimmen, hat das verhindert.

Auch die Türkei fühlte sich düpiert und weigert sich bis heute, Zypern, also Süd-Zypern, staatlich anzuerkennen. Dies ist natürlich eine absurde Situation: Die Türkei will einem Staatenverbund beitreten, erkennt aber gleichzeitig einen der 27 Partner nicht einmal als existent an.

Türkei

Staatsform	Republik seit 1923
Staatsoberhaupt	Staatspräsident
Hauptstadt	Ankara
Beitrittsverhandlungen mit der EU	seit Oktober 2005

Amtssprache(n)	Türkisch
Einwohner	71,607 Mio., damit in der EU dann an 2. Stelle
Bevölkerungsgruppen / Ethnische Minderheiten	80 % Türken 20 % Kurden
Bevölkerungswachstum (2003)	1,5 %
Fläche	779 452 km², damit in der EU dann an 1. Stelle
Bruttoinlandsprodukt zu jeweiligen Marktpreisen	EUR 290,502 Mrd., damit in der EU dann an 8. Stelle
Währung	Neue Türkische Lira
Staatsverschuldung (öffentlicher Schuldenstand 2005 im Verhältnis zum Bruttonationaleinkommen)	80,1 % (2004)
Religionen	99 % Muslime, davon 70 % Sunniten 15-25 % Aleviten christliche und jüdische Minderheit
Nationalfeiertag	29. Oktober (Ausrufung der Republik 1923)

epa/Christian Hartmann

^ Während der Eröffnung der Verhandlungen über den Beitritt der Türkei zur Europäischen Union im Dezember 2004 zeigen einige Abgeordnete des EU-Parlaments ihre Zustimmung.

Pro und Contra Türkeibeitritt

Der Bevölkerung in der EU sind diese staatsrechtlichen Feinheiten vermutlich ziemlich gleichgültig. Sie haben andere Bedenken gegen die Türkei. Das Land, heißt es, gehöre nicht zu Europa, dessen Grenze zu Asien am Bosporus, also mitten durch Istanbul verlaufe. Außerdem sei die Türkei mit einer muslimischen Bevölkerung kulturell anders geprägt, und schließlich sei sie zu groß. In der Tat wäre die Türkei bei einem möglichen Beitritt vermutlich das bevölkerungsstärkste Land der EU. Zurzeit liegt die Bevölkerung bei über 71 Millionen Menschen, mit steigender Tendenz. Deutschland, derzeit die Nummer eins, hat 82 Millionen Bürger, aber mit abnehmendem Trend. Als das Assoziierungsabkommen 1963 geschlossen wurde, zählte die Türkei gerade einmal 28 Millionen Menschen.

Es gibt in der Europäischen Union eine große Unsicherheit, wie man mit der Türkei umgehen soll. Auch in Deutschland gehen die Meinungen auseinander. Die Befürworter einer türkischen Mitgliedschaft verweisen auf die Hoffnungen, die man der Türkei seit 1963 gemacht habe. Außerdem sei das Land zwar wirtschaftlich noch schwach entwickelt, aber sehr dynamisch, mit hohen Wachstumsraten und einer jungen, zunehmend gut ausgebildeten Bevölkerung. Seit der Staatsgründung durch Kemal Atatürk in den 20er-Jahren des letzten Jahrhunderts habe sich die Türkei nach Westen entwickelt. Ihr Beitritt zur EU sei die beste Möglichkeit, sie endgültig an Europa zu binden, und sende darüber hinaus ein Signal an die islamische Welt, dass die Europäische Union keineswegs anti-islamisch sei. Schließlich, sagen die Befürworter, stabilisiere die Einbindung der Türkei in die EU die gesamte Region Vorderasiens und des Nahen Ostens.

Die Gegner der türkischen Mitgliedschaft argumentieren ebenfalls mit der geografischen Position der Türkei. Nach einem Beitritt dieses Landes seien Syrien, der Iran und der Irak direkte Anrainer der EU, was zwangsläufig zu einem Import von Instabilität führe. Bei der Betrachtung der Wirtschaft dürfe man nicht nur auf einige Zentren wie Istanbul schauen, sondern müsse das ganze Land in den Blick nehmen. Dies sei nach wie vor sehr arm und von Landwirtschaft geprägt. Da die EU ihre Mittel vor allem für Agrar- und Strukturpolitik ausgebe, entstünden durch einen Beitritt der Türkei sehr hohe Kosten. Im Übrigen seien die Menschen- und Grundrechte in der Türkei immer noch nicht hinreichend durchgesetzt, wie man schon an der Rolle der Frau in der türkischen Gesellschaft sehe.

Auch die Gegner eines Beitritts der Türkei zur Europäischen Union möchten das Land allerdings eng an die EU anbinden. Dieses Vorhaben wird oft mit dem Begriff „privilegierte Partnerschaft" umschrieben, der allerdings bislang kein klar definiertes Konzept bezeichnet, sondern lediglich ein Bestreben nach einem engen Verhältnis ausdrückt.

Der westliche Balkan

Kroatien ist demgegenüber kaum Gegenstand öffentlicher Aufmerksamkeit. Das Land ist wirtschaftlich gut entwickelt und wäre vermutlich in der Erweiterungsrunde 2004 genau wie sein Nachbar Slowenien dabei gewesen, wenn es nicht wertvolle Jahre durch die autokratische Herrschaft seines Präsidenten Franjo Tudjman (1990–1999) verloren hätte. Auch mit seiner überschaubaren Größe von 4,5 Millionen Einwohnern weckt Kroatien bei den EU-Bürgern keine Befürchtungen. Das Land verhandelt seit Oktober 2005 über seinen Beitritt. Wann dieser vollzogen werden kann, ist jedoch offen. Allerdings steht Kroatien politisch und wirtschaftlich nicht schlecht da, sodass man in Zagreb mit einem zügigen Verfahren rechnet.

Makedonien – oder wie man bei uns meistens sagt: Mazedonien – zählt sogar nur 2 Millionen Einwohner, ist in der politischen und wirtschaftlichen Entwicklung aber weit hinter Kroatien zurück. Das Land ist genau wie Slowenien, Kroatien, Bosnien-Herzegowina, Serbien und Montenegro aus dem zerfallenen Jugoslawien entstanden. Allerdings ist es den Makedoniern anders als den anderen Völkern gelungen, ohne einen Krieg aus dem Staatsverband auszuscheiden und 1991 ihre Unabhängigkeit zu erklären.

Ausgerechnet das EU-Mitglied Griechenland hat Makedonien allerdings das Leben schwer gemacht, da es nicht wollte und will, dass das Land sich „Republik Makedonien" nennt. Dies könne zu Verwechselungen mit der griechischen Region Mazedonien (um Thessaloniki) führen und den Weg zu Gebietsansprüchen öffnen. Auch die Flagge, eine Sonne mit 16 Strahlen, das Wappen von Alexander dem Großen, wollte Griechenland nicht akzeptieren.

Während der Flaggenstreit dadurch gelöst wurde, dass die Makedonier die Zahl der Sonnenstrahlen halbiert haben, schwelt der Namensstreit immer noch. Griechenland hat bislang in der EU und anderen internationalen Gremien durchgesetzt, dass Makedonien „Ehemalige jugoslawische Republik Mazedonien" genannt wird. Zähneknirschend halten die anderen EU-Partner sich an diese Regel, auch wenn sie oftmals deutlich zu verstehen geben, dass sie es für falsch halten, dem Land den Namen vorzuenthalten, den es sich selbst in seiner Verfassung gegeben hat. Die USA haben 2005 beschlossen, dies nicht mehr mitzumachen und nennen Makedonien auch offiziell „Republic of Macedonia".

Die Startbedingungen für Makedonien waren also alles andere als gut. Als es

Kroatien

Staatsform	Republik seit 1991
Staatsoberhaupt	Staatspräsident
Hauptstadt	Zagreb
In der EU	ab 2009 (voraussichtlich)
Amtssprache	Kroatisch
Einwohner	4,443 Mio., damit in der EU dann an 21. Stelle
Bevölkerungsgruppen / Ethnische Minderheiten	89,6 % Kroaten 4,5 % Serben 5,9 % Minderheiten von Bosniern u.a.
Bevölkerungswachstum (2003)	0,1 %
Fläche	56 542 km², damit in der EU dann an 19. Stelle
Bruttoinlandsprodukt zu jeweiligen Marktpreisen	EUR 30,946 Mrd., wäre damit in der EU dann an 21. Stelle
Währung	Kuna
Staatsverschuldung (öffentlicher Schuldenstand 2005 im Verhältnis zum Bruttonationaleinkommen)	44,2 % (2004)
Religionen	87,8 % Katholiken 4,4 % Orthodoxe 1,3 % Muslime 0,3 % Protestanten
Nationalfeiertag	25. Juni (Unabhängigkeitstag)

Makedonien

Staatsform	Republik seit 1991
Staatsoberhaupt	Staatspräsident
Hauptstadt	Skopje
Beitrittskandidat der EU	seit Dezember 2005
Amtssprache(n)	Makedonisch
Einwohner	2,034 Mio.
Bevölkerungsgruppen / Ethnische Minderheiten	64,18 % Makedonier 25,17 % Albaner 3,85 % Türken 2,66 % Roma 1,78 % Serben 0,84 % Bosnier 0,48 % Walachen (Aromunen) und Sonstige
Bevölkerungswachstum (2003)	0,5 %
Fläche	25 713 km²
Bruttoinlandsprodukt	4 666 in Mio. US-$ (keine vergleichbaren Angaben nach Eurostat)
Währung	Denar
Staatsverschuldung (öffentlicher Schuldenstand 2005 im Verhältnis zum Bruttonationaleinkommen)	Keine Angaben (nach Eurostat)
Religionen	70 % Makedonisch-Orthodoxe 25 % Muslime (v.a. Albaner) Katholiken
Nationalfeiertag	2. August (Tag des Aufstands 1903) 8. September (Unabhängigkeit 1991)

1999 zum Kosovo-Krieg kam, musste das kleine und arme Land fast über Nacht 300 000 albanische Flüchtlinge aufnehmen. Auch diese Krise haben die Makedonier überstanden. Ein weiteres Mal wurde es 2003 brenzlig. Jetzt revoltierte die albanische Minderheit, die immerhin 25 Prozent der Bevölkerung ausmacht, und forderte mehr Rechte. Unter starkem Druck der Europäischen Union und auch der USA schlossen die beiden Seiten das Abkommen von Ohrid, das den Albanern eine ihrem Bevölkerungsanteil entsprechende Vertretung in staatlichen Organen, den Gebrauch ihrer Sprache als Amtssprache und mehr Selbstverwaltung garantierte. Anfangs waren beide Seiten mit diesem Abkommen unzufrieden. Die Albaner wollten mehr haben, die Makedonier wollten weniger geben. Mittlerweile hat man sich mit dem Vertrag arrangiert und versucht, ihn so gut wie möglich umzusetzen. Die EU aber ist in der Pflicht, dem Druck, den sie ausgeübt hat, jetzt auch Hilfe und Unterstützung folgen zu lassen.

2005 hat die Europäische Union der Republik Makedonien den Status eines EU-Beitrittslandes verliehen. Wann die Verhandlungen beginnen, ist allerdings zurzeit noch offen. Die Verleihung des Kandidatenstatus ist nämlich eine eigene Stufe auf der Leiter der interessierten Länder in die EU. Erst wenn nach dem Erhalt dieses Status weitere Anpassungen des Kandidatenlandes an das Gemeinschaftsrecht der EU erfolgt sind, werden die Beitrittsverhandlungen aufgenommen.

I. DIE EUROPÄISCHE AUSRICHTUNG DER WESTLICHEN BALKANSTAATEN

Auszug aus der Erklärung des Gipfeltreffens mit den westlichen Balkanstaaten in Thessaloniki am 21. Juni 2003

2. Die EU bekräftigt, dass sie die europäische Ausrichtung der westlichen Balkanstaaten vorbehaltlos unterstützt. Die Zukunft der Balkanstaaten liegt in der Europäischen Union. Die derzeitige Erweiterung und die Unterzeichnung des Vertrags von Athen im April 2003 sind für die westlichen Balkanstaaten Ansporn und Ermutigung, denselben erfolgreichen Weg zu beschreiten. Sie stehen nun vor einer großen Herausforderung: Sie müssen sich auf die Integration in die europäischen Strukturen, an deren Ende der Beitritt zur Europäischen Union steht, vorbereiten, indem sie die europäischen Normen übernehmen.

Quelle:
www.consilium.europa.eu/ueDocs/cms_Data/docs/pressData/de/misc/76317.pdf

Der lange Weg zur Mitgliedschaft

Auch die anderen Staaten des westlichen Balkans sollen zu einem späteren Zeitpunkt in die EU kommen. Sie haben allerdings noch einen weiten Weg vor sich. Der erste Schritt ist nämlich der Abschluss eines Stabilisierungs- und Assoziierungsabkommens, das dann auch umgesetzt und mit Leben erfüllt werden muss. Die EU möchte vermeiden, dass ein Partnerland zwar das Abkommen unterschreibt, dann aber keine weiteren Schritte in Richtung auf Demokratisierung und wirtschaftliche Transformation unternimmt, es also nur bei Lippenbekenntnissen bleibt.

Wenn das Stabilisierungs- und Assoziierungsabkommen wirklich angewendet wird, kann das Land die Mitgliedschaft in der EU beantragen. Die Europäische Kommission überprüft dann die Maßnahmen des Staates zur Erfüllung der festgelegten Kriterien und gibt gegenüber dem Europäischen Rat, also den Staats- und Regierungschefs der EU, ein Votum ab (das sogenannte Avis).

Der Europäische Rat verleiht dem Partnerland anschließend den Kandidatenstatus, der allerdings nicht den sofortigen Verhandlungsbeginn bedeutet. Erst später, wenn weitere Reformen durchgeführt worden sind, beginnen die Verhandlungen, die von der Europäischen Kommission im Auftrag und nach Maßgabe der Mitgliedsländer geführt werden. In 35 Kapiteln wird darüber gesprochen, in welchem Tempo der Partnerstaat den rechtlichen Besitzstand der EU übernimmt. Daran, dass er ihn bei sich anwenden muss, gibt es keinen Zweifel. Die Verhandlungen drehen sich nicht um Ausnahmen, sondern nur um das Tempo der Übernahme und Anwendung des europäischen Rechts.

Jedes einzelne der 35 Kapitel wird vom Rat der Europäischen Union mit einem Beschluss eröffnet, in dem auch eine Verhandlungsleitlinie enthalten ist, und nach Ablauf der Verhandlungen geschlossen. Jeweils alle Mitgliedstaaten müssen diesen Entscheidungen zustimmen. Während der Verhandlungen hat jeder Mitgliedstaat also 70 Mal die Möglichkeit, auf die Verhandlungen Einfluss zu nehmen bzw. die Notbremse zu ziehen, falls er meint, die Dinge laufen in die falsche Richtung.

Hat man sich schließlich auf einen Beitrittsvertrag geeinigt und diesen unterzeichnet, muss er in allen Mitgliedstaaten und natürlich auch im Beitrittsland ratifiziert werden. Dies geschieht je nach nationaler Rechtsordnung durch den Beschluss des Parlaments oder durch eine Volksabstimmung. In Deutschland entscheiden Bundestag und Bundesrat darüber. Nur wenn ausnahmslos alle Mitglieder den Beitrittsvertrag ratifizieren und wenn zusätzlich das Europäische Parlament ihm zustimmt, kann der Beitritt vollzogen werden. Wenn also gelegentlich in der öffentlichen Diskussion der Eindruck erweckt wird, die EU vollziehe neue Mitgliedschaften „so nebenbei" und ohne sorgfältige Prüfung und ausführliche Mitsprache aller Mitgliedsländer, so ist dies eindeutig falsch.

Die Beschreibung des Beitrittsprozesses zeigt schon, dass mit einer schnellen Mitgliedschaft der Länder des westlichen Balkans, die noch nicht einmal über ein Stabilisierungs- und Assoziierungsabkommen verfügen, nicht zu rechnen ist. Lediglich Kroatien, das schon in konkreten Verhandlungen ist, könnte in den nächsten Jahren beitreten.

DER LANGE WEG DER WESTBALKANSTAATEN ZUR EU-MITGLIEDSCHAFT

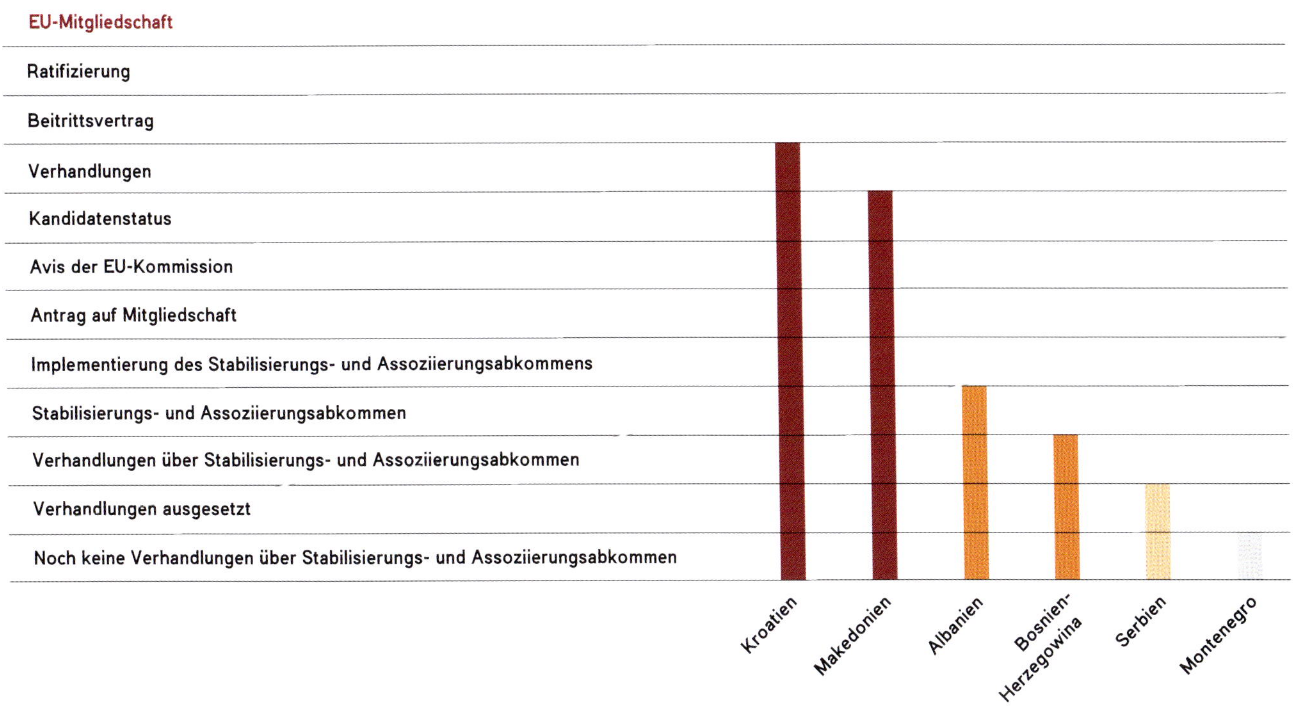

v.l.: Ralf Niemzig/VISUM; A1PIX/KTP

^ Menschen in Osteuropa: In der Metro von Kiew (Ukraine) und auf der Straße in der moldawischen Hauptstadt Chisinau

Europäische Nachbarn oder Nachbarn Europas?

Neben den Westbalkan-Ländern gibt es weitere Staaten in Europa und an seinen Rändern, die gerne Mitglied der Europäischen Union werden wollen. Dabei handelt es sich um die Ukraine, die Republik Moldau (also Moldawien) sowie die südkaukasischen Republiken Georgien, Armenien und Aserbaidschan, die diesen Anspruch allerdings in unterschiedlicher Lautstärke anmelden.

Die EU steht damit vor einem Dilemma. Einerseits war die europäische Integration immer auf das ganze Europa angelegt, andererseits ist sie objektiv und auch nach Meinung der Bürger an einer Grenze angekommen, die weitere Vergrößerungen um Staaten, die noch auf dem – manchmal langen und steinigen – Weg hin zu stabilen Demokratien und marktwirtschaftlichen Ordnungen sind, unmöglich machen.

Zweifellos war die bisherige Erweiterungspolitik ausgesprochen erfolgreich. Dort, wo die Staaten eine Beitrittsperspektive hatten, haben sie sich politisch und wirtschaftlich schnell entwickelt, ihre Konflikte sowohl untereinander als auch zwischen verschiedenen Gruppen im eigenen Land beigelegt und so sehr zur Stabilisierung Europas beigetragen. Es besteht jedoch die Gefahr, dass die EU zusätzliche Erweiterungen nicht mehr verkraftet und in ihren politischen Strukturen und in ihrer wirtschaftlichen Leistungsfähigkeit Schaden leidet, was auch nicht im Interesse der Länder sein kann, die ihr beitreten wollen. Schließlich möchten sie ja in die EU, weil sie politisch und wirtschaftlich stark ist. Der amerikanische Komiker Groucho Marx hat einmal gesagt, er würde nie einem Club beitreten, der Leute wie ihn aufnähme. So weit sollte es mit der EU nicht kommen.

Die Europäische Nachbarschaftspolitik

Seit 2003 hat die Europäische Union daher eine neue Politik entwickelt, die versucht, die beiden Ziele, nämlich Unter-

ZIELLÄNDER DER EUROPÄISCHEN NACHBARSCHAFTSPOLITIK

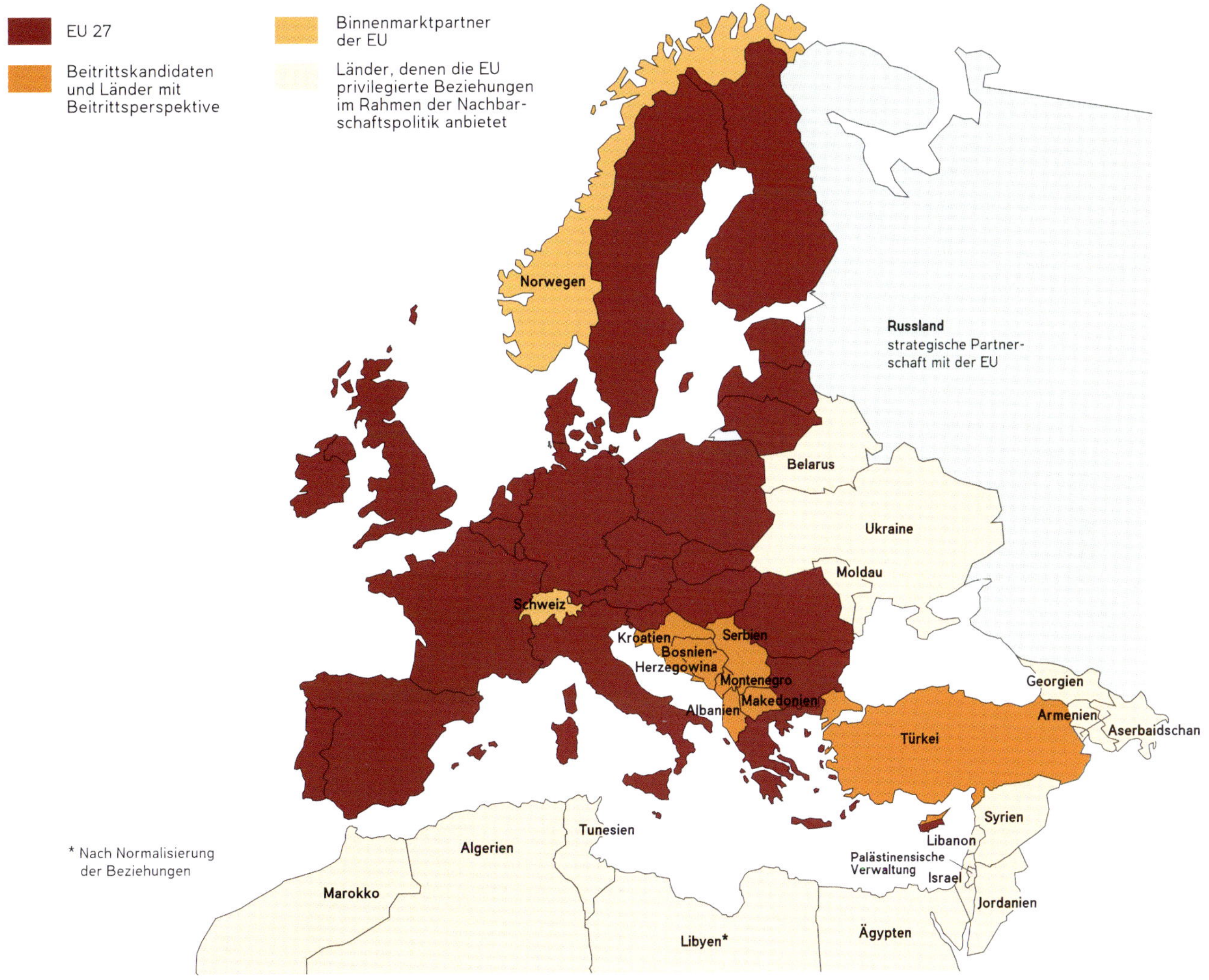

Quelle: Erich Schmidt Verlag, Zahlenbild 725598

stützung der politischen und wirtschaftlichen Umgestaltung der Partnerländer bei gleichzeitiger Abwehr neuer Mitgliedschaftsansprüche, zu erreichen. Das ist die Europäische Nachbarschaftspolitik (ENP). Ihr Bestreben ist es, die Partnerländer so eng wie möglich an die EU zu binden und bei ihrer Umstrukturierung zu helfen, ihnen aber keinen Platz innerhalb der Union anzubieten. „Alles außer Institutionen", nannte der frühere EU-Kommissionspräsident Romano Prodi diese Politik. Damit wollte er sagen, die Partnerländer sollten überall mitmachen, im Binnenmarkt, bei der Außenpolitik, bei der Rechts- und Innenpolitik, aber nicht bei der Entscheidungsfindung, also nicht im Rat der Europäischen Union, in der Kommission und im Europäischen Parlament.

Diese Politik sollte sich ursprünglich an die Staaten Osteuropas richten, also an Russland, die Ukraine, die Republik Moldau und auch an Belarus. Allerdings gab es innerhalb der EU darüber heftige Diskussionen. Die südeuropäischen Mitglieder wollten, dass die EU sich nicht nur auf den Osten Europas konzentrierte, sondern auch auf die Länder des südlichen Mittelmeers. So kam es, dass die Staaten am südlichen Rand des Mittelmeers, von Marokko über Ägypten bis zu Israel und der Palästinensischen Autonomiebehörde und Syrien ebenfalls in die Europäische Nachbarschaftspolitik einbezogen wurden.

Als Ende 2003 die Georgier in einer „Rosenrevolution" ihren Staatschef Eduard Schewardnadze stürzten und in den ersten Januar-Tagen 2004 Michail Saakaschwili zu seinem Nachfolger wählten, gerieten auch die Staaten des Südkaukasus in das Blickfeld der Europäischen Union. Sie wurden im Laufe des Jahres 2004 ebenfalls in die Europäische Nachbarschaftspolitik aufgenommen.

Damit richtete sich die ENP an 17 Staaten. Russland machte allerdings schnell deutlich, dass es an der Nachbarschaftspolitik nicht interessiert sei und wenig Lust verspüre, mit nordafrikanischen Wüstenstaaten in einen Topf geworfen zu werden. Mit Belarus gibt es keine weitergehenden Kontakte, und das wird sich auch nicht ändern, solange der dortige Diktator Alexandr Lukashenka die Macht in den Händen hält.

Das zentrale Instrument der Europäischen Nachbarschaftspolitik sind Aktionspläne, mit denen Land für Land festgelegt werden soll, welche Schritte der politischen und wirtschaftlichen Umgestaltung zu unternehmen sind. Die EU will die vereinbarten Schritte durch Know-how, aber vor allem auch durch Geld unterstützen und hierfür ab 2007 ein neues Finanzierungsinstrument schaffen.

Es ist noch zu früh, die Wirkungen der Europäischen Nachbarschaftspolitik einschätzen zu können. Allerdings hat sie bislang nicht dazu geführt, dass die Partnerländer ihr Interesse an einer späteren Mitgliedschaft in der EU verloren haben. Dies gilt sowohl für die Ukraine und die Republik Moldau als auch für die drei Staaten des Südkaukasus, unter denen vor allem Georgien auf eine Beitrittsperspektive drängt.

EU-intern gibt es derzeit viele Überlegungen, wie man den Druck von der EU nehmen kann. Das Europäische Parlament hat im März 2006 den Vorschlag in die Diskussion gebracht, eine „enge multilaterale Beziehung“ zu schaffen, die die nicht der EU angehörenden Länder in einer Art Vorraum bindet.

Neue Kooperationsformen für Europa?

Bei den Überlegungen zu neuen Strukturen wird auch auf eine Konstruktion zurückgegriffen, die seit 1994 seitens der EU mit Norwegen, Island und Liechtenstein besteht. Die Rede ist vom Europäischen Wirtschaftsraum (EWR). Der EWR ist eine Assoziation der Europäischen Freihandelsvereinigung EFTA (European Free Trade Association), die ursprünglich einmal wesentlich größer war, der heute aber nur noch die drei genannten Staaten sowie die Schweiz angehören. Da die Schweizer das EWR-Abkommen in einer Volksabstimmung abgelehnt haben, nimmt ihr Land am EWR nicht teil.

Etwas vereinfacht gesagt regelt das EWR-Abkommen eine wirtschaftliche Mitgliedschaft der Partnerstaaten. Mit Ausnahmen beim Handel mit landwirtschaftlichen Produkten gilt der EU-Binnenmarkt auch in Island, Norwegen und Liechtenstein – übrigens einschließ-

˅ Stadtleben in Georgiens Hauptstadt Tiflis

II. ERFOLG UND GEMEINSAME ZUKUNFT

Ich stehe heute vor Ihnen und biete eine feste und standhafte Verpflichtung darauf, Georgien zurück in die europäische Gemeinschaft zu führen, wieder zusammenzustehen mit unseren europäischen Brüdern und Schwestern, mit unseren deutschen Freunden, sodass wir zusammen eine stabilere und blühendere Union errichten können. Heute ist Georgien auf dem Heimweg, doch noch ist die Reise nicht beendet. Da gibt es wichtige Türen, die nur halb offen stehen. Das georgische Volk zeigt sich entschlossen, diese Türen ganz zu öffnen, und es wird Ihre Hilfe und Ihre Verpflichtung annehmen, um uns hereinzubitten. Ich bin sicher, dass wir durch unsere Zusammenarbeit Erfolg haben und eine gemeinsame Zukunft teilen werden.

Auszug aus der Rede des georgischen Staatspräsidenten, Michail Saakaschwili, vor Mitgliedern der DGAP über die künftige Politik seines Landes am 29. Januar 2004 in Berlin (Übersetzung aus dem Englischen: Internationale Politik)

Quelle: Internationale Politik, 3/2004, S. 128

Roemers/laif

v.l.: Thomas Grabka/laif; Ulla Kimmig/laif

^ Straßenszene in Nagorny Karabach in Armenien, und Frauen aus Aserbaidschan, die Teppiche im See waschen.

lich der Freizügigkeit. Wer als Deutsche(r) gerne in Reykjavik arbeiten möchte, kann das tun – genau wie in Rom, Paris oder Kopenhagen. Die EWR-Partnerstaaten nehmen an einigen Programmen der EU teil, halten sich aber auf eigenen Wunsch von der politischen Entscheidungsfindung fern. Lediglich am Schengener Abkommen beteiligen sich Norwegen und Island, da sie zur nordischen Passunion der skandinavischen Staaten gehören, die sonst durch eine Schengen-Grenze zerrissen worden wäre. Auch die Schweiz und Liechtenstein haben 2005 bzw. 2006 das Schengener Abkommen übernommen.

Das EWR-Abkommen funktioniert gut und erfüllt die Bedürfnisse beider Seiten. Im Europäischen Parlament wird nun überlegt, ob man die EWR-Konstruktion nicht noch um eine politische Dimension erweitern könnte, um so den Staaten Osteuropas und des Kaukasus durch einen „EWR Plus“ eine Alternative zur EU-Mitgliedschaft anbieten zu können, die gleichzeitig den Reformwillen in diesen Staaten am Leben erhält.

Allerdings handelt es sich bei den Partnerländern des jetzigen EWR um entwickelte Demokratien und Rechtsstaaten auf hohem wirtschaftlichen Niveau. Die reibungslose Zusammenarbeit im EWR ist daher keineswegs eine Garantie dafür, dass das Modell auch mit den Staaten Osteuropas oder des Kaukasus funktionieren könnte. Der EWR ist ein Modell für Staaten, die Mitglied der EU werden können, es aber nicht wollen. Bei den Partnerländern der Europäischen Nachbarschaftspolitik handelt es sich jedoch um Staaten, die Mitglied der EU werden wollen, es aber nicht können.

Die Suche nach Modellen einer abgestuften Mitgliedschaft für die Staaten Osteuropas und des Kaukasus, vielleicht auch des südlichen Mittelmeers, wird also noch weitergehen. Die Europäische Union hat ihre endgültige Form noch nicht gefunden.

III. NEUE WEGE NACH EUROPA

Das Europäische Parlament ... fordert ... die Kommission und den Rat auf, wenn diese Perspektive einen breiteren Rahmen an operationellen Möglichkeiten erfordern sollte, allen europäischen Ländern, die derzeit keine Aussicht auf Mitgliedschaft haben, Vorschläge für eine enge multilaterale Beziehung mit der Europäischen Union zu unterbreiten; unterstreicht, dass es allen Ländern mit einer anerkannten Aussicht auf Mitgliedschaft offen steht, sich diesem multilateralen Rahmen als Zwischenschritt hin zu einer Vollmitgliedschaft anzuschließen; vertritt die Auffassung, dass eine solche Wahlmöglichkeit auch die europäische Perspektive bieten würde, die erforderlich ist, um die zahlreichen notwendigen internen Reformen in den fraglichen Ländern zu fördern.

Auszug aus dem Beschluss des Europäischen Parlaments vom 16. März 2006
(Stellungnahme zur Erweiterungsstrategie 2005 der Europäischen Kommission)

Quelle: www.europarl.europa.eu/omk/sipade3?PUBREF=-//EP//TEXT+TA+P6-TA-2006-0096+0+DOC+XML+V0//DE&LEVEL=4&NAV=X&L=DE

Die EU ist ein bedeutender Einflussfaktor in der internationalen Politik.

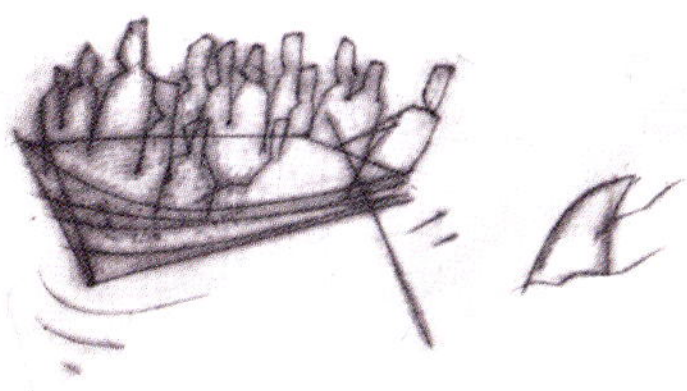

Europa – und die Welt?

Die Europäische Union ist keine Insel – und selbst wenn sie es wäre, gäbe es dennoch eine Welt um sie herum. Die Europäische Union ist Teil dieser Welt und sie muss und will mit ihr zurechtkommen. Die EU vernetzt sich mit anderen Teilen der Welt, kooperiert wirtschaftlich und politisch und versucht, ihr Gewicht in internationalen Institutionen zur Geltung zu bringen. Das ist der Zweck der EU-Außenpolitik.

Das auswärtige Handeln der EU dient mehreren Zielen, nämlich

- der Gewährleistung des Friedens,
- der Abwehr von Gefahren,
- der Sicherung der natürlichen Lebensgrundlagen und
- der Erhaltung und Vergrößerung des Wohlstands.

Die EU kann ihre außenpolitischen Ziele nur gemeinsam mit anderen Staaten und

Sie muss ihr Gewicht aber auch einsetzen.

internationalen Organisationen erreichen. Beim Thema Krieg und Frieden ist das ganz offensichtlich. Es hilft uns ja nichts, friedlich zu sein, wenn ein anderer uns überfällt. Und es rettet die Umwelt nicht, wenn wir jedes Butterbrotpapier zur Altstoffsammlung geben, in anderen Teilen der Welt aber ungehemmt Kohlendioxid in die Luft geblasen und die Ozonschicht der Erde zerstört wird, oder wenn jenseits unserer Grenzen Kernkraftwerke explodieren.

Ende 2003 hat die Europäische Union eine Sicherheitsstrategie beschlossen, in der Gefahren, Probleme und Lösungsansätze beschrieben werden.

Globale Herausforderungen

Die globalen Herausforderungen, denen die Welt – und damit auch die EU – sich gegenübersieht, sind Kriege, Armut, Krankheiten, Unterentwicklung und die Knappheit von Ressourcen. Meistens hängen die Faktoren zusammen. Wo Armut herrscht und deshalb auch die gesundheitliche Versorgung mangelhaft ist, breiten sich Krankheiten und Seuchen aus.

I. EIN SICHERES EUROPA IN EINER BESSEREN WELT

Wir leben in einer Welt mit neuen Gefahren, aber auch mit neuen Chancen. Die Europäische Union besitzt das Potenzial, einen wichtigen Beitrag zur Bewältigung der Bedrohungen wie auch zur Nutzung der Chancen zu leisten. Eine aktive und handlungsfähige europäische Union könnte Einfluss im Weltmaßstab ausüben. Damit würde sie zu einem wirksamen multilateralen System beitragen, das zu einer Welt führt, die gerechter, sicherer und stärker geeint ist.

Auszug aus der Europäischen Sicherheitsstrategie vom Dezember 2003

Quelle: Rat der Europäischen Union, www.consilium.europa.eu/uedocs/cmsUpload/031208ESSIIDE.pdf

EUROPA IN DER WELT

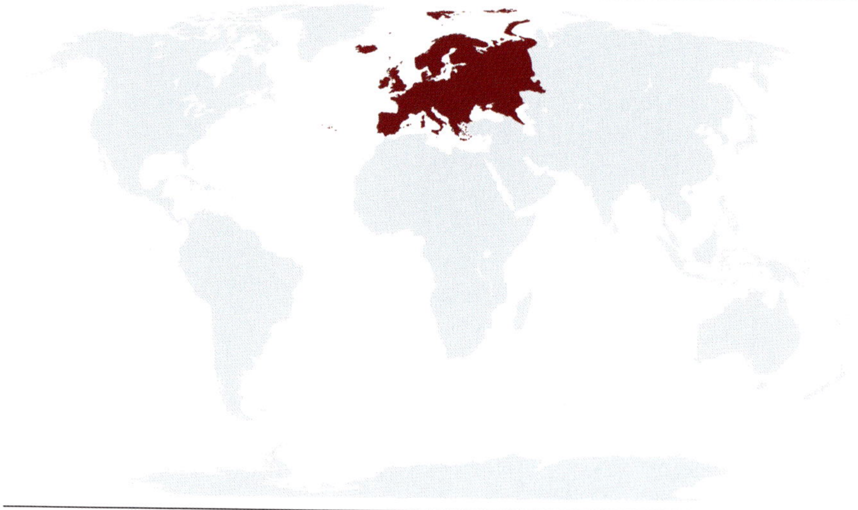

Quelle: http://upload.wikimedia.org/wikipedia/commons/e/e9/LocationEurope.png

Kriege sind oft die Folgen von Armut und Unterentwicklung und werden auch häufig um Rohstoffe geführt. Allerdings lösen sie keines der Probleme, sondern verschärfen sie nur. Während oftmals eine kleine Clique von Herrschenden sich am Krieg bereichert, bringt er Elend über die große Mehrheit. Das ist die Lehre aus den schrecklichen Weltkriegen des 20. Jahrhunderts, aber es ist auch die Erfahrung aus den Jugoslawien-Kriegen im letzten Jahrzehnt oder aus den zahlreichen Konflikten in Afrika.

Viele militärische Konflikte, auch solche, in die wir nicht verstrickt sind, treffen uns mit ihren Folgen. Die Kriege rauben den Menschen die Existenzgrundlage, entwurzeln sie und machen sie zu Flüchtlingen, die auch bei uns ankommen. Fast täglich präsentieren uns die Fernsehnachrichten Bilder von Menschen, die aus Afrika zu uns fliehen – oder es versuchen und bei der Überfahrt übers Mittelmeer den Tod finden. Allerdings darf man nicht übersehen, dass die meisten Afrikaner, die infolge von Kriegen und Bürgerkriegen ihre Heimat verlassen müssen, in andere afrikanische Staaten ziehen. Aber schon der Bruchteil der Flüchtlinge, die nach Europa kommen, bereitet uns Kopfzerbrechen und führt zu großen politischen Diskussionen.

Länder, in denen infolge von Konflikten die Regierung keine Staatsgewalt mehr ausüben kann, sogenannte zerfallende Staaten, sind ein guter Unterschlupf für Kriminelle und für Terroristen. Die Menschen in den betroffenen Ländern sind die Hauptleidtragenden einer solchen Situation, da sie Willkür und Bedrohung ausgesetzt sind. Aber auch die Sicherheit der EU-Länder wird davon in Mitleidenschaft gezogen, denn die kriminellen und terroristischen Handlungen sind auch gegen uns gerichtet.

Der beste Schutz auch für die Mitgliedstaaten der Europäischen Union besteht darin, dass andere Staaten demokratisch verfasst sind, gut funktionieren und dass sie außerdem über ein Maß an Wohlstand verfügen, welches es den Menschen zumindest ermöglicht, in Würde zu leben. Leider gibt es überall auf der Welt Fanatiker und intolerante Verfechter einer Richtung. Die allermeisten Menschen sowohl bei uns als auch in anderen Ländern und Erdteilen wollen aber das Gleiche: Sie möchten in Sicherheit leben, ihre Kinder großziehen, satt zu essen haben und fröhlich sein. Das macht sie friedlich und für andere ungefährlich. Es ist also durchaus in unserem egoistischen Interesse, dass es anderen gut geht. Ziel europäischer Außenpolitik ist es daher, die Gefahren, die für uns von anderen Staaten oder Organisationen ausgehen, abzuwehren und die Chancen, die sich aus dem Miteinander ergeben, zu nutzen.

Die EU und die Weltgemeinschaft

Da wir keine Möglichkeit haben, die Dinge der Welt im Alleingang zu richten, sind wir auf Kooperation angewiesen. Wir wollen die Welt gemeinsam gestalten, und wir wollen, dass diese Zusammenarbeit funktioniert. „Effektiver Multilateralismus" ist das Leitbild, das die EU vertritt. Damit ist gemeint, dass die internationale Ordnung auf der Zusammenarbeit von mehreren bzw. vielen Staaten ruht und dadurch auch Ergebnisse erzielt werden, die die Welt friedlicher und sicherer machen. Die EU setzt sich daher auch für eine Stärkung der Vereinten Nationen (UN) ein, in denen 192 Staaten dieser Erde vertreten sind. Leider ist es uns in der Vergangenheit nicht immer gelungen, in den UN dann auch mit einer Stimme zu sprechen.

epa/J. Ragel

Das wichtigste Gremium der Vereinten Nationen ist der Sicherheitsrat. Ihm gehören fünf ständige Mitglieder an, die ein sogenanntes Vetorecht besitzen. Das heißt, nur wenn keiner der fünf einem Vorschlag widerspricht, kann er auch beschlossen werden. Zwei dieser ständigen Sicherheitsratsmitglieder sind Länder der EU, nämlich Großbritannien und Frankreich. (Die anderen sind die USA, Russland und China.) Man könnte also meinen, dass die EU im Sicherheitsrat stark vertreten ist. In der Praxis ist das leider nicht so, da Großbritannien und Frankreich ihre Mitgliedschaft ausschließlich unter nationalen Gesichtspunkten sehen und sich nicht als Repräsentanten der EU fühlen. Auch Deutschland bemühte sich in den letzten Jahren um einen ständigen Sicherheitsratssitz. Dies scheiterte nicht zuletzt am Widerstand einiger EU-Mitglieder, die Deutschland eine solche Heraushebung nicht gönnen wollten. Der schärfste Kritiker des deutschen Anspruchs war ausgerechnet Italien. Sinnvoll wäre sicherlich, wenn nicht einzelne EU-Staaten, sondern die EU als Institution im UN-Sicherheitsrat vertreten wäre. Eine solche Lösung liegt jedoch in weiter Ferne.

Matthias Kulka

Ein Teil der europäischen Außenpolitik bezieht sich auf die wirtschaftlichen Zusammenhänge. Die EU ist ohne Zweifel nicht nur politisch, sondern auch wirtschaftlich der weltweit bedeutendste Zusammenschluss von Staaten. Rund ein Viertel des in der Welt erwirtschafteten Sozialprodukts entsteht in der EU, die auch ein Fünftel des Welthandels abwickelt.[9] Unser Wohlstand hängt nicht zuletzt davon ab, dass wir unsere Produkte in andere Teile der Erde verkaufen und dass wir von dort Waren und Rohstoffe beziehen können, die es bei uns nicht oder nur sehr viel teurer gibt.

Wir haben also ein großes Interesse daran, mit anderen Ländern und Völkern gut zurechtzukommen. Und wir wollen aus eigenem Interesse heraus, dass die internationalen Organisationen funktionieren, die den Welthandel regeln, wie die Welthandelsorganisation (WTO), oder die internationalen Währungsbeziehungen stabilisieren, wie der Internationale Währungsfonds (IWF).

^ Afrikanische Flüchtlinge erreichen in einem Schlauchboot die italienische Küste.

< Die Flagge der Vereinten Nationen

epa/Kirsti Taisi

Im November 2006 trafen sich die obersten Vertreter der EU mit dem russischen Präsidenten Putin zu einem Gipfel in Helsinki.

Die EU und ihre Nachbarn

Was die politische und wirtschaftliche Stabilität betrifft, hat die EU in allererster Linie natürlich ihre unmittelbare Nachbarschaft im Blick, für die es spezielle Strategien gibt. Mit der Ukraine, der Republik Moldau und potenziell auch mit Belarus betreibt die EU die Europäische Nachbarschaftspolitik, durch die die Länder stabilisiert und unterstützt werden sollen. Sie ist in Kapitel 5 näher beschrieben.

Russland hat sich an dieser Nachbarschaftspolitik nicht interessiert gezeigt. Zwischen dem großen Land im Osten Europas, das weit nach Asien hineinragt, und der EU gibt es eine strategische Partnerschaft, deren Ziel es ist, vier gemeinsame Räume zu schaffen. So soll es zwischen der EU und Russland einen gemeinsamen Wirtschaftsraum geben, einen gemeinsamen Raum der äußeren Sicherheit, einen gemeinsamen Raum der inneren Sicherheit sowie einen gemeinsamen Raum für Forschung, Bildung und Kultur. Tatsächlich gehen die Arbeiten an diesen vier Räumen langsam voran, und über vieles sind die beiden Partner sich nicht einig. Das Ziel der EU ist aber, mit Russland eine enge Partnerschaft aufzubauen, statt die Gegnerschaft früherer Jahre weiterzuführen.

Es kann uns auch nicht egal sein, wie Russland sich politisch entwickelt. Zum einen ist das Land nicht nur groß, sondern nach wie vor auch politisch und militärisch bedeutsam, zum anderen verfügt es über etwas reichlich, was uns fehlt: Energiequellen, also Öl und Gas. Es ist nicht nur so, dass wir in Europa an Russland nicht vorbeikommen. Wir haben auch große Vorteile von einer engen Kooperation mit diesem Land. Daher ist es wichtig, Russland auf seinem Weg in die Demokratie zu unterstützen und zu ermutigen. Dass dieser Prozess nicht einfach ist und auch nicht gradlinig verläuft, hat sich gerade in jüngster Zeit gezeigt.

Präsident Wladimir Putin hat in den letzten Jahren die Zügel stark angezogen und die Macht zentralisiert. In der „gelenkten Demokratie" soll von den Bürgern nur das entschieden werden, was die Präsidialmacht ihnen zubilligt. Die Pressefreiheit ist mittlerweile stark eingeschränkt, immer wieder kommt es sogar zu Morden an Journalisten. Vereinen und Verbänden wird durch undurchschaubare Registrierungen und Kontrollen das Leben schwer gemacht, wenn sie nicht auf der Linie des Präsidenten liegen.

Auch in einer anderen Nachbarschaftszone, von der viel Instabilität ausgeht, ist die Europäische Union sehr engagiert. Das ist der südliche Rand des Mittelmeers. Diese

STRATEGISCHER PARTNER RUSSLAND

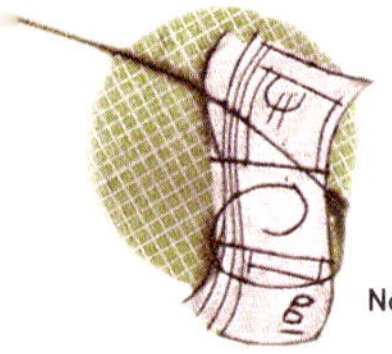

Quelle: http://service.spiegel.de/digas/servlet/jahrbuch?jahrbuch.request=jahrbuch.request.grossbild&id=309938&L=RUS

Straßenszene in einem Suq (Händlerviertel) in Marrakesch, Marokko 2004. Die Suqs von Marrakesch sind die größten des Landes.

Guido Schiefer

ganze Region wird stark von dem Nahostkonflikt, also der Auseinandersetzung zwischen Israel einerseits und den Palästinensern sowie den arabischen Staaten andererseits, beeinflusst. Die EU hat den gesamten südlichen Mittelmeerraum, von Marokko bis nach Syrien, in ihre Nachbarschaftspolitik einbezogen.

Dies ist die Weiterführung des schon seit 1995 bestehenden Barcelona-Prozesses, mit dem die nordafrikanischen und arabischen Staaten näher an die EU herangeführt und zur Zusammenarbeit untereinander motiviert werden sollen. Bis 2010 soll es zwischen der EU und den Staaten des südlichen Mittelmeers eine Freihandelszone geben. Allerdings sieht es nicht danach aus, dass dieses Ziel im vorgegebenen Zeitrahmen erreichbar wäre. Dies hat wesentlich damit zu tun, dass die Mittelmeeranrainer untereinander wenig kooperieren. Auch hält ihr Enthusiasmus, die europäischen Demokratievorstellungen zu übernehmen, sich in überschaubaren Grenzen.

Für uns sind die Staaten des südlichen Mittelmeers auch im Hinblick auf die vielen Menschen, die sich als Flüchtlinge auf den Weg nach Europa gemacht haben und machen werden, besonders wichtig. Wenn es hier nicht zu Partnerschaften kommt, die verhindern, dass die Menschen überhaupt aufbrechen, wird es nicht möglich sein, ihr Eintreffen in Europa zu verhindern. Schließlich kann man sie nicht im Mittelmeer ertrinken lassen.

DIE PARTNER DER EU IM KAUKASUS

Quelle: http://fesportal.fes.de/pls/portal30/docs/FOLDER/WORLDWIDE/MOE/SUED_KAUKASUS.HTM

Auch die drei Kaukasus-Staaten Armenien, Aserbaidschan und Georgien sind Zielländer der Europäischen Nachbarschaftspolitik. Sie sind allerdings alle drei in regionalen Konflikten verhaftet, die es für die EU sehr schwer machen, für die Demokratisierung und Stabilisierung dieser Staaten wirklich einen Beitrag zu leisten. Zwischen Armenien und Aserbaidschan gibt es einen Streit um Berg-Karabach, das in Aserbaidschan liegt, aber von Armeniern bewohnt wird und derzeit von Armenien (mit russischer Unterstützung) besetzt wird. Die aserbaidschanische Bevölkerung Berg-Karabachs ist weitestgehend vertrieben worden oder geflüchtet. Hier gibt es einen Konflikt zwischen dem völkerrechtlichen Prinzip der Unverletzlichkeit der territorialen Integrität, das für Aserbaidschan spricht, und dem Grundsatz der nationalen Selbstbestimmung, den die Menschen in Berg-Karabach für sich in Anspruch nehmen.

In Georgien gibt es zwei Gebiete, die die Unabhängigkeit oder den Anschluss an Russland anstreben, Abchasien und Südossetien. Die georgische Regierung ist nicht bereit, die Loslösung zu akzeptieren. Die Separatisten werden offen von Russland unterstützt.

In allen drei Staaten beherrschen diese regionalen Konflikte die politische Tagesordnung. Andere Punkte wie die Wirtschaftsreform, der Ausbau der Infrastruktur und des Bildungswesens sowie die konsequente Demokratisierung bleiben dadurch nachrangig und kommen wenig voran.

Zentralasien

Östlich schließt sich an den Kaukasus Zentralasien an. In den fünf ehemals zur Sowjetunion gehörenden Staaten Kasachstan, Usbekistan, Turkmenistan, Kirgisistan und Tadschikistan leben zusammen circa 55 Millionen Menschen. Kasachstan und Turkmenistan verfügen über erhebliche Öl- und Gasvorkommen.

Die Staaten Zentralasiens haben bislang durch die EU keine große Aufmerksamkeit erfahren. Unter deutscher Präsidentschaft soll sich das ändern. Die EU möchte ein Konzept entwickeln, wie man diese Staaten, die alle der Organisation für Sicherheit und Zusammenarbeit in Europa (OSZE) angehören, stärker in ein Kooperationsmodell einbinden kann. Allerdings weisen alle fünf Länder erhebliche Demokratiedefizite auf. Russland reagiert auf ein stärkeres europäisches Engagement in Zentralasien darüber hinaus unerfreut, weil es diese Region als sein Einflussgebiet ansieht.

Europa und die USA

Von besonderer Bedeutung ist das Verhältnis der EU und ihrer Mitgliedstaaten zu den Vereinigten Staaten von Amerika. Die USA haben im gesamten 20. Jahrhundert eine große Rolle für und in Europa gespielt. Mit ihrer Hilfe wurden der Erste und der Zweite Weltkrieg entschieden. Sie haben nach 1945 wesentlich zum Wiederaufbau Europas beigetragen, und zwar sowohl materiell durch den Marshallplan als auch politisch und sicherheitspolitisch. Von den USA gingen entscheidende Impulse zur Gründung der Europäischen Gemeinschaft aus, was

heute gerne vergessen wird. Amerika wollte, dass der Westen sich eint, was natürlich auch mit dem Ost-West-Konflikt und der Konfrontation mit der Sowjetunion zu tun hatte.

Die amerikanische Präsenz in Europa, nicht zuletzt durch erhebliche militärische Kräfte, ermöglichte es den bisherigen Kriegsgegnern und zukünftigen Partnern Deutschlands, sich auf das „Wagnis“ einer Kooperation einzulassen, ohne Angst haben zu müssen, von Deutschland dominiert oder hinters Licht geführt zu werden. Man darf nicht vergessen, dass die Gründung der ersten Europäischen Gemeinschaft, der Montanunion, weniger als sieben Jahre nach dem Ende des Zweiten Weltkriegs erfolgte. Da waren die Wunden des Kriegs noch frisch und das Misstrauen gegen Deutschland groß.

Nach dem Ende des Ost-West-Konflikts, das durch den Fall der Berliner Mauer 1989 sichtbar eingeleitet und durch den Zerfall der Sowjetunion 1991 endgültig besiegelt wurde, hat sich das europäisch-amerikanische Verhältnis, zunächst weitgehend unbemerkt, verändert. Die (West-)Europäer benötigten den Schutz der USA gegen die Sowjetunion nicht mehr, und das amerikanische Interesse verlagerte sich auf andere Regionen der Welt. Der erste Irak-Krieg 1991, der eine Reaktion der USA und einiger Verbündeter auf den irakischen Überfall auf Kuwait war, machte das sehr deutlich.

Das TACIS-Programm (Technical Aid to the Commonwealth of Independent States) der EU fördert seit 1991 Länder Osteuropas und Zentralasiens in finanzieller und technischer Hinsicht. Dabei werden verschiedenste Lebens- und Wirtschaftsbereiche unterstützt, zum Beispiel ein Wirtschafts-Kommunikations-Zentrum in Taschkent, Usbekistan, das Institut für Management, Wirtschaft und Öffentliche Verwaltung in Kasachstan, eine Seidenspinnerei und Landwirte in Usbekistan (im Uhrzeigersinn v.li.o.), alle Aufnahmen entstanden 1995.

epa/Georgi Licovski

US-Soldaten auf dem Weg zum Militäreinsatz im Kosovo 1999, hier bei Skopje (Makedonien)

risten Passagierflugzeuge in die Türme des World Trade Center in New York und das amerikanische Verteidigungsministerium in Washington lenkten und vermutlich versuchten, mit einem weiteren Flugzeug auch das Weiße Haus zu treffen.

Die NATO verkündete daraufhin zum ersten Mal in ihrer Geschichte den Bündnisfall, der alle Mitglieder verpflichtet, dem angegriffenen Staat zu helfen. Die Amerikaner nahmen das wohlwollend zur Kenntnis, verließen sich aber lieber auf die eigenen Kräfte.

Eine Reaktion auf die Terroranschläge des 11. September war die Invasion in Afghanistan, dem damaligen Rückzugsraum des Terrornetzwerkes Al-Quaida. Der Einmarsch in Afghanistan und der Wiederaufbau des Landes nach der Vertreibung der dortigen Regierung wurden von den Europäern mitgetragen und aktiv unterstützt. Auch die deutsche Bundeswehr war und ist in Afghanistan stationiert.

Wie groß die Abhängigkeit der Europäer von den USA dennoch weiterhin war, zeigte sich bei den Kriegen und Konflikten um das sich auflösende Jugoslawien in den 1990er-Jahren. Erst das Eingreifen Amerikas beendete den Bosnien-Krieg 1995 und die Vertreibung der Albaner aus dem Kosovo 1999. Die Europäer selbst hatten sich als unfähig erwiesen, diesen Konflikt im Herzen des Kontinents zu lösen, da die Politiker der verschiedenen Länder sich nicht auf Maßnahmen einigen konnten und man sich militärisch nicht vorbereitet und leistungsfähig fühlte. Das Vertrauen der USA in die militärischen Fähigkeiten und die Entscheidungsfreude der Europäer wurde dadurch nicht gerade verstärkt.

Mit dem Regierungswechsel von Bill Clinton zu George W. Bush im Jahr 2001 wandte sich die einzige verbliebene Supermacht daher dem Konzept des Unilateralismus zu. Man vertraute lieber auf die eigenen Fähigkeiten als auf die Partnerschaft mit der Europäischen Union. Verstärkt wurde diese Tendenz nach den schrecklichen und (nicht nur) für die USA traumatischen Terrorangriffen des 11. September 2001, als islamistische Terro-

Tiefe Gräben im europäisch-amerikanischen Verhältnis und innerhalb der Europäischen Union taten sich allerdings zwei Jahre später, 2003, auf, als die USA auch in den Irak einmarschierten. Die Begründung, der dortige Diktator Saddam Hussein verfüge über Massenvernichtungswaffen, wurde von einer Reihe europäischer Staaten, darunter Deutschland, nicht akzeptiert – und hat sich auch als falsch herausgestellt. Deutschland und Frankreich hielten, gemeinsam mit einigen weiteren EU-Staaten, die Besetzung des Irak für falsch und beteiligten sich nicht daran, wohingegen Großbritannien,

› Im Frühjahr 2003 demonstrieren in vielen Städten Europas Tausende von Menschen gegen den Irak-Krieg, hier der Ostermarsch in Hamburg im April 2003.

⌄ Atmosphärische Verbesserungen: Bundeskanzlerin Angela Merkel und US-Präsident George W. Bush während seines Besuches in Deutschland im Juli 2006.

picture-alliance/dpa

Spanien, Polen und einige andere EU-Länder die Invasion unterstützten und auch eigene Truppen schickten.

Damit war politisch der größtmögliche Unfall eingetreten. Die Beziehungen wichtiger EU-Länder, darunter Deutschland, zu den USA waren nachhaltig gestört, und die EU-Länder waren untereinander in dieser Frage so zerstritten, dass sie zu keiner gemeinsamen Politik fähig waren. Dies führte wiederum dazu, dass keines der beiden Lager in Washington sonderlich ernst genommen wurde, wie auch der treueste Verbündete der USA, der britische Premierminister Tony Blair, feststellen musste, als er von George W. Bush Änderungen in der Irak-Politik forderte.

Drei Jahre später hatten die Dinge sich allerdings wieder etwas beruhigt. In Deutschland führte ein Regierungswechsel dazu, dass man die deutsch-amerikanischen Beziehungen ohne persönliche Belastungen neu justieren konnte. Die Europäer hatten die Lektion gelernt, dass sie zersplittert keinerlei Einfluss ausüben können, und die USA mussten erfahren, dass es nicht genügt, einen Krieg zu gewinnen, sondern dass man auch den Frieden gestalten muss. Aller optimistischen Propaganda zum Trotz war dies den USA auch drei Jahre nach dem Einmarsch in den Irak nicht einmal ansatzweise gelungen.

Das Konzept des Unilateralismus war an die Grenze der Machbarkeit gestoßen, was eine (allerdings noch sehr vorsichtige) Rückorientierung auf die europäischen Bündnispartner einleitete.

Wirtschaftlich und politisch sind die Beziehungen der Europäischen Union zu den USA die intensivsten und die fundiertesten. Trotz allen Streits im Detail, beispielsweise um das amerikanische Gefangenenlager Guantánamo Bay, in dem die USA Gefangene aus dem Afghanistan-Krieg jahrelang ohne Anklage und Prozess inhaftiert haben, gibt es zwischen Europa und Nordamerika eine gemeinsame Wertebasis.

Afrika

Auch zu anderen Teilen der Welt unterhält die EU enge Beziehungen. Das Verhältnis zu Afrika war lange Zeit durch die Kolonialgeschichte einiger EU-Staaten, vor allem Frankreichs und Großbritanniens, aber beispielsweise auch Belgiens, geprägt. Ende 2005 beschloss die EU eine neue Afrikastrategie, durch die die gemeinsamen Anstrengungen verstärkt werden sollen, dem Schwarzen Kontinent wirtschaftlich, aber auch politisch zu helfen. So sollen neben der Wirtschaft der afrikanischen Partnerländer auch die demokratischen Strukturen und die staatlichen Institutionen gefestigt werden. Die Notwendigkeit hierfür ergibt sich nicht nur aus dem schon angesprochenen Flüchtlingsproblem, sondern aus der gesamten Lage des Schwarzen Kontinents. Fast eine Milliarde Menschen lebt dort in einem Teil der Erde, der über viele Rohstoffe und Chancen

‹ Das Cotonou-Abkommen zwischen der EU und 77 AKP-Staaten (AKP = Afrika, Karibik, Pazifik) hat das Ziel, Armut zu reduzieren durch politischen Dialog und Entwicklungszusammenarbeit. Beispiele für Förderungen: Schulung einer Frauengruppe in Techniken des Gemüse-Trocknens, Bananenverkäufer, Burkina Faso; Errichtung einer neuen Schule, Benin; Kakaohandel, Ghana (v.o.n.u.)

verfügt, tatsächlich aber vor allem von Problemen wie Hunger, Armut, Kriegen und Seuchen dominiert wird.

Asien

Die Asienpolitik der EU richtet sich in erster Linie auf die Partnerschaft mit Japan sowie auf das Verhältnis zu China und Indien, die gemeinsam über 2,5 Milliarden Bürger haben.

China wird in erster Linie als wirtschaftlicher Partner gesehen. Es hat mittlerweile Japan als größten Handelspartner der EU im asiatischen Raum abgelöst. Die Menschenrechtsverletzungen, deren sich das dortige Regime permanent schuldig macht, werden zwar gelegentlich höflich angesprochen, spielen aber für die praktische Politik keine Rolle. Auch die von Japan und den USA geäußerten Befürchtungen über eine künftige Großmacht China werden in der EU bislang nicht aufgenommen.

Mit Indien hat die EU eine „strategische Partnerschaft" geschlossen, die aber bislang nicht klar definiert ist und auch wenig Ergebnisse gezeigt hat. Auch mit den zehn Staaten, die in der ASEAN zusammengeschlossen sind, gibt es institutionalisierte Kontakte (ASEM – Asia Europe Meeting), weitreichende Ergebnisse sind jedoch noch nicht erzielt worden. Die Beziehungen zu den asiatischen Staaten werden immer noch in einem großen Maß bilateral, das heißt zwischen einzelnen EU-Staaten und einzelnen asiatischen Ländern, gepflegt.

ASEAN steht für Association of Southeast Asian Nations (Verbund Südostasiatischer Staaten). Ihr gehören folgende Länder an: Brunei Darussalam, Kambodscha, Indonesien, Laos, Malaysia, Myanmar (Burma), Philippinen, Singapur, Thailand, Vietnam.

ASIEN

Quelle: http://upload.wikimedia.org/wikipedia/commons/b/ba/Asia_map_pastel_de.png

epa/Hans Klaus Techt

www.digitalstock.de

Staats- und Regierungschefs der EU, aus Lateinamerika und der Karibik sowie Vertreter internationaler Organisationen beim 4. EU-Lateinamerika-Karibik-Gipfel in Wien im Mai 2006

Lateinamerika

Mit Lateinamerika besteht eine „strategische Partnerschaft", aus der allerdings noch keine intensive Zusammenarbeit erwachsen ist, auch wenn die Staats- und Regierungschefs der EU und Lateinamerikas sich alle zwei Jahre zu einem Gipfel treffen, bei dem dann immerhin 58 Staats- und Regierungschefs zusammenkommen. Der letzte EU-Lateinamerika-Gipfel fand im Mai 2006 statt und behandelte Themen wie Demokratie und Menschenrechte, Frieden, Stabilität und Achtung der Völkerrechte, Umwelt und Energie. Inwieweit daraus gemeinsame Aktionen folgen, ist noch nicht absehbar. Lateinamerika befindet sich zurzeit im politischen Umbruch und tut sich sehr schwer, mit einer gemeinsamen Stimme zu sprechen. Das macht natürlich auch die Umsetzung gemeinsamer Absprachen in konkrete Politik schwierig.

Europäische Außenpolitik heute: Doppelspitze statt Doppelhut

Wenn die Europäische Verfassung so in Kraft tritt, wie sie im Jahr 2004 unterzeichnet wurde, wird es einen Europäischen Außenminister geben, der der EU-Außenpolitik Gesicht und Stimme geben soll. Eine solche Persönlichkeit existiert schon jetzt. Das ist der „Generalsekretär des Europäischen Rates und Hohe Vertreter für die Außen- und Sicherheitspolitik", Javier Solana. Er kann die Außenpolitik der EU nicht bestimmen, das tun die Mitgliedstaaten im Außenministerrat, aber er koordiniert sie und versucht, alle 27 Staaten auf eine gemeinsame Linie einzuschwören. Auch bei der Europäischen Kommission gibt es ein Mitglied, das für Außenpolitik zuständig ist. Hierbei handelt es sich um die frühere österreichische Außenministerin Benita Ferrero-Waldner.

Durch diese „Doppelspitze" entsteht eine schwierige Situation. Die Außenpolitik ist zum größten Teil Sache des Rates, nicht der Kommission. Javier Solana repräsentiert also die Macht, hat allerdings keinen Apparat, mit dem er Außenpolitik umsetzten könnte. Sein Stab ist wesentlich kleiner als der der Europäischen Kommission. Die Kommission andererseits verfügt über das Geld und unterhält in den meisten Ländern der Welt eine eigene Vertretung, die dort den Charakter und Status einer Botschaft hat. Allerdings ist ihre außenpolitische Kompetenz nach wie vor beschränkt. Sie verfügt in Brüssel allerdings über eine Vielzahl von Mitarbeitern im Bereich der Außenbeziehungen.

Eine solche Kompetenzaufteilung könnte nur funktionieren, wenn das persönliche Verhältnis zwischen den beiden Repräsentanten sehr gut ist. Davon kann allerdings nicht immer die Rede sein.

Der Leidtragende dieser Struktur ist die Gemeinsame Außen- und Sicherheitspolitik der Europäischen Union. Die Verfassung würde hier eine wesentliche Verbesserung bringen. Nach ihren Regelungen wäre der Europäische Außenminister nämlich gleichzeitig der Vorsitzende des Außenministerrates und als ein Vizepräsident der Europäischen Kommission auch dort für die Außenbeziehungen zuständig. Er würde gewissermaßen zwei Hüte tragen, den des Vertreters des Rates, also der Mitgliedstaaten, und den des Kommissionsmitglieds. Man spricht daher von dieser Konstruktion als „Doppelhut". Dem Europäischen Außenminister würde ein eigener Europäischer Auswärtiger Dienst zuarbeiten, der sich aus den bisherigen Strukturen der Kommission und des Rates zusammensetzen würde. Zwar könnte auch der Europäische

Außenminister nicht selbstherrlich sagen, wo es langgeht in der Außenpolitik, aber er hätte doch wesentlich größeren Einfluss, und das Gegeneinander der Institutionen Rat und Kommission würde der Vergangenheit angehören. Auch jetzt versuchen die Mitgliedstaaten, ihre Außenpolitik zu koordinieren. Dazu gibt es im Rahmen der Gemeinsamen Außen- und Sicherheitspolitik (GASP) und der Europäischen Sicherheits- und Verteidigungspolitik (ESVP) mehrere Gremien und Verfahren.

Gemeinsame Strategien und gemeinsame Aufgaben

In der Außenpolitik kann der Europäische Rat, also die Staats- und Regierungschefs der EU, sogenannte Gemeinsame Strategien verabschieden, die die Politik gegenüber einem Land oder einer Region festlegen. Auf deren Basis soll dann die Politik gegenüber dem Partnerland oder der Region entwickelt werden. Solche Gemeinsame Strategien gibt es gegenüber Russland, der Ukraine, dem Mittelmeerraum und Afrika. Allerdings waren diese gegenüber Russland, der Ukraine und dem Mittelmeerraum zeitlich befristet und sind mittlerweile ausgelaufen. Das deutet nicht darauf hin, dass ihnen eine große Bedeutung zugekommen ist. Die Afrika-Strategie wurde erst Ende 2005 verabschiedet und soll zu mehr Übereinstimmung der EU-Staaten gegenüber Afrika führen.

Außerdem verabschiedet der Rat der Europäischen Union zu außenpolitischen Themen Gemeinsame Standpunkte, die den Partnern in der Welt auch als EU-Position mitgeteilt werden und die gleichzeitig dazu dienen sollen, die jeweiligen außenpolitischen Aktivitäten der Mitgliedstaaten untereinander zu koordinieren. So können dann auch Gemeinsame Aktionen stattfinden.

Oftmals kommt es vor, dass ein Mitgliedstaat gegenüber einem Drittland eine be-

EU-Außen- und Sicherheitspolitikbeauftragter Javier Solana (l.) und Deutschlands Außenminister Frank-Walter Steinmeier (r.) bei einer Pressekonferenz am 22. Januar 2007

AP/Yves Logghe

sondere Beziehung hat oder eine spezielle Verpflichtung verspürt, sodass es mit Rücksicht darauf nicht an einer gemeinsamen Politik der EU teilnehmen will. Hierfür gibt es im Bereich der Außenpolitik die Möglichkeit der konstruktiven Enthaltung. Obwohl die Entscheidungen im außenpolitischen Bereich normalerweise einstimmig getroffen werden, kann ein Mitgliedstaat hier sagen: „Ich halte mich aus dieser Frage heraus. Aber ihr könnt tun, was ihr für richtig haltet. Ich werde gegen eure Politik nicht vorgehen." So ist es möglich, trotz der Einstimmigkeitsregel voranzukommen.

Nach außen wird die EU von der sogenannten Troika repräsentiert. Das sind der oder die jeweilige Vorsitzende des Rates, das für Außenpolitik zuständige Mitglied der Europäischen Kommission und der Hohe Vertreter für die Außen- und Sicherheitspolitik. Das mag auf andere Staaten durchaus befremdlich wirken, dass die EU nicht von einer, sondern gleich von drei Personen vertreten wird, die darüber hinaus oft noch Unstimmigkeiten untereinander haben.

Die wichtigste außenpolitische Entscheidungsinstanz ist natürlich der Außenministerrat, wo die Außenministerinnen und Außenminister der Mitgliedstaaten mit dem Hohen Vertreter zusammensitzen. Wenn die Außenminister /innen sich nicht treffen, übernimmt das Politische und Sicherheitspolitische Komitee, in dem die EU-Botschafter der Mitgliedstaaten vertreten sind, die Aufgabe der Koordinierung der Außenpolitik.

Im Detail betrachtet existieren im außen- und sicherheitspolitischen Bereich durchaus komplexe Strukturen. Es ist also keineswegs so, dass die EU auf diesem Gebiet nicht bereits Maßnahmen entwickelt hätte. Aber sie ist noch deutlich von dem Ziel entfernt, die EU zu einem vollständig handlungsfähigen und auch militärisch reaktionsstarken Akteur auf der Weltbühne zu machen.

Immerhin besteht mittlerweile der Wille hierzu. Das ist ein wesentlicher Unterschied zu früher, als die Mitgliedstaaten nicht wollten, dass die Außen- oder gar die Verteidigungspolitik europäisch vereinbart und geführt werden. Ursprünglich waren diese Bereiche ja nicht als Felder der Gemeinschaftspolitik vorgesehen,

Österreichische EU-Präsidentschaft 2006/HOPI-MEDIA

› Drei für Europa: Die Troika mit US-Präsident Bush und dem Präsidenten der EU-Kommission Barroso. Am 21. Juni 2006 fand in der Wiener Hofburg das EU-USA-Gipfeltreffen statt. Im Bild (v.l.n.r.) EU-Generalsekretär Javier Solana, EU-Außenkommissarin Benita Ferrero-Waldner, US-Präsident George W. Bush, der amtierende Vorsitzende des Europäischen Rates, Österreichs Bundeskanzler Wolfgang Schüssel, und EU-Kommissionspräsident José Manuel Barroso im großen Redoutensaal.

II. TANZ DER LEICHTGEWICHTE

Die EU wird in Nahost gebraucht, aber sie vergibt ihren Einfluss wegen ihrer Uneinigkeit.

Von Martin Winter

Ob die Europäer es nun wollen oder nicht, der Krieg im Nahen Osten ist zum Ernstfall für ihre Außenpolitik geworden. Die so wenig erfolgreiche Konferenz von Rom hat zumindest in einem Klarheit geschaffen: Die Vereinten Nationen sind im Streit um Israel blockiert. Und den USA fehlt es nicht nur an Konzepten, sondern mit dem Krieg im Irak haben sie auch erheblich an Abschreckungspotenzial verloren. Natürlich wird es keine Lösung ohne die USA und die UN geben. Aber den Weg dahin werden die Europäer ebnen müssen – einfach deshalb, weil kein anderer da ist.

Die Frage ist nur: Können die das? In den sieben Jahren seit Gründung der „Gemeinsamen Europäischen Außen- und Sicherheitspolitik" hat die EU schon in manchen Krisen interveniert, mit durchaus respektablen Ergebnissen auf dem Balkan oder in Indonesien. Im Kongo demonstriert sie ihre Bereitschaft und ihre Fähigkeit, weltweit Verantwortung zu übernehmen. Im Nahost-Quartett spielt sie eine wichtige Rolle. Und im Atomstreit mit Iran haben europäische Geduld und diplomatisches Geschick eine solide internationale Front gegen Teheran aufgebaut.

All das aber kann nicht verdecken, dass die europäische Außenpolitik unter schweren politischen und strukturellen Mängeln leidet. Provinzialismus ist das eine Problem. In vielen Hauptstädten wird eifersüchtig über die nationalen Interessen gewacht. Im Extrem führt das die EU an den Rand des Abgrundes, wie vor dem Irak-Krieg, als sich Großbritannien, Spanien, Italien und Polen auf die Seite der USA schlugen, ohne auch nur den Versuch unternommen zu haben, in der EU eine gemeinsame Linie zu finden. Immer noch begreifen viele Regierungen nicht, dass sie nur über die EU Einfluss auf den Lauf der Welt nehmen können. Erst durch die Bündelung der Nationen entsteht ein ausreichendes Gewicht. Auf sich allein gestellt können selbst Frankreich oder Großbritannien heute nichts mehr bewegen.

Das andere Problem ist die Organisation der europäischen Außenpolitik. Javier Solana ist für die EU zwar ein Glücksfall. Der „Hohe Repräsentant für die Außen- und Sicherheitspolitik" ist ein fähiger und weltweit respektierter Mann. Aber die EU hält ihn mit Geld und Personal an der kurzen Leine. Schlimmer noch: Wenn Solana im Krisenmanagement unterwegs ist, dann stolpert er immer wieder über Außenminister von Mitgliedsländern, die auf eigene Faust Politik machen. Natürlich ist es vernünftig, dass die großen Mitgliedsländer ihren Einfluss und ihre Kontakte nutzen. Was aber der finnische Außenminister, selbst wenn er gerade Ratspräsident ist, in Jerusalem zu suchen hat, bleibt schleierhaft. Im besten Falle richtet er keinen Schaden an.

Die EU wird der Herausforderung aus dem Nahen Osten nur gerecht, wenn sie sich einer strikten Selbstdisziplin unterwirft. Sie braucht ihr ganzes Gewicht und ihre ganze politische Vernunft, wenn sie Israel und Syrien, vielleicht sogar die Hisbollah und Iran zu einer stabilen Lösung für den Libanon sowie Israelis und Palästinenser zu einer Rückkehr an den Verhandlungstisch bewegen will.

In vier Tagen treffen sich die Außenminister der EU, um ihre Rolle in der Nahost-Krise zu beraten. Sie werden über die Probleme reden, aber hoffentlich auch über eine eigene Initiative entscheiden. Gut gemeinte Politik kann an schlechter Durchführung scheitern. Entschließen sich die Mitgliedsländer nicht, Solana zum alleinigen Verhandlungsführer zu machen, dann sollten sie wenigstens zum Iran-Modell greifen.

Die Gespräche mit Teheran ließ die EU von Deutschland, Frankreich und Großbritannien gemeinsam mit Solana führen. Eine Kombination, die sich als effektiv erwies. Aber auch so eine Zusammensetzung wird dem Frieden im Nahen Osten nur dienen können, wenn dann keiner mehr aus der Reihe tanzt.

Quelle: Süddeutsche Zeitung vom 28.07.2006, S. 4

Gaza Stadt, 6. Februar 2007: Anhänger von Präsident Mahmoud Abbas demonstrieren gegen die Hamas Regierung.

Polaris/laif

UMFRAGE: GEMEINSAME AUßENPOLITIK DER EU, 2005

Für eine gemeinsame Außenpolitik der Mitgliedstaaten der EU gegenüber anderen Staaten sprachen sich aus:

Europäische Union (25)	**68 %**
Landesergebnisse	
Zypern	81 %
Deutschland	78 %
Belgien	77 %
Slowenien	77 %
Polen	75 %
Griechenland	74 %
Ungarn	73 %
Lettland	73 %
Slowakei	73 %
Luxemburg	72 %
Litauen	72 %
Frankreich	71 %
Italien	71 %
Estland	71 %
Niederlande	69 %
Tschechische Republik	69 %
Spanien	65 %
Österreich	63 %
Portugal	61 %
Dänemark	60 %
Finnland	60 %
Irland	57 %
Schweden	54 %
Malta	54 %
Großbritannien	50 %
Andere Länder	
Rumänien	71 %
Bulgarien	70 %
Kroatien	68 %
Türkei	51 %

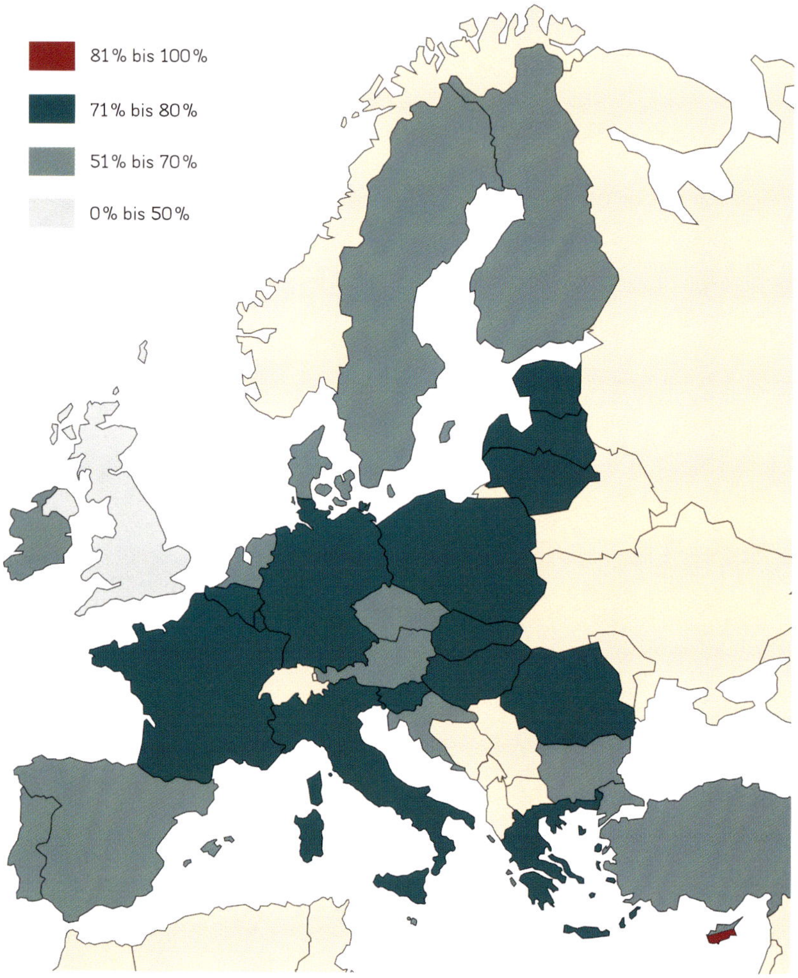

Quelle: Eurobarometer 64 – Die öffentliche Meinung in der Europäischen Union, Erste Ergebnisse, Befragung Oktober/November 2005, Veröffentlichung Dezember 2005, S. 35

die Europäische Union ist gewissermaßen eine Großmacht wider Willen. Aber Stück für Stück stellt sie sich der Aufgabe, die sich aus ihrer weltpolitischen und weltwirtschaftlichen Bedeutung ergibt. Dies geschieht übrigens mit eindeutiger Unterstützung der EU-Bürger, die mit großer Mehrheit in der Außenpolitik „mehr Europa“ haben wollen.

Militärmacht Europa

Nicht alle Konflikte lassen sich friedlich am Verhandlungstisch austragen. Manchmal ist ein militärischer Einsatz oder die Androhung desselben notwendig, um in anderen Teilen der Welt Frieden zu schaffen.

Die Trennungskriege in Jugoslawien sind uns in dieser Beziehung noch deutlich in Erinnerung. Und auch das damalige Scheitern der EU in diesem Konflikt ist noch frisch im Gedächtnis. Die EU-Staaten haben sich in den Folgejahren bemüht, auch eine militärische Zusammenarbeit herzustellen. Mittlerweile sind Soldatinnen und Soldaten der Bundeswehr bzw. Polizeibeamte in verschiedenen EU-Missionen im Ausland tätig. Der Kosovo und die Polizeimission in Bosnien-Herzegowina sind zwei Beispiele aus der unmittelbaren Nachbarschaft der EU. Aber auch im Kongo sicherten EU-Soldaten 2006 die Durchführung freier Wahlen ab.

Die EU hat in den letzten knapp zehn Jahren Regelungen getroffen, um auf Truppenteile der Nationen zurückgreifen zu können, durch die militärische Einsätze auch ohne direkte Hilfe der NATO durchgeführt werden können. Dass sie sich dennoch auf Ressourcen der NATO stützen kann, wenn dies erforderlich und die NATO als Ganzes an der Mission nicht interessiert ist, ist das Ergebnis langer Verhandlungen mit der NATO und ausführlicher Diskussionen innerhalb des Bündnisses. Es gehören ja nicht alle NATO-Mitglieder auch der EU an – und umgekehrt. Schließlich wurde die Berlin-Plus-Vereinbarung abgeschlossen, mit der die NATO ihre Bereitschaft erklärt, EU-Missionen mit militärischen Kräften zu unterstützen. Hier geht es häufig um Aufklärungs- und Transportkapazitäten.

Seit 2005 gibt es die sogenannte European Union Battle Group (EUBG); Deutschland hat sich erstmals 2006 beteiligt. Jeweils zwei Battle Groups werden sechs Monate lang für mögliche Militäreinsätze der EU bereitgehalten. Binnen zehn Tagen sollen sie am jeweiligen Ort des Geschehens sein, wo sie mindestens 30 und maximal 120 Tage aushalten sollen. Jede Gruppe ist circa 1 500 Personen stark.

Im Falle eines Einsatzes werden die Battle Groups von einem nationalen Hauptquartier aus geführt. Für den Einsatz der EU-Truppen im Kongo 2006 zeichnete beispielsweise das Einsatzführungskommando der Bundeswehr in Potsdam bei Berlin verantwortlich. Die politische Koordinierung der Militärpolitik übernimmt der Verteidigungsministerrat bzw. das Politische und Sicherheitspolitische Komitee, dem hohe Beamte aus den Mitgliedstaaten angehören.

Die EU ist keine Militärmacht, die mit den USA gleichziehen könnte. Die (andauernde) Führung der Militäroperationen in Bosnien-Herzegowina, aber auch die inzwischen beendete Aktion in Makedonien hat in den letzten Jahren jedoch deutlich gemacht, dass auch die EU in der Lage ist, „Zähne zu zeigen“. Gelegentlich kann man gerade dadurch einen Krieg verhindern.

Ist die Europäische Union eine Weltmacht? Schon die Frage würde sicherlich viele Politikerinnen und Politiker in Brüssel und in den nationalen Hauptstädten erschrecken, denn diesen Anspruch erhebt die EU nicht. Aber sie ist ein bedeutender Einflussfaktor für die internationale Politik, auch wenn sie zurzeit noch unter ihren Möglichkeiten bleibt. Ganz abgesehen von wirtschaftlicher Macht und militärischem Potenzial kann die EU mit ihren Erfahrungen, wie man aus Feinden Freunde macht, wie man Konflikte durch Kompromisse löst, wie man das Gewicht großer und kleiner Staaten austariert und wie man mit kultureller Vielfalt produktiv umgeht, einen wesentlichen Beitrag zur Gestaltung der internationalen Beziehungen leisten. In dem Maße, in dem sie sich in die Weltpolitik einmischt, profitieren nicht nur die Europäer selbst, sondern auch ihre Partner von der europäischen Integration.

EUROPA UND SEINE BEZIEHUNGEN IN DER WELT

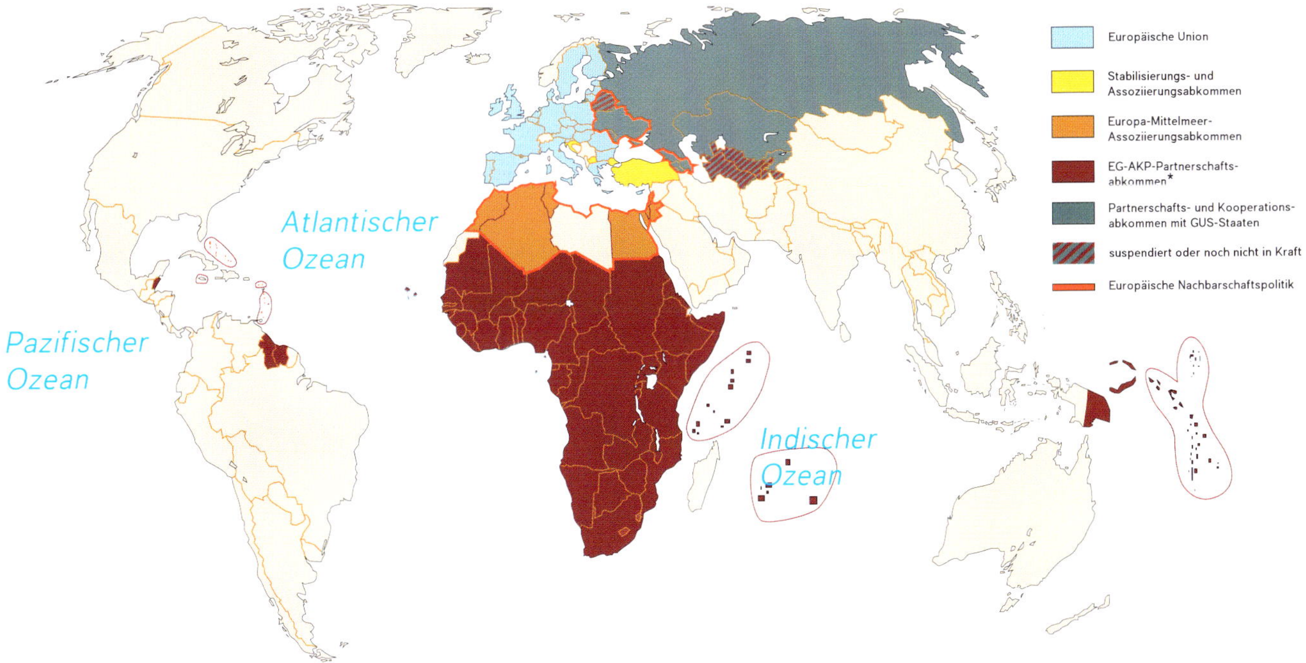

* AKP – Afrika, Karibik, Pazifik

Quelle: Fischer Weltalmanach 2006, Copyright © 2005 Systhema in der United Soft Media Verlag GmbH

KAPITEL 8

Die EU steht vor der Entscheidung: Wie soll es weitergehen und mit wem?

Europa – Wohin des Wegs?

Es vergeht kaum ein Tag, an dem man nicht hört, dass Europa in der Krise sei. Und tatsächlich knirscht es mächtig im Gebälk der Europäischen Union. Das hat damit zu tun, dass die Europäische Union vor verschiedenen Herausforderungen steht, die sie zur gleichen Zeit annehmen muss.

Da ist zum einen die Frage, wie sie mit den Beitrittswünschen weiterer Staaten umgeht, die seit Jahren erklären, auch zur EU gehören zu wollen, und sich darauf mit unterschiedlicher Intensität vorbereiten. Gleichzeitig stellt sich aber das Problem, dass die EU schon für die 27 Staaten, die ihr jetzt angehören, institutionell nicht gut aufgestellt ist. Die Entscheidungsmechanismen sind schwerfällig und undurchsichtig. Viele Bürger haben das Gefühl, einer anonymen Riesenbürokratie gegenüberzustehen, die sich ständig neue Schikanen ausdenkt. Der Versuch, diese Situation durch die Europäische Verfassung zu verbessern und die Union demokratischer, transparenter und effektiver zu machen, liegt auf Eis.

› Chinas Wirtschaft boomt und wird zu einem ernsthaften Konkurrenten für die westlichen Industrieländer.

DIE HAUPTSORGEN DER EU-BÜRGER IN %

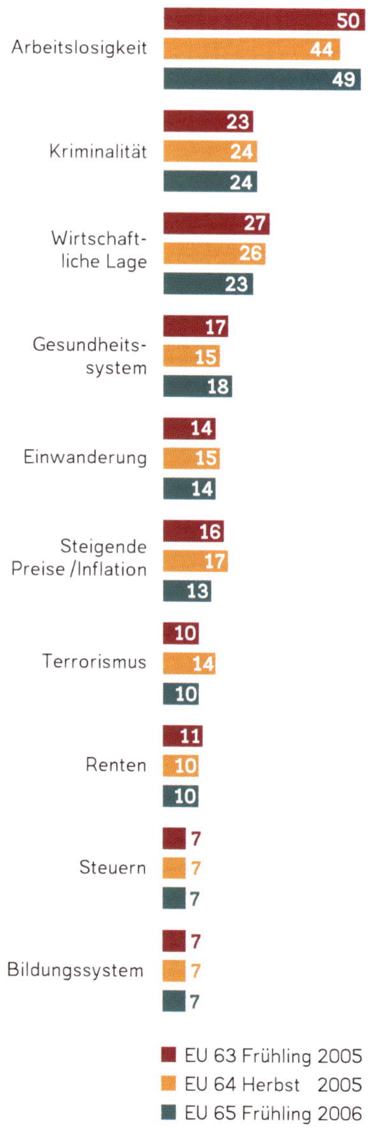

Quelle: Eurobarometer 65, S. 8, http://ec.europa.eu/public_opinion/archives/eb/eb65/eb65_first_de.pdf

Der Gründergeneration der Europäischen Gemeinschaften war der Sinn dieses Zusammenschlusses unmittelbar einsichtig. Es ging um den Frieden. Jetzt, wo der Frieden unter den Mitgliedstaaten gesichert ist, fragen sich viele, ob die Europäische Union eigentlich noch nötig ist und welche Ziele sie erreichen will.

Und schließlich: Wir leben insgesamt sehr gut in Europa, was man bei Reisen nach Afrika, Asien oder Lateinamerika schnell merkt. Aber unsere Lebenswelt hat sich verändert. Die Sicherheit, dass es wirtschaftlich immer weiter bergauf geht und dass bei allen denkbaren Krisen für uns gesorgt wird, ist nicht mehr vorhanden. Wir leben in überalternden Gesellschaften, fühlen die wirtschaftliche Konkurrenz der USA und Asiens und haben 18 Millionen Arbeitslose in der EU. Die Bürgerinnen und Bürger erwarten von der Europäischen Union eine Lösung der sozialen Fragen und sind enttäuscht, wenn sie keinen signifikanten Erfolg sehen.

Viele Probleme auf einmal stehen also vor der Europäischen Union. Und die Fragen und möglichen Antworten beeinflussen sich gegenseitig. Sie sollen hier deshalb etwas ausführlicher dargestellt werden.

Künftige Erweiterungen

Die Erweiterung der EU, die 2004 zehn weitere Staaten in die Gemeinschaft gebracht hat, ist zwar ohne die befürchteten Komplikationen verlaufen, aber sie ist bei der Bevölkerung noch nicht richtig angekommen. Und auch die Politiker einiger der beigetretenen Länder haben noch Eingewöhnungsschwierigkeiten. Die 2005 neu gewählte polnische Regierung und der ebenfalls frisch ins Amt gekommene Präsident stehen der EU insgesamt sehr kritisch gegenüber, der tschechische Präsident hält den Weg in das vereinte Europa für einen Irrweg und die Bevölkerung der EU-Staaten, die der Gemeinschaft schon vor 2004 angehört haben, sieht zähneknirschend mit an, wie Arbeitsplätze in die neuen EU-Länder verlagert werden.

Der zweite Schritt der Erweiterung von 2004 ist die Aufnahme von Bulgarien und Rumänien. Die beiden Länder haben die Beitrittsverhandlungen parallel zu den anderen Beitrittskandidaten geführt, konnten sie jedoch nicht zur selben Zeit abschließen. Sie sind nun seit 2007 im Kreis der EU-Mitglieder, stoßen aber auf große Zurückhaltung ihrer Partner. Auch erfüllen beide Länder noch nicht alle EU-Standards. Sinn und Ziel der jahrelangen Beitrittsverhandlungen war es, einen Zeitplan festzulegen, in dem die Normen der

epa/Adrian Bradshaw

EU von den Neuen übernommen werden – soweit dies nicht schon während des Beitrittsprozesses geschehen ist. Dass die Bedenken gegen den Beitritt der beiden südosteuropäischen Staaten jetzt groß sind, und zwar nicht nur in der Bevölkerung, sondern auch beispielsweise im Europäischen Parlament, hat daher vor allem mit der veränderten Stimmung zu tun, die sich in dem schon erwähnten Wort von der „Erweiterungsmüdigkeit" ausdrückt. Allerdings gibt es auch noch Defizite, vor allem im Bereich Verwaltungsaufbau und Bekämpfung der organisierten Kriminalität. Das bestreiten nicht einmal die betroffenen Länder selbst. Allerdings unternehmen sie große Anstrengungen, um die Auflagen der EU zu erfüllen.

Auch die Balkanstaaten, die auf einen Beitritt in den nächsten Jahren hoffen, bekommen die veränderte Atmosphäre zu spüren. Der Erweiterungsprozess der EU ist nicht am Ende, er wird in Zukunft aber sicherlich langsamer verlaufen.

Niederlande: Plakat zur Volksabstimmung über die EU-Verfassung am 1. Juni 2005

Die blockierte Reform

Die EU ist eine Organisation mit nun 27 Mitgliedern. Ihr Problem ist allerdings, dass sie im Prinzip noch nach den Regeln funktioniert, die 1957 für sechs Mitglieder aufgestellt wurden. Kein Wunder, dass Entscheidungen zu lange dauern, nicht immer zielgerichtet getroffen werden und bei den verschiedenen Akteuren eine ungesunde Portion Misstrauen gegen die anderen mitschwingt.

Die Europäische Verfassung sollte dazu beitragen, den Karren wieder flottzumachen. Wie an anderer Stelle beschrieben, sieht sie Regeln vor, nach denen die EU besser funktionieren kann, weil sie demokratischer, transparenter und effizienter wird. Aber das Projekt Verfassung kommt nicht voran. Sie muss nämlich von allen 27 Mitgliedstaaten ratifiziert, das heißt, je nach nationalen Bestimmungen, von der Bevölkerung in einem Referendum oder vom Parlament in einer Mehrheitsentscheidung bestätigt werden. In 18 Ländern ist dies auch geschehen, Bulgarien und Rumänien eingeschlossen. In zwei Ländern aber hat die Bevölkerung im Frühsommer 2005 Nein gesagt, und zwar in Frankreich und in den Niederlanden. Andere Staaten haben das Ratifizierungsverfahren daraufhin gar nicht erst eröffnet, darunter auch solche, bei denen befürchtet werden muss, dass die Ratifizierung schwer wird. Hier ist beispielsweise an Großbritannien zu denken, aber auch an Polen, wo die Bevölkerung der derzeitigen Regierung in Sachen Europa allerdings weit voraus ist.

Die negativen Referenden in Frankreich und den Niederlanden, also in zwei westeuropäischen Gründerstaaten der EU, haben europaweit einen großen Schock ausgelöst. Die Interpretation der Ablehnungen ist nicht so einfach, wie es in der öffentlichen Debatte manchmal scheint. Die Bürger haben schließlich nicht auf ihre Wahlzettel geschrieben, was ihnen an der Europäischen Verfassung nicht passt. Anzunehmen ist allerdings, dass es weniger einzelne Bestimmungen des Verfassungsvertrages waren, die die Ablehnung

Hollandse Hoogte/laif

Für eine europäische Verfassung sprachen sich aus:

Europäische Union (25)	**61 %**
Landesergebnisse	
Ungarn	78 %
Belgien	75 %
Deutschland	71 %
Italien	71 %
Slowenien	71 %
Luxemburg	61 %
Zypern	64 %
Spanien	63 %
Griechenland	62 %
Frankreich	62 %
Polen	62 %
Niederlande	59 %
Litauen	58 %
Irland	56 %
Slowakei	55 %
Portugal	53 %
Tschechische Republik	52 %
Lettland	52 %
Estland	47 %
Malta	46 %
Dänemark	45 %
Finnland	45 %
Österreich	44 %
Großbritannien	42 %
Schweden	39 %
Andere Länder	
Rumänien	63 %
Kroatien	60 %
Bulgarien	59 %
Türkei	45 %

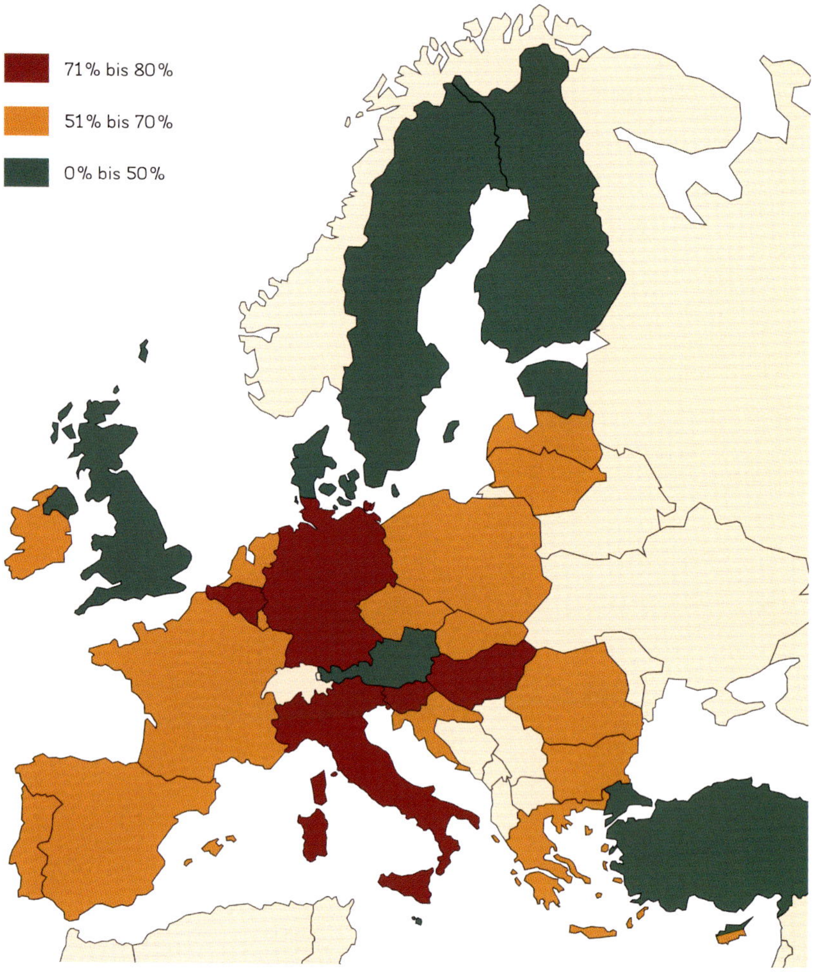

Quelle: Eurobarometer 65, S. 24, Zustimmung zur Verfassung, http://ec.europa.eu/public_opinion/archives/eb/eb65/eb65_first_en.pdf, (Juli 2006)

ausgelöst haben, sondern dass sich in den negativen Voten mehr ein allgemeines Unbehagen gegenüber der EU ausgedrückt hat.

Zudem ist die Kritik an der EU in der öffentlichen Diskussion der beiden Staaten durchaus unterschiedlich. Während in Frankreich oftmals beklagt wird, die EU schütze die sozialen Belange der Bürger nicht genug, wird in den Niederlanden kritisiert, dass die EU zu viel reglementiere, also zu stark eingreife. Weithin werden die negativen Voten auch als Ablehnung des Erweiterungsprozesses interpretiert, der das Gewicht der EU weiter nach Osten verschoben hat.

In Frankreich wurde der „polnische Klempner" sprichwörtlich. In einer breit angelegten Polemik von Europagegnern wurde behauptet, Tausende von polnischen Installateuren würden sich in Frankreich niederlassen und ihren französischen Kollegen die Arbeit wegnehmen. Dass es tatsächlich nur ca. 150 Klempner waren, die es zu den 57 Millionen Franzosen zog, ging in der Debatte völlig unter. Der polnische Fremdenverkehrsverband konterte die Kampagne mit einem ironischen Plakat, in dem ein sehr attraktiver polnischer Klempner für seine Heimat warb.

Für die These, dass es bei den Referenden nicht eigentlich um die Verfassung ging, sprechen auch die Meinungsumfragen, die die EU unter dem Namen Eurobarometer zweimal jährlich durchführen lässt und veröffentlicht. Dieser Umfrage zufolge sind 61 Prozent der EU-Bürger für eine Verfassung für Europa, in Frank-

picture-alliance/dpa

‹ „Ich bleibe in Polen, kommt zahlreich", warb Klempner-Model Piotr Adamski vor dem polnischen Werbeplakat in Frankreich.

reich sprechen sich sogar 62 Prozent dafür aus und in den Niederlanden immerhin auch noch 59 Prozent. In Deutschland sagen übrigens, derselben Umfrage zufolge, 71 Prozent der Bürger Ja zur Verfassung. Mehr sind es nur in Ungarn (78 Prozent) und in Belgien (75 Prozent).[10]

Das Vorhaben, die Verfassung wieder „flottzubekommen", ist also keineswegs aussichtslos, aber andererseits auch mehr als ein rein technischer Vorgang. Die Staats- und Regierungschefs der EU haben im Juni 2006 die Bundesregierung, die in der ersten Hälfte 2007 den Vorsitz der EU führt, aufgefordert, einen Bericht vorzulegen, wie Europa aus der Verfassungskrise geführt werden kann. Weithin wurde als Voraussetzung dafür angesehen, dass es in den beiden Ländern, die bislang Nein gesagt haben, zu Neuwahlen kommt, da die negativen Referenden auch als Ohrfeige der Bürger an ihre eigene Regierung gemeint waren. In den Niederlanden haben die Wahlen im Spätherbst 2006 stattgefunden, im Frühsommer 2007 wird auch Frankreich ein neues Parlament und eine neue Person im Amt des Staatspräsidenten gewählt haben. Es zeichnet sich jedoch schon jetzt ab, dass dadurch die Schwierigkeiten nicht automatisch verschwinden.

Das Europa der Projekte

Gleichzeitig hat der Europäische Rat das „Europa der Projekte" beschlossen. Durch konkrete Maßnahmen, die die Europäische Union funktionstüchtiger und schlagkräftiger machen, sollen die Bürgerinnen und Bürger merken, wie wichtig die EU ist. Man spricht hier immer vom „Mehrwert", der sichtbar werden müsse. Damit ist gemeint, dass es viele Dinge gibt, die auf nationaler Ebene überhaupt nicht mehr gelöst werden können, sodass der Zusammenschluss der Staaten in der EU einen zusätzlichen Wert und Nutzen für die Bürgerinnen und Bürger bringt. Die Hauptfelder, auf denen sich der Mehrwert zeigen kann, sind natürlich die, welche die Menschen besonders berühren, weil sie ihren Alltag und ihre Lebenssituation direkt betreffen.

Da sind als Erstes Wachstum und Beschäftigung zu nennen. Nicht nur, dass die Arbeitslosenzahl in den meisten Mitgliedstaaten nach wie vor sehr hoch ist. Gleichzeitig droht Europa seinen Vorsprung in technologischer Hinsicht immer mehr zu verlieren. Deshalb haben die Staats- und Regierungschefs schon im Jahr 2000 in der portugiesischen Hauptstadt Lissabon be-

I. WIE GEHT'S WEITER MIT DER VERFASSUNG? BESCHLUSS DES EUROPÄISCHEN RATES VOM JUNI 2006

Nach der letztjährigen Reflexionsphase sollte nun der Schwerpunkt darauf gelegt werden, konkrete Ergebnisse zu erzielen und Vorhaben durchzuführen. Der Europäische Rat vereinbart einen zweigleisigen Ansatz. Zum einen sollten die Möglichkeiten, die die derzeitigen Verträge bilden, bestmöglich ausgeschöpft werden, damit die von den Bürgern erwarteten konkreten Ergebnisse erzielt werden können.

Zum anderen wird der Vorsitz dem Europäischen Rat in der ersten Jahreshälfte 2007 einen Bericht vorlegen, der sich auf ausführliche Konsultationen mit den Mitgliedstaaten stützt. Dieser Bericht sollte eine Bewertung des Stands der Beratungen über den Verfassungsvertrag enthalten und mögliche künftige Entwicklungen aufzeigen.

Der Bericht wird anschließend vom Europäischen Rat geprüft. Die Ergebnisse dieser Prüfung werden als Grundlage für weitere Beschlüsse darüber dienen, wie der Reformprozess fortgesetzt werden soll, wobei die diesbezüglich erforderlichen Schritte spätestens im zweiten Halbjahr 2008 unternommen werden müssen. Jeder Mitgliedstaat, der während der Reflexionsphase den Vorsitz innehat, steht in einer besonderen Verantwortung, für die Kontinuität dieses Prozesses zu sorgen.

Quelle: Europäischer Rat (Brüssel), 15./16. Juni 2006, Schlussfolgerungen des Vorsitzes, Punkte 46–48, 10633 (06) CONCL 2, www.consilium.europa.eu

www.digitalstock.de

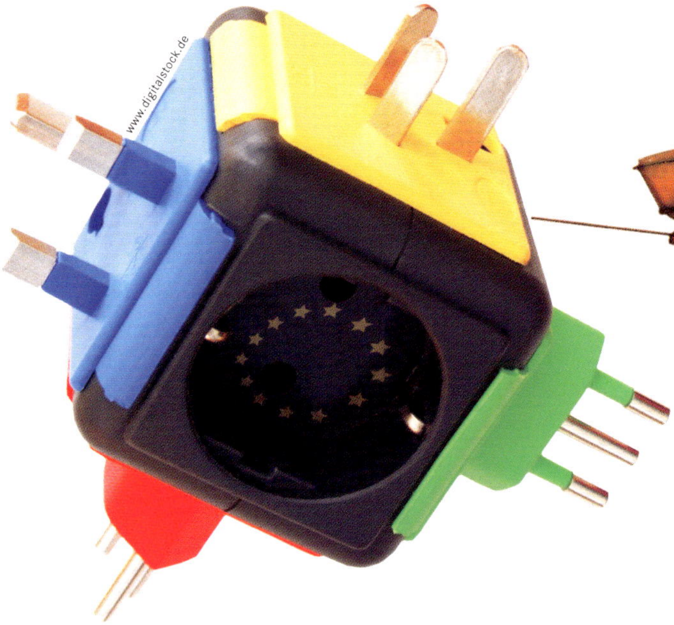

schlossen, die EU binnen zehn Jahren zum dynamischsten wissensbasierten Wirtschaftsraum der Welt zu machen. Das ist die sogenannte Lissabon-Strategie.

Nun lässt sich so etwas leicht beschließen, aber schwer umsetzen. Ein Zwischenbericht, den der frühere niederländische Ministerpräsident Wim Kok 2005 vorgelegt hat, kam zu dem Ergebnis, dass die Lissabon-Ziele bis zum vereinbarten Datum, nämlich 2010, nicht mehr erreichbar seien. Jeder einzelne Mitgliedstaat muss dazu nämlich seine Hausaufgaben machen, muss das Bildungssystem den Erfordernissen anpassen, mehr Geld in Forschung und Entwicklung stecken, den Arbeitsmarkt reformieren, die Staatsfinanzen in Ordnung bringen, das Rentensystem umgestalten und vieles mehr. Man muss dadurch auf die Herausforderungen reagieren, die sich durch den – eigentlich sehr positiven – wirtschaftlichen Aufschwung Asiens, aber auch aus der demografischen Entwicklung in Europa ergeben.

Die hier angesprochenen Bereiche liegen in der Zuständigkeit der Mitgliedstaaten, die Europäische Union kann nur unterstützen und koordinieren. Sie wird dennoch in der Öffentlichkeit dafür kritisiert, dass sich die Zustände nicht schnell genug ändern – oftmals übrigens gerade von denen, die andererseits darauf beharren, dass die Kompetenzen im nationalen Rahmen verbleiben.

Die Europäische Union – ein Auslaufmodell?

Die Antwort der Europapolitiker auf die Verdrossenheit ihrer Bürger lautet also, man müsse nun den Nutzen der EU für den Bürger sichtbar machen. Man könnte fast zu der Auffassung gelangen, bislang hätte die EU diesen „Mehrwert“ nicht gehabt und keine Projekte im Interesse der Menschen realisiert. Diese Anmutung ist natürlich falsch, sie ist ein Ergebnis der politischen Rhetorik, in der immer kräftige Akzente gesetzt werden müssen. Allerdings drückt sich in diesem Ansatz ein Zusammenhang aus, der nicht ignoriert werden kann:

Als sich Anfang der 1950-er Jahre die sechs Gründerstaaten Frankreich, Deutschland, Italien, Belgien, die Niederlande und Luxemburg zusammenschlossen, hatten sie klare Ziele vor Augen. Zuallererst sollte der Frieden unter den Mitgliedstaaten gesichert werden, im Klartext sollte verhindert werden, dass es zwischen Frankreich und Deutschland erneut zu einem Krieg kommt. Dann wollte man den Ost-West-Konflikt bestehen und schließlich einen Beitrag zur Vereinigung Europas leisten.

Nun, 55 Jahre, nachdem die erste Europäische Gemeinschaft (für Kohle und Stahl) das Licht der Welt erblickt hat, sind diese Ziele erreicht. Niemand befürchtet heute noch einen Krieg zwischen Deutschland und Frankreich, der Ost-West-Konflikt ist in die Geschichtsbücher gewandert, und Europa ist weitgehend vereint, zumindest so weit zusammengeführt, dass von den Unterschieden zwischen den Staaten keine Gefahr ausgeht. 27 Staaten gehören der Europäischen Union an, einige weitere werden noch dazukommen.

Mission erfüllt?

Die EU hat also ihren Gründungsauftrag erfüllt. Von daher ist es nur verständlich, dass viele fragen: Warum sollen wir einen Verein weiterführen, der die gesetzten Ziele erreicht hat? Warum soll man in einem Zug sitzen bleiben, wenn man angekommen ist? Die Antwort darauf lautet: Die Weiterführung der europäischen Integration hat nur einen Sinn, wenn sie einerseits nötig ist, um das Erreichte zu sichern, oder wenn sie andererseits dazu gut ist, neue Ziele zu erreichen. Tatsächlich ist beides der Fall.

Bei dem ersten Teil der Überlegung lohnt es sich, einen Augenblick zu verharren. Wir alle haben wohl das Gefühl, dass die deutsch-französische Aussöhnung unumkehrbar ist und dass ein Krieg zwischen den beiden Staaten nicht nur unmöglich, sondern sogar undenkbar geworden ist. Insofern hat die Europäische Union ihre Mission endgültig erfüllt. Gilt das aber tatsächlich für alle Beziehungen der EU-Mitglieder untereinander? Immer wieder kommen in einzelnen Mitgliedstaaten Parteien und Personen an die Regierung, an deren demokratischer Gesinnung man mit Fug und Recht zweifeln kann. Da lässt sich sowohl an „alte" EU-Mitglieder wie Österreich und Italien denken als auch an „neue" wie Polen oder die Slowakei. So bezeichnete im Juli 2006 der Vorsitzende der an der Regierung beteiligten Slowakischen Nationalpartei (SNS) die benachbarten Ungarn als „krummbeinige Nomaden" und drohte damit, „Budapest mit Panzern plattzuwalzen"[11]. Durch die Einbindung der Slowakei in die EU und die NATO ist sichergestellt, dass solch dummem Gerede keine Taten folgen können. Die EU ist ein Rahmen, der die Möglichkeiten für nationale Politiker, dauerhaften Schaden in Europa anzurichten, stark begrenzt. Jede Aktion gegen andere richtet sich unmittelbar gegen den eigenen Staat. Das verpflichtet zu moderatem Auftreten und Handeln.

Allerdings ist es nicht die einzige Aufgabe der EU, das Bestehende zu erhalten. Sonst müsste man sich über die Weiterentwicklung der europäischen Integration keine Gedanken machen.

Welches Europa wollen wir?

Damit nähert man sich aber einer grundlegenden Frage, nämlich: Welche Ziele wollen wir erreichen, oder, allgemeiner gefragt: Welches Europa wollen wir?

Dass es hierüber eine breite Diskussion mit unterschiedlichen Meinungen gibt, ist völlig normal. Die Auffassungen gehen quer durch die Mitgliedstaaten. Allerdings gibt es doch gewisse Schwerpunkte.

- Die westeuropäischen Staaten Belgien und Luxemburg unterstützen die Weiterführung des europäischen Einigungsprozesses vorbehaltlos. Das trifft im Prinzip auch auf die Niederlande zu, die jedoch ein liberaleres Wirtschaftsmodell bevorzugen.
- Auch Deutschland ist an einer Weiterführung der europäischen Integration interessiert und auch bereit, Kompetenzen an „Brüssel" abzutreten. Es möchte jedoch seinen Einfluss als größter Mitgliedstaat gewahrt sehen.
- Frankreich will ebenfalls eine Fortsetzung der EU, möchte aber eine sozialere Ausrichtung der Gemeinschaft mit entsprechend weitergehenden Eingriffsmöglichkeiten. Auf der anderen Seite möchte man in Paris jedoch die meisten Entscheidungen im Rat, also in der Vertretung der Mitgliedstaaten, treffen und dem Europäischen Parlament und der Kommission nicht so viel Spielraum gewähren.

www.digitalstock.de

^ Der starke Löwe Großbritannien und sein machtloser Dompteur

- Großbritannien steht der europäischen Integration kritisch gegenüber. Die Briten tun sich sehr schwer damit, Kompetenzen an die EU abzugeben, weshalb sie auch dem Euro-Verbund und dem Schengener Abkommen nicht angehören. Man wäre an der Themse zufrieden, wenn die EU sich zu einer Freihandelszone zurückentwickeln würde. Es wird den Briten, wohl nicht zu Unrecht, unterstellt, dass sie eine größtmögliche Erweiterung der EU anstreben, weil das aus ihrer Sicht die beste Garantie dafür ist, dass die Integration nicht zu weit geht.
- Dänemark und Schweden denken in dieselbe Richtung.
- In Polen und in Tschechien wird der Euroskeptizismus vor allem in der Regierung beziehungsweise von den derzeitigen Präsidenten gepflegt. Es zeigt sich deutlich, dass das Konzept, nationale Souveränität zugunsten ihrer gemeinschaftlichen Ausübung auf europäischer Ebene abzutreten, den Staatsrepräsentanten Schwierigkeiten bereitet.
- Die südlichen Länder Italien, Portugal, Spanien und Griechenland unterstützen die europäische Integration und legen dabei großes Gewicht auf den Gedanken der Solidarität, der die Grundlage der Strukturförderung der schwächer entwickelten Mitgliedstaaten ist.
- Für die baltischen Staaten liegt die Betonung der europäischen Integration auf Sicherheitsfragen, da sie sich in der unmittelbaren Nachbarschaft mit Russland keineswegs geborgen fühlen. Dies umso weniger, als Russland die Grenzen zu Estland und Lettland bis heute nicht verbindlich anerkannt hat und sich nach wie vor als Fürsprecher der russischen Minderheiten in den baltischen Staaten ansieht.

Man könnte diese Liste weiterführen und vervollständigen. Doch schon die genannten Stichworte zeigen, dass es verständlicherweise viele unterschiedliche Meinungen über die Weiterführung der Europäischen Union gibt.

Die EU sucht neue Formen

Während die EU überlegt, wohin sie eigentlich gehen will, macht eine Reihe weiterer Staaten deutlich, dass sie mitmachen wollen. Wie an anderer Stelle bereits ausgeführt, streben die Staaten des westlichen Balkan (Albanien, Bosnien-Herzegowina, Kroatien, Makedonien, Montenegro, Serbien), die Türkei, die Ukraine, die Republik Moldau und die Länder des südlichen Kaukasus (Armenien, Aserbaidschan, Georgien) eine Mitgliedschaft in der Europäischen Union an.

Es ist offensichtlich, dass es die Möglichkeiten der EU übersteigen würde, alle diese Staaten in den nächsten Jahren aufzunehmen – ganz abgesehen davon, dass sicherlich auch dort das letzte Wort noch nicht gesprochen ist, wenn man erst einmal anfängt, darüber nachzudenken, welchen Souveränitätsverlust auf nationaler Ebene ein EU-Beitritt bedeutet. Hier muss die EU also eine weitere Entscheidung treffen, nämlich mit welchen Staaten man den Integrationsprozess fortsetzen möchte. Will man die Tür ganz schließen oder sie doch für einige öffnen? Und falls ja, für wen?

Auch in dieser Frage gibt es in der EU unterschiedliche Auffassungen, die auch

www.digitalstock.de

II. NEUER ARTIKEL IN DER FRANZÖSISCHEN VERFASSUNG

Jedes Gesetzesprojekt, das die Ratifikation eines Vertrages zum Beitritt eines Staates zur Europäischen Union und den Europäischen Gemeinschaften genehmigt, unterwirft der Präsident der Republik einem Referendum.

Art. 88-5 der Französischen Verfassung, eingefügt im Frühjahr 2005

picture-alliance/dpa

Schülerinnen und Schüler diskutieren im Dezember 2006 mit dem Präsidenten des Europäischen Parlaments Josep Borell Fontelles und den Fraktionsvorsitzenden der Parteien in Berlin über die Zukunft der EU.

mit der geografischen Lage der Mitgliedstaaten zu tun haben. Es ist leicht einsichtig, dass Länder wie Österreich und Slowenien ein größeres Interesse am Balkan als an der Ukraine haben. Und es ist genauso verständlich, dass Polen oder Litauen die Reihenfolge genau umgekehrt sehen. In anderen Mitgliedstaaten steht man jeder Erweiterung skeptisch gegenüber. In Frankreich wurde im Jahr 2005 sogar eigens die Verfassung geändert und festgelegt, dass jede künftige Erweiterung durch ein Referendum bestätigt werden muss.

In dem Maße, in dem klar ist, dass man zumindest nicht alle Bewerber aufnehmen kann, diese jedoch auch nicht vor den Kopf stoßen möchte, werden in der EU neue Formen der Integration überlegt. Das reicht von der schon dargestellten Europäischen Nachbarschaftspolitik (ENP) über eine Verstärkung dieses Ansatzes (ENP Plus) hin zu einer Modernisierungspartnerschaft, die das Auswärtige Amt vorschlägt, bis zu Überlegungen einer „Gesamteuropäischen Aufgabenkonföderation", die von der Wissenschaftlerin Barbara Lippert ins Spiel gebracht worden ist. Diesen unterschiedlichen Konzepten ist der Versuch gemeinsam, die Partnerländer oder -regionen eng an die Europäische Union heranzuführen und sie durch partnerschaftliche Bindung bei ihrer wirtschaftlichen und politischen Entwicklung zu unterstützen, ohne ihnen die Mitgliedschaft konkret in Aussicht zu stellen. Im Europaparlament wird über ein Modell diskutiert, das sich am Europäischen Wirtschaftsraum (EWR), der die EU mit Island, Norwegen und Liechtenstein verbindet, orientiert und als EWR Plus auch weitere Politikbereiche beinhalten soll. Auch in dieser Debatte geht es darum, eine Form zu finden, die eine enge Anbindung der Partnerstaaten nicht mit der Mitgliedschaft oder der Aussicht auf Mitgliedschaft verknüpft.

Wieder andere überlegen, einen zweiten Kreis in der EU zu schaffen und eine Art „Junior-Mitgliedschaft" einzuführen. Das wäre der Fall, wenn ein Land zwar Mitglied der EU wird, aber auf Dauer nicht alle Rechte und Pflichten der Europäischen Union übernimmt. Dies ist vom

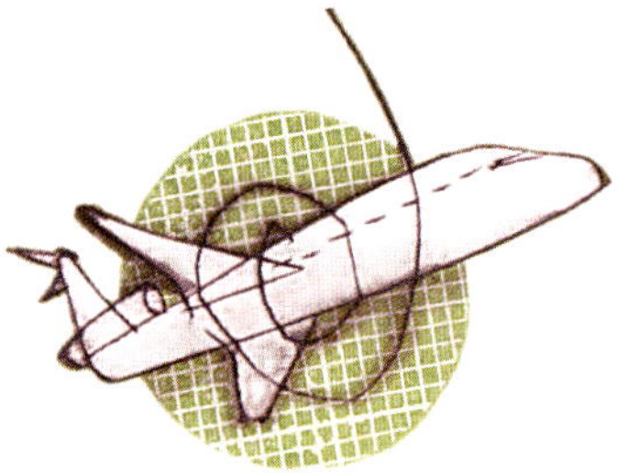

Europäischen Rat in gewisser Weise schon für die Türkei in Aussicht genommen worden. In dem Beschluss über die Eröffnungen der Verhandlungen mit der Türkei heißt es nämlich, dass dauerhafte Ausnahmen als ein Teil des Verhandlungsergebnisses durchaus möglich seien. Auch der Vorsitzende des EU-Ausschusses im Deutschen Bundestag, Matthias Wissmann, hat Vorschläge für eine „gestufte Mitgliedschaft" ins Gespräch gebracht. Die EU ist also auf der Suche nach neuen Formen.

Die europäische Reise: Mit wem wohin?

Zusammengefasst bedeutet das: Die Europäische Union, ihre Bürger und ihre Politiker, müssen drei grundlegende Fragen beantworten:

Wohin soll die europäische Reise gehen? Mit wem soll die EU diese Reise fortsetzen? Wie soll die Reisegruppe organisiert sein? Dabei ist völlig klar, dass die Antworten auf diese Fragen sich gegenseitig beeinflussen. Je ehrgeiziger das Ziel einer Weiterentwicklung der EU ist, desto restriktiver wird man bei der Aufnahme weiterer Mitglieder sein müssen, und zwar gerade bei solchen, die selbst auf lange Zeit Mühe haben werden, den rechtlichen Besitzstand der EU zu übernehmen und anzuwenden.

Archiv space5

Umgekehrt: Wenn man die EU wirklich in eine Art Freihandelszone zurückbilden wollte, könnte man leichter neue Mitglieder aufnehmen.

Würde man sich andererseits auf ein Modell der abgestuften Mitgliedschaft einigen, also einen zweiten oder auch dritten und vierten Kreis der Europäischen Union vorsehen, wäre es leichter, weiteren Staaten den Beitritt in Aussicht zu stellen. Ein Land wie die Türkei oder die Ukraine könnte dann im äußeren Kreis Erfahrungen sammeln, ohne verpflichtet zu sein, die gesamte Politik der EU bei sich umzusetzen. Die Länder hätten die Möglichkeit, weiter ins Innere der EU vorzustoßen, wenn sie die entsprechende Entwicklung durchlaufen hätten und den Willen dazu aufbrächten. Auch bislang schon zur EU gehörende Länder würden sich vielleicht in einem zweiten Kreis wohler fühlen, weil sie dort ihre nationalen Besonderheiten besser pflegen könnten.

Das klingt beim ersten Hören wie der Königsweg, der es ermöglicht, Erweiterung und Funktionsfähigkeit der EU miteinander zu verbinden. Allerdings würde dies zu einer völlig veränderten Europäischen Union führen. Bei den Gemeinschaftsorganen Parlament und Kommission wäre eine solche abgestufte Mitgliedschaft schwer vorstellbar. Wer ist dann für was verantwortlich? Würde man Teilparlamente schaffen, wie sollte die Kommission, der Mitglieder unterschiedlich integrierter Staaten angehören, entscheiden? So könnte es sein, dass ausgerechnet die Supranationalität, also das Prinzip, nationale Souveränität auf europäischer Ebene gemeinschaftlich auszuüben und auch Gemeinschaftsorgane zu schaffen und vom Volk durch Wahlen bestätigen zu lassen, auf der Strecke bleibt. Diese Supranationalität ist aber genau das Spezifikum der EU, die sie so erfolgreich gemacht hat. Sie verhindert nämlich, dass ein Staat sich bei einer Entscheidung, die ihm nicht passt – und so etwas gibt es täglich –, einfach zurückziehen kann. Man wäre dann schnell bei

www.digitalstock.de

einem Europa à la carte, bei dem jeder sich wie bei einer Speisekarte aussucht, wobei er mitmachen will, wo aber die Verbindlichkeit leidet beziehungsweise langsam verschwindet.

Die zu treffenden Entscheidungen sind also schwierig, und sie hängen zusammen. Deshalb muss man in der EU eine weitere Festlegung treffen, nämlich die der Reihenfolge der Entscheidungen. Entscheidet man zuerst über mögliche zukünftige Mitglieder und dann darüber, was mit diesen neuen Partnern an Integrationspolitik noch möglich ist, oder legt man zuerst die politischen Ziele fest, die man erreichen will, und schaut dann, wer dafür als Partner noch in Frage kommt? Oder befindet man zuerst über das Modell der künftigen EU und lässt Politikbereiche und Mitglieder außer Acht, was zu einer jahrelangen institutionellen Debatte ohne realen Inhalt führen könnte?

Das ist das Dilemma, vor dem die EU derzeit steht. Und weil die verschiedenen Entscheidungsnotwendigkeiten sich nicht nur gegenseitig beeinflussen, sondern die Kenntnis darum die Meinungsfindung auch blockiert, kommt die EU derzeit wenig vom Fleck.

Es ist also nicht eigentlich eine Krise, in der die EU sich befindet. Sie steht vielmehr an einer Kreuzung und muss nun festlegen, wohin sie sich weiterentwickeln will. Dabei stoßen unterschiedliche Interessen, Erwartungen, Hoffnungen und Befürchtungen aufeinander – und zwar keineswegs nur bei den Politikern, die sich jeden Tag mit diesen Fragen beschäftigen, sondern auch bei den Bürgerinnen und Bürgern, die sie vertreten. Klar ist, dass man den europäischen Knoten nicht mit einem mächtigen Hieb durchtrennen kann, wie der Sage zufolge Alexander der Große dies mit dem Gordischen Knoten tat. Man wird ihn – um im Bild zu bleiben – vielmehr vorsichtig aufknüpfen müssen, und zwar durch eine intensive europapolitische Diskussion in den Mitgliedstaaten der EU sowie in und mit den Partnerländern. Dabei geht es nicht um „richtig" oder „falsch", also Fragen, die Experten entscheiden können, sondern es handelt sich darum, was

Kofi Annan, Generalsekretär der Vereinten Nationen von 1997 bis 2006

picture-alliance/dpa

III. ES BEDARF NACHHALTIGEN HANDELNS

... Uns bleibt Zeit, die Millenniumentwicklungsziele zu erreichen – weltweit und in den meisten, wenn nicht sogar allen Staaten –, aber nur, wenn wir aus unserer Routine ausbrechen. Der Sieg stellt sich nicht über Nacht ein. Um Erfolg zu haben, bedarf es nachhaltigen Handelns während der gesamten Dekade – von heute an bis zu dem gesetzten Datum. Man braucht Zeit, um Lehrer, Krankenschwestern und Ingenieure auszubilden, um Straßen, Schulen und Hospitäler zu bauen und um die kleinen und großen Unternehmen zu gründen, die die nötigen Arbeitsplätze und Einkommen sichern können. Wir müssen also jetzt beginnen. Und wir müssen die globale Entwicklungshilfe innerhalb weniger Jahre mehr als verdoppeln. Anders werden wir die Ziele nicht erreichen können. ...

Kofi A. Annan, Generalsekretär der Vereinten Nationen (Eigene Übersetzung)

Quelle: www.un.org/millenniumgoals

wir wollen und wie wir uns unsere Zukunft vorstellen. Deshalb können wir die Debatte auch nicht den Spezialisten überlassen, sondern müssen sie in unserer Gesellschaft an vielen Stellen, in den Parteien und Verbänden, in der Schule, der Hochschule und der Volkshochschule und natürlich in den Medien führen.

Was wir im Augenblick als Krise empfinden, ist in Wirklichkeit die Chance, über unsere Zukunft im demokratischen Diskurs selbst zu entscheiden. Diese Möglichkeit sollten wir nicht vertun!

Europa als Teil der Welt

Allerdings ist die EU nicht in der Lage eines philosophischen Seminars, in dem man sich die Zeit nehmen kann, die Fragen in Ruhe und abgeschieden von der Welt zu durchdenken und schließlich zu beantworten. Die Weltpolitik macht nicht Pause, bis wir unsere Probleme gelöst haben. Und auch die Bürger erwarten zügig Antworten auf die drängenden Fragen der Zeit.

Außenpolitisch ist die EU vor allem als Krisenmoderator gefragt. In Afrika gibt es eine Reihe von Konflikten, die die Menschen immer wieder ihrer Lebensgrundlagen berauben und die humanitäre Situation verschlechtern. Die EU hat sich den zur Jahrtausendwende beschlossenen Zielen der Vereinten Nationen, die extreme Armut und den Hunger in der Welt bis 2015 um die Hälfte zu reduzieren, den sogenannten Millenniumzielen, verschrieben. Da die betroffene Bevölkerung gleichzeitig wächst, ist dieses Ziel durchaus ehrgeizig. Es muss jetzt angepackt werden.

Auch das Verhältnis zur islamischen Welt kann nicht auf eine Verbesserung warten, bis die EU ihre inneren Fragen ausdiskutiert hat. Ein Dreh- und Angelpunkt ist dabei der Nahostkonflikt, in dem die EU versucht, als einer der Vermittler des sogenannten Nahost-Quartetts tätig zu sein. Die anderen Mächte sind die USA, Russland und die Vereinten Nationen.

Als zu Beginn des Jahres 2006 eine dänische Zeitung einige Karikaturen abdruckte, die den Propheten Mohammed zeigten, kam es in der islamischen Welt darüber zu Demonstrationen und Unruhen, die eine Reihe von Menschenleben gefordert haben. Viele Muslime fühlten sich durch die bildliche Darstellung des Propheten, die der Koran verbietet – zumal in Witzzeichnungen – beleidigt. Gerade dieser Karikaturenstreit hat gezeigt, wie wichtig es ist, Dialogstrukturen aufzubauen und das Verständnis füreinander zu entwickeln. Ein Teil des Problems besteht darin, dass dies mit Politikern wie dem iranischen Präsidenten Ahmadineschad nicht einfach und mit fanatischen Islamisten völlig unmöglich ist.

Europa braucht Energie

Die Frage des Umgangs mit anderen Teilen der Welt hängt auch eng mit einem Grundproblem der Europäischen Union zusammen: Sie verbraucht deutlich mehr Energie als sie selbst schaffen kann. Darauf hat schon die Sicherheitsstrategie der Europäischen Union, die 2003 vom Europäischen Rat verabschiedet wurde, hingewiesen.

Als am 1. Januar 2006 Russland, der größte Öl- und Gaslieferant der Europäischen Union, fernsehwirksam der Ukraine den Gashahn zudrehte, fragten sich viele Menschen bei uns, ob in Europa bald die Lichter ausgehen. Dies umso mehr, als in den darauf folgenden Monaten auch andere Länder – die Republik Moldau, Georgien und Belarus – von Lieferkürzungen oder -stopps betroffen waren.

Die staatliche russische Gesellschaft Gazprom wollte mit ihrer Aktion höhere Preise durchsetzen bzw. in den Besitz der Leitungssysteme in den betroffenen Staaten gelangen. Politische Beobachter schließen allerdings auch politische Motive nicht aus. Offensichtlich sollte die Ukraine auch für die „orangene Revolution“ und die Hinwendung des durch sie an die Macht gekommenen Präsidenten Viktor Juschtschenko nach Westen bestraft werden.

Obwohl Russland in den letzten Jahrzehnten seine Lieferverpflichtungen uns gegenüber immer erfüllt hat, grassiert seitdem die Angst, auch den EU-Staaten gegenüber könnte es die Energielieferungen als Waffe zur Durchsetzung politischer Forderungen nutzen. Gerade die direkten Nachbarn Russlands, die jahrzehntelang unter dem Diktat der Sowjetunion standen, wie Polen und die baltischen Staaten, hegen solche Befürchtungen.

Aber auch andere Lieferländer wie die arabischen Staaten, der Iran und der Irak sind politisch nicht in einem Zustand, der Europas Bürger beruhigt schlafen lassen könnte.

Der EU ist durch die Ereignisse des Jahres 2006, wozu auch der erneut aufgeflammte Nahostkonflikt gehört, wieder einmal deutlich geworden, dass ihre Energieabhängigkeit ein Problem ist, das sie anpacken muss. Schließlich liegt die heimische Energieerzeugung der EU nur bei 50 Prozent, und zwar mit sinkender Tendenz.

Neben der Diversifizierung der Energiequellen, das heißt der Verpflichtung möglichst vieler unterschiedlicher Lieferanten, bleiben nur Energieeinsparung und Modernisierung der Abläufe – womit man wieder beim Lissabon-Prozess ist.

Unter dem Gesichtspunkt der Gewinnung weiterer Energielieferanten, aber auch wegen der Stabilisierung der Ränder Europas ist es wichtig, die zentralasiatischen Staaten (Kasachstan, Turkmenistan, Usbekistan, Kirgisistan und Tadschikistan) und ihre zusammen 56 Millionen Menschen ebenfalls in den Blick zu nehmen. Bislang wurden sie von der EU politisch eher vernachlässigt.

Ausblick

Die Europäische Union steht in den nächsten Jahren also vor einer Fülle von Herausforderungen. Sie muss ihre eigene Grundsatzdebatte führen und zu Entscheidungen über Ziel und Mitglieder kommen, eine institutionelle Reform durchführen, die der Union eine Verfassungsstruktur gibt, die Union im Prozess der Globalisierung konkurrenzfähig machen und darüber hinaus eine Reihe von unmittelbaren internationalen und europäischen Problemen lösen.

Bei aller Mühe, die hierfür aufzuwenden ist, darf allerdings nicht vergessen werden, dass dies die einzige Chance ist, Einfluss auf die Gestaltung der Lebensverhältnisse der Bürger Europas zu nehmen. Wenn die EU jetzt die Hände in den Schoß legen würde oder handlungsunfähig würde, verlören die Staaten Europas ihre Mitsprachemöglichkeit. Sie wären dem Zwang, Festlegungen zu treffen, enthoben – aber um den Preis, dass andere für sie entscheiden würden.

˅ Die Sicherung von Energieressourcen wie Erdöl und Erdgas bekommt einen immer höheren Stellenwert in der Europapolitik.

Wenn es die Europäische Union nicht gäbe, müsste man sie erfinden.

Wir sind Europa!

Die Europäische Union ist die Erfolgsgeschichte des 20. Jahrhunderts, das ansonsten von Kriegen und Katastrophen gekennzeichnet war. Sie ist die Antwort auf Jahrhunderte kriegerischer Auseinandersetzungen, auf den Tod vieler Millionen Menschen und auf die Zerstörung ganzer Städte und Landstriche.

Solche Sätze mögen auf den ersten Blick hochtrabend und pathetisch klingen. Sie wirken unzeitgemäß in einer Situation, in der der Wert der Europäischen Union von vielen danach bemessen wird, ob unten (bei den Zahlungen von der EU) mehr herauskommt, als oben (bei den Leistungen an die EU) hineingesteckt wurde. Und dennoch stimmt: Erst die Europäische Union, seit 1952 als Europäische Gemeinschaft für Kohle und Stahl begonnen und Stück für Stück gestaltet, hat die Grundlage dafür geschaffen, dass Auseinandersetzungen zwischen verschiedenen Staaten Europas im Konferenzraum und nicht im Schützengraben ausgetragen werden.

Die EU ist nicht der erste Zusammenschluss von Staaten und bei Weitem nicht der einzige. Er ist aber der Verbund, der am besten funktioniert, der die Völker am engsten miteinander verbindet und dessen Ziele am weitesten reichen.

Eine Stimme in Europa

Die geradezu geniale Idee, mit der diese Wirkung erreicht wurde, lässt sich in einem Wort zusammenfassen: Supranationalität. Die Mitgliedstaaten der Europäischen Union sind bereit, nationale Souveränität abzugeben und sie auf europäischer Ebene gemeinsam auszuüben. Als Konsequenz daraus können wir vieles in Deutschland nicht mehr allein regeln, und die anderen 26 Staaten reden bei uns mit. Aber umgekehrt bedeutet es auch: Wir haben in 26 anderen Ländern Europas eine Stimme, denn diese haben in gleicher Weise Zuständigkeiten nach Europa verlagert. Im Einzelfall tut dies durchaus weh. Es gibt wohl keinen Staat, dessen Politikerinnen und Politiker sich in dieser oder jener Frage nicht wünschten, allein entscheiden zu können. Aber im Ergebnis tut Europa allen gut.

Europas Stimme in der Welt

Die Europäische Union ist mit 27 Staaten und knapp einer halben Milliarde Menschen auch wirtschaftlich der bedeutendste Zusammenschluss der Welt. Sie ermöglicht es uns, die Bedingungen der Weltwirtschaft mitzugestalten, ohne unsere Eigenständigkeit und nationale Besonderheit aufzugeben. Dies gilt für Deutschland, aber mehr noch für die kleineren Staaten in Europa, die international wenig oder gar kein Gehör fänden, wenn sie allein aufträten.

Die Europäische Union basiert auf gemeinsamen Werten und Grundrechten, die in der im Jahr 2000 verabschiedeten Grundrechtecharta niedergelegt sind. Die EU hat einen Binnenmarkt geschaffen, der allen Bürgerinnen und Bürgern die Freizügigkeit garantiert – sei es als Arbeitskräfte, als Schüler, Studenten oder Rentner. Daraus ergeben sich viele Regelungen, die unser tägliches Leben bestimmen, vom Portemonnaie (Währungspolitik) bis zur nackten Haut (Standardisierung von Sonnencreme) und vom Auto (z.B. Rückspiegelrichtlinie) bis zur Ausbildung (einheitlicher europäischer Hochschulraum – Bologna-Prozess).

Die Europäische Union ist nicht perfekt. Vieles läuft nicht rund, manches ist bürokratisch und alles ist kompliziert. Jeden Tag wird in den 27 Mitgliedsländern der EU über deren Ausrichtung, über einzelne Regelungen oder ganze politische Strategien gestritten und polemisiert. Eine Reihe von Herausforderungen steht vor der Union, und sie ist keineswegs auf alle gut vorbereitet.

epa/Elta

Dennoch: Wenn es die EU nicht gäbe, müsste man sie erfinden. Vielleicht sieht man das von außen klarer. Die meisten europäischen Staaten, die der EU nicht angehören, wollen Mitglied werden. Die, die zurzeit keine Mitgliedschaft anstreben, sind sehr daran interessiert, enge Beziehungen zu ihr zu haben. In Afrika, Asien und Lateinamerika nimmt man die EU zum Vorbild für eigene Versuche, eine den jeweiligen Kontinent umspannende Integration zu schaffen. So schlecht kann es also um die EU eigentlich nicht bestellt sein.

Wirklich erstaunlich an der Europäischen Union ist allerdings, dass viele ihrer Bürger sie gering schätzen und dass sie ver-

mutlich noch weit mehr Bürger langweilt. Im Widerspruch zur Realität, die uns zeigt, dass Europa überall ist, haben viele Menschen das Gefühl, die EU sei weit weg und müsse uns daher nicht interessieren.

Aber die Europäische Union ist nicht Australien. Sie ist hier, und sie bestimmt die Rahmenbedingungen unseres Lebens mit. Wenn wir darüber, in welchen Bahnen unser Leben verlaufen soll, mit entscheiden wollen, müssen wir uns mit Europa, genauer gesagt: mit der Europäischen Union, beschäftigen.

Die EU ist keine Macht, die uns von außen aufgenötigt wurde, sondern sie ist eine Konstruktion, die wir geschaffen haben und gestalten. Europapolitik findet daher nicht nur in Brüssel und Straßburg statt, sondern bei uns zu Hause, in den Parlamenten und Beiräten, den Parteien und Verbänden sowie den Bürgerinitiativen und den Medien.

Es ist für nationale und regionale Politiker oftmals eine Versuchung, Europa als Vorwand für unattraktive Entscheidungen oder als Entschuldigung für eigene Inaktivität zu nehmen. Gerne sagen die Politikerinnen und Politiker, dass sie selbst eine andere, und natürlich viel bessere und bürgerfreundlichere Entscheidung getroffen hätten, aber leider sei das ja in Brüssel festgelegt worden. Und sie hoffen darauf, dass niemand fragt, wer

^ Litauische Jugendliche winken am 30. April 2004 mit litauischen und Europafahnen bei einem Konzert auf dem Kathedralenplatz in Vilnius.

das denn in Brüssel entschieden habe. Dann würde sich nämlich herausstellen, dass alle Mitgliedstaaten im Rat der Europäischen Union und alle Parteien im Europaparlament an der Entscheidung beteiligt waren. Sie müssten sich bezüglich ihrer Europapolitik hinterfragen lassen oder würden vielleicht gar der Doppelzüngigkeit überführt.

Im Interesse der Bürgerinnen und Bürger liegt ein solches doppeltes Spiel nicht. Es ist nämlich das Gegenteil von demokratischer Transparenz, die ja dem Wähler deutlich machen soll, wer wie und warum eine Entscheidung getroffen hat.

Verständlicherweise mag es für die handelnden Personen in den bürokratischen Apparaten, sei es im Rat der Europäischen Union oder in der Europäischen Kommission, schön sein, wenn man schalten und walten kann, wie man will, weil es die Leute sowieso nicht interessiert. Insofern hat die geistige Abwesenheit des europäischen Bürgers für sie durchaus Vorteile. Für die europäische Sache aber ist sie ein Schaden. Ein Europa der Bürger kann ohne Bürger nicht stattfinden. Und die Bequemlichkeit, Entscheidungen ohne die Aufmerksamkeit der europäischen Bürger fällen zu können, rächt sich, wenn die Menschen sich anschließend von der Politik abwenden, weil sie sich nicht einbezogen fühlen.

Eine Demokratie braucht Demokraten, Europa braucht europäische Demokraten, die sich engagieren, sich einmischen, aufpassen, ihre Stimme erheben, kritisieren, protestieren, loben und Vorschläge machen. Das ist auf europäischer Ebene nicht anders als im nationalen Rahmen oder in der eigenen Stadt. Wo Menschen sich nicht in ihre eigenen Angelegenheiten einmischen, werden sie aufgemischt.

Zwar sind die Details der Europäischen Union ziemlich verzwickt und manchmal undurchschaubar. Aber man muss sie nicht alle kennen, um Stellung beziehen und Flagge zeigen zu können. Die Bürger müssen nicht über die letzten Einzelheiten entscheiden, sondern über die Grundlinien der Politik. Für das Kleingedruckte gibt es Fachleute, die sich kümmern können und das auch tun. Das ist ja im nationalen Rahmen in Wirklichkeit nicht anders.

Für jedes Engagement benötigt man Wissen und die Bereitschaft, sich einzubringen. Das Grundwissen über die Europäische Union sollte mit dem vorliegenden Buch vermittelt werden. Eine Aktivität der Bürgerinnen und Bürger kann nicht herbeigeschrieben werden.

Mit europäischem Engagement ist auch nicht gemeint, dass nun jede(r) nach Straßburg fährt und allen Parlamentsdebatten lauscht oder nur noch Europa-Bücher liest. Es genügt, wenn man beginnt, Europa in der Presse wahrzunehmen und die EU so im Wortsinne in den Blick zu nehmen.

Sinnvoll ist es, sich der europäischen Verflechtung deutscher Politik bewusst zu

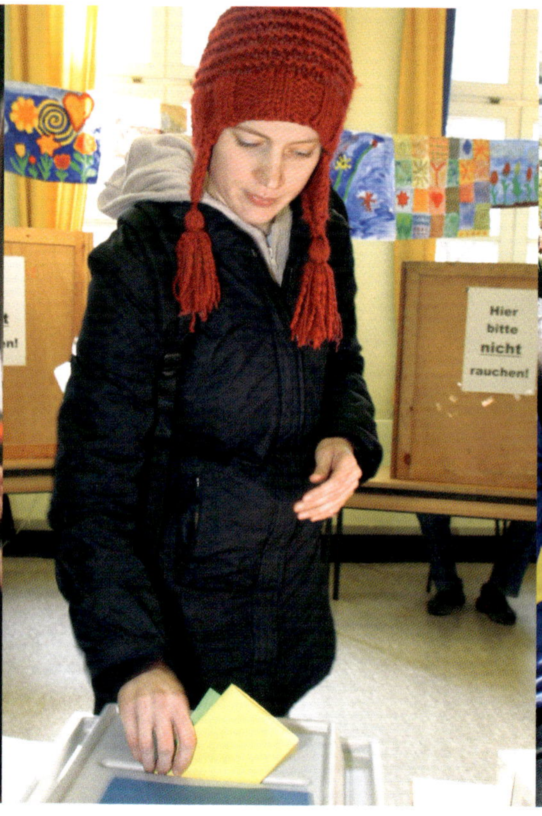

sein und bei nationalen politischen Entscheidungen die Frage aufzuwerfen: Wie verträgt sich das mit unserer Mitgliedschaft in der EU und unserem Interesse, dass die EU sich weiterentwickelt? Es lohnt sich, bei politischen Diskussionen – sei es zu Hause, am Stammtisch oder in einer politischen Partei – zu fragen, was unsere deutschen Politiker für Europa tun.

Es ist wichtig, an den Wahlen zum Europäischen Parlament teilzunehmen. Die nächsten Europawahlen sind erst im Jahr 2009, aber die Vorbereitungen beginnen viel früher. Wenn die Parteien merken, dass die Wählerinnen und Wähler sich für Europa interessieren, werden sie Kandidatinnen und Kandidaten aufstellen, die höchsten Ansprüchen genügen. Wenn sie jedoch das Gefühl haben, dass die Menschen die Europawahlen nicht ernst nehmen, wird auch in den Parteien die Tendenz entstehen, das Gleiche zu tun – und beispielsweise einen Europawahlkampf zu führen, in dem für die Information der Wähler weniger Geld ausgegeben wird, als man als Wahlkampfkostenerstattung erhält, um so die Parteikasse zu sanieren.

Es liegt an uns, was wir aus Europa machen. Die Generation, die in den 50er-Jahren des letzten Jahrhunderts politisch, wirtschaftlich und gesellschaftlich aktiv war, hat uns mit der Europäischen Union ein gutes Erbe hinterlassen. Es ist nun unsere Entscheidung, ob wir dieses Erbe annehmen und durch gute Politik mehren oder ob wir es verprassen, um dann bald mit leeren Händen dazustehen und unseren Kindern dieselbe Aufgabe zu vermachen, die unsere Eltern und Großeltern schon angepackt hatten.

Die Europäische Union, das ist nicht „Brüssel" oder „Straßburg" – das sind wir, rund 480 Millionen Bürgerinnen und Bürger, die die Möglichkeit und die Freiheit haben, ihr Schicksal selbst zu entscheiden. Wenn wir diese Chance verspielen, ist uns wirklich nicht zu helfen.

v. l.: Mitost e.V./Europazug 2006; argus/Hartmut Schwarzbach; AP/Alik Keplicza; dpa/Louisa Gouliamaki

Literatur zum Thema:

- **Auf dem Weg zu einem neuen Europa – Herausforderungen und Antworten.** Werner Link. ASKO Europastiftung (Hrsg.). Baden-Baden: Nomos 2006
- **Europa von A bis Z. Taschenbuch der europäischen Integration.** Werner Weidenfeld, Wolfgang Wessels (Hrsg.). Institut für Europäische Politik. 9. Aufl. Baden-Baden: Nomos 2006
- **Europäische Union. Informationen zur politischen Bildung Heft 279.** Bonn: Bundeszentrale für politische Bildung 2005
- **Die Europäische Union. Politisches System und Politikbereiche.** Werner Weidenfeld (Hrsg.). Aktual. Neuaufl. Bonn: Bundeszentrale für politische Bildung 2005 = Schriftenreihe. Bd. 442 [vorher u. d. T.: Europa-Handbuch]
- **Die Europäische Verfassung in der Analyse.** Werner Weidenfeld (Hrsg.). Gütersloh: Bertelsmann Stiftung 2005. 304 S. + CD-ROM mit einer Zusammenstellung der offiziellen Dokumente des EU-Reformkonvents und der Regierungskonferenz zum Verfassungsentwurf
- **Gesamtbericht über die Tätigkeit der Europäischen Union 2005.** Brüssel: Europäische Kommission 2006
- **Jahrbuch der Europäischen Integration 2005.** Werner Weidenfeld, Wolfgang Wessels (Hrsg.). Institut für Europäische Politik. Baden-Baden: Nomos [2005] 2006
- **Die kulturellen Werte Europas.** Hans Joas, Klaus Wiegandt (Hrsg.). Frankfurt /Main: Fischer 2005
- **Die neue Europäische Union: im vitalen Interesse Deutschlands?** Studie zu Kosten und Nutzen der Europäischen Union für die Bundesrepublik Deutschland. Wolfgang Wessels, Udo Diedrichs (Hrsg.). Berlin: Netzwerk Europ. Bewegung; Europa-Union Deutschland 2006
- **Pocket Europa.** EU-Begriffe und Länderdaten. Bruno Zandonella. Bonn: Bundeszentrale für politische Bildung 2007
- **Vertrag von Nizza.** Thomas Läufer (Hrsg.). Bonn: Bundeszentrale für politische Bildung 2002
- **Die europäische Integration.** Jürgen Elvert. Darmstadt: Wissenschaftliche Buchgesellschaft 2006

Zitierte Literatur

1 Beratende Versammlung des Europarates, Empfehlung an das Ministerkomitee, in: Claus Schöndube, Das neue Europa-Handbuch, Köln 1969, S. 167

2 Steckbriefe aller Länder beruhen auf Daten aus Fischer Weltalmanach 2006, Frankfurt a.M. und Spiegel online Länderlexikon: http: / /service.spiegel.de /digas / servlet /jahrbuch

3 Griechen in Deutschland, in: Integration in Deutschland Nr. 3 /2004, 28. September 2004, www.isoplan.de /aid /2004-3 / zuwanderer.htm

4 www.baltikuminfo.de /index.php?p=44

5 EuGH, Urteil vom 11.1.2000, Rs. C-285 /98, Slg. 2000, I-69 = NJW 2000, 497 – Tanja Kreil / Bundesrepublik Deutschland, zitiert nach: Universität Augsburg, Juristische Fakultät, www.jura.uni-augsburg.de /prof /moellers / materialien /materialdateien /050_eugh_entscheidungen_en /eugh_1998 _285_tanja_kreil /

6 Rat der Europäischen Union, 2732. Sitzung des Rates, Justiz und Inneres, Luxemburg 1. /2. Juni 2006, Mitteilung an die Presse, 9409 /06 (Presse 144), www.consilium.europa.eu /ueDocs /cms_Data /docs / pressdata /de /jha /90066.pdf

7 Eurobarometer 65 – Die öffentliche Meinung in der Europäischen Union, Erste Ergebnisse, Befragung: März – April 2006, Veröffentlichung Juli 2006, http: / /ec.europa.eu / public_opinion /archives /eb /eb65 /eb65_first _en.pdf

8 Eurobarometer 64 – Die öffentliche Meinung in der Europäischen Union, Erste Ergebnisse, Befragung: Oktober–November 2005, Veröffentlichung Dezember 2005, http: / /europa.eu.int /comm /public_opinion / archives /eb /eb64 /eb64_first_de.pdf

9 http: / /europa.eu.int /comm /trade /issues / bilateral /regions /candidates /ff040204_de.htm

10 Eurobarometer 65 – Erste Ergebnisse, Brüssel Juli 2006, http: / /europa.eu.int / comm /public_opinion /index_de.htm

11 Sorge über die Slowakei, FAZ vom 13.07.2006, S. 7

Internetadressen:

http: / /europa.eu

Die zentrale Internetseite der Europäischen Union. Von hier aus gelangt man zu den verschiedenen Institutionen der EU und zu den einzelnen Politikbereichen mit Informationen und Grundlagentexten.

www.auswaertiges-amt.de

Das Auswärtige Amt informiert aktuell über die Ereignisse in der Europäischen Union, gibt aber auch einen zusammenhängenden Überblick über die verschiedenen Politikbereiche. Ausführlich wird die deutsche EU-Politik dargestellt.

www.eu2007.de

Die Internetseite zur deutschen Präsidentschaft enthält aktuelle Informationen zu den Themen und Aktionen der deutschen EU-Ratspräsidentschaft im ersten Halbjahr 2007.

www.eu-kommission.de

Die Internetseite der Vertretung der Europäischen Kommission in Deutschland informiert aktuell über die Politik der Europäischen Kommission.

www.europarl.de

Auf dieser Internetseite der Vertretung des Europäischen Parlaments in Deutschland findet man Informationen rund um das Europaparlament.

www.bpb.de

Auf der Internetseite der Bundeszentrale für politische Bildung, die viele nützliche Hinweise auf Publikationen und andere Materialien enthält, gibt es ein „Europa-Dossier", das grundsätzliche Entwicklungen in der Europäischen Union nachzeichnet.

www.euractic.com /de

Dies ist ein täglicher elektronischer Informationsdienst, den man kostenlos abonnieren kann. Es gibt ihn auch in anderen Sprachen der EU.

www.dihk.de /inhalt /download / lernort_europa.pdf

Dieses ist die Internetadresse der Internetadressen. In einer Broschüre hat der Deutsche Industrie- und Handelskammertag (DIHK) circa 150 Internetadressen zum Theme „Lernort Europa, die Zukunft sind wir" zusammengetragen.

www.aktion-europa.de

Diese Internetseite des Auswärtigen Amtes und einiger Partner dokumentiert Termine, Schriften und Aktionen rund um das Thema Europäische Union. Sie ist im Zusammenhang mit der deutschen EU-Ratspräsidentschaft eingerichtet worden, bleibt aber darüber hinaus freigeschaltet.

Wir danken allen Lizenzträgern für die freundlich erteilte Abdruckgenehmigung. In Fällen, in denen es nicht gelang, Rechtsinhaber an Abbildungen zu ermitteln, bleiben Honoraransprüche gewahrt.

Wirtschaft in Deutschland

Eckart D. Stratenschulte zeichnet in diesem Buch anschaulich und leicht verständlich die Grundzüge der Marktwirtschaft und ihre soziale Ausprägung nach. Er erläutert die Steuerungsmöglichkeiten und Grenzen unseres Wirtschaftssystems und macht deutlich, dass die soziale Marktwirtschaft den Rahmen bildet, den die Gesellschaft durch eigene Handlungen und Entscheidungen füllen muss. Zahlreiche Schaubilder und Zeitungsartikel ergänzen den Text.

Autor	**Eckart D. Stratenschulte**
Seiten	193
Erscheinungsdatum	11/06
Erscheinungsort	Bonn
Bestellnummer	3964
	2,00 EUR

CD-ROM

Jugend und Europa

Seit vielen Jahren bietet die Software GrafStat ein Komplettpaket zur Planung, Durchführung, Auswertung und Präsentation von empirischen Umfragen in Schule und Bildungsarbeit. Die Software wird begleitet von zahlreichen Unterrichtsprojekten mit umfangreichen, vollständig aufbereiteten Unterrichtsmaterialien und Arbeitsvorschlägen in vier Sprachen (Deutsch, Englisch, Französisch und Polnisch).

Ein Kooperationsprodukt der Bundeszentrale für politische Bildung mit dem Projekt „Forschen mit GrafStat" an der Westfälischen Wilhelms-Universität Münster, der Bundesvereinigung Kulturelle Kinder- und Jugendbildung e.V., dem Deutsch-Französischen Jugendwerk, dem Deutsch-Polnischen Jugendwerk und dem Projekt „Freizeitenevaluation".

Erscheinungsdatum	02/07
Erscheinungsort	Bonn
Bestellnummer	1885
	4,00 EUR

Pocket Europa – EU-Begriffe und Länderdaten

„Pocket Europa", das kleine EU-Lexikon für die Hosentasche, erklärt über 170 europapolitische Fachbegriffe so knapp und einfach wie möglich. Im zweiten Teil werden alle 27 Mitgliedstaaten der Europäischen Union vorgestellt. Das dritte Kapitel „Unterwegs in Europa" enthält Anregungen und nützliche Tipps für einen Auslandsaufenthalt.

Autor	**Bruno Zandonella**
Seiten	192
Erscheinungsdatum	02/07
Erscheinungsort	Bonn
Bestellnummer	2554
	1,00 EUR

Alle Publikationen können Sie unter **www.bpb.de** online bestellen.

Das aktuelle Publikationsverzeichnis erhalten Sie online unter **www.bpb.de** als PDF oder auf dem Postweg bei: **BpB-Vertrieb DVG, Postfach 1149, 53333 Meckenheim**

EUROPA ZUM SELBERMACHEN:

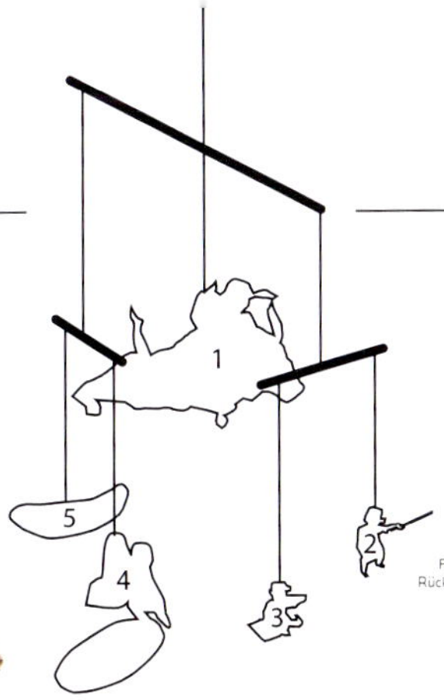

4

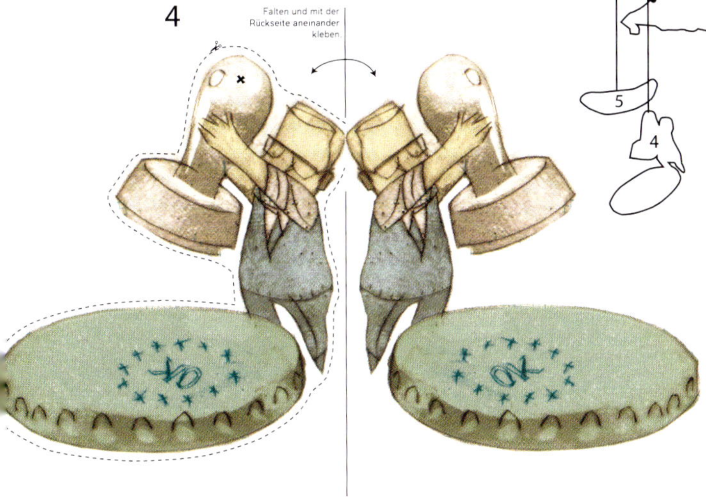

5

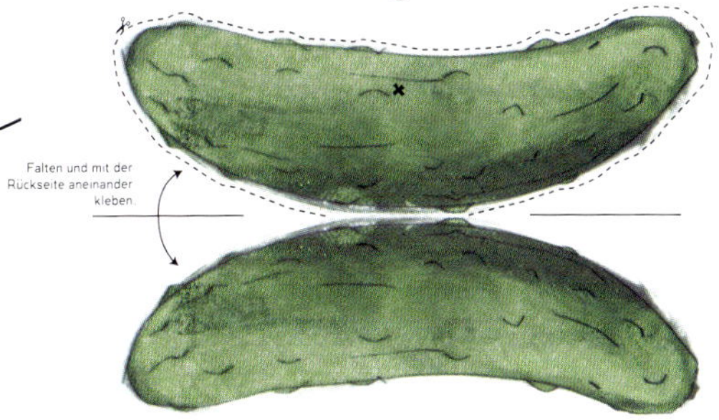

3

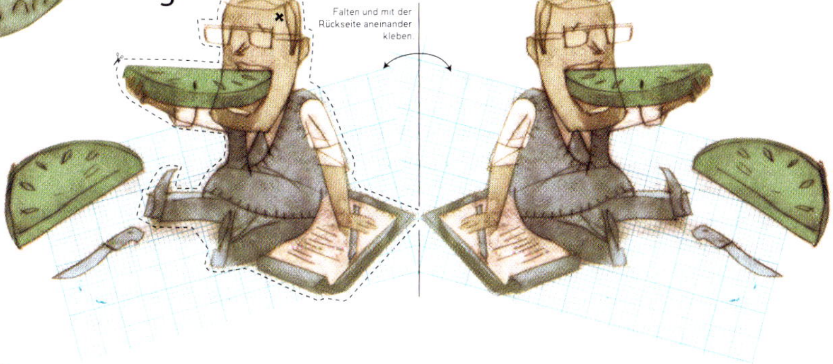

2

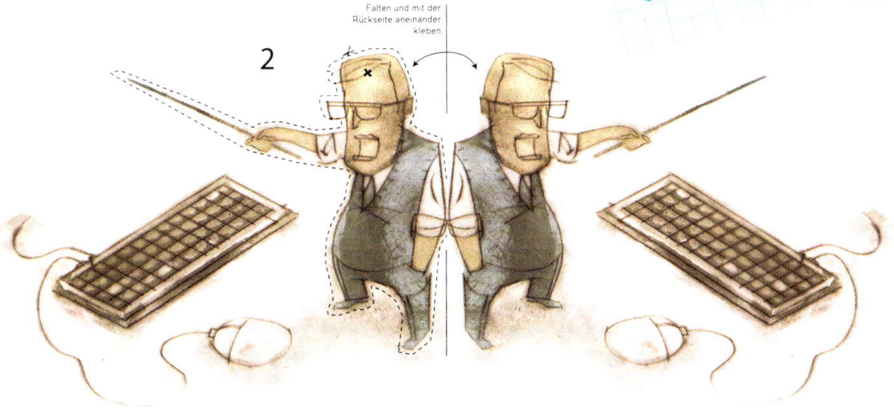

1. Die Figuren grob ausschneiden, an der Markierung falten, zusammenkleben und an der angezeichneten Kontur ausschneiden.
2. Je einen feinen Faden an der Markierung **x** durchziehen.
3. Ein langes Stäbchen mit 21 cm und zwei 10 cm lange Stäbchen mit einem feinen Faden verknoten und die Figuren wie in der Skizze aufhängen.

1

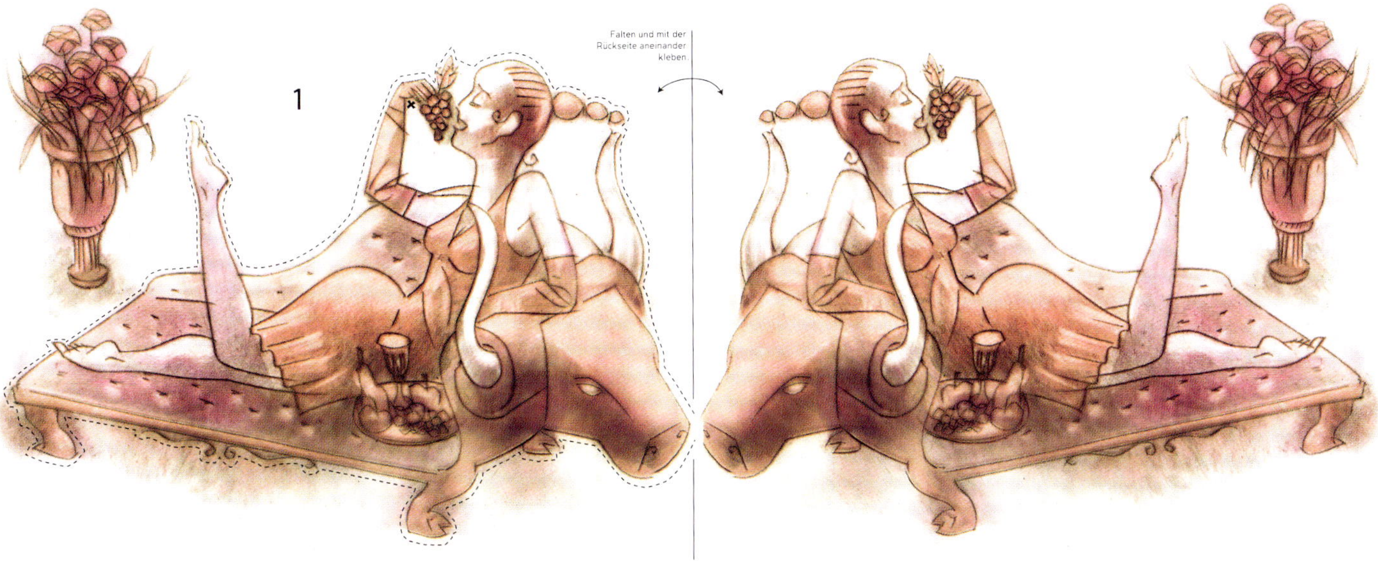